DIE
TROPEN

Ansichten von der Mitte der Weltkugel

Herausgeber: Alfons Hug, Peter Junge, Viola König

GOETHE-INSTITUT

S M
B Ethnologisches Museum
Staatliche Museen
zu Berlin

KERBER ART

Grußwort _____ Klaus-Dieter Lehmann **6**
Grußwort _____ Hermann Parzinger **8**
Grußwort _____ Hortensia Völckers, Alexander Farenholtz **10**

Die Tropen _____ Alfons Hug **13**
Ansichten von der Mitte der Weltkugel

Die Tropen, die Kunst und die Ausstellung _____ Viola König **27**
Die Tropen am Ende der Welt – Die vor-neuzeitliche Verortung

Alte Kunst in den Tropen _____ Peter Junge **47**

Katalogteil

1 **Nach der Sintflut** _____ **61**
Natur und Landschaft

2 **Das kurze Leben** _____ **101**
Menschenbilder, Porträts, Ahnen

3 **Der zerbrochene Pfeil** _____ **151**
Macht und Konflikte

4 **Die Farben der Vögel** _____ **181**
Farben und Abstraktion der Tropen

5 **Das verbotene Lachen** _____ **221**
Klänge und Musik der Tropen

6 **Tropischer Barock** _____ **227**

7 **Das städtische Drama** _____ **237**

Himmelserscheinungen in Architektur und Kunst des tropischen Mesoamerika _____ Anthony F. Aveni **269**

Sakrale und höfische Kunst der vorspanischen Metropolen in Zentralamerika _____ Maria Gaida **279**

Südseekunst – Vielfalt und Farbigkeit _____ Markus Schindlbeck **283**

Das imaginäre Museum der Tropen und ein Souvenir aus Indien _____ Regina Höfer **289**

Durch Farbe segeln _____ Michael Taussig **295**

Landkarten der Kunst – Gedanken über die Linie der Tropen _____ Ticio Escobar **305**

Von der Banane zum »TotalFlex« _____ Roberto Cabot **315**

Das Dasein gestalten: Über Kunst und Kultur in den Tropen _____ Breyten Breytenbach **323**

Biografien der Künstler _____ **330**
Biografien der Autoren _____ **342**
Fotonachweis _____ **343**

Grußwort

Klaus-Dieter Lehmann
Präsident des Goethe-Instituts

Diese Kunstausstellung ist in mehrfacher Hinsicht etwas Besonderes:
- erstmals wird ein zeitlicher Bogen gespannt von der vormodernen, vorkolonialen Zeit bis zur zeitgenössischen Kunst,
- erstmals wird dabei die gesamte Zone der Sonnenwende rund um den Globus in den Blick genommen,
- erstmals wird ein solches Großprojekt vom Goethe-Institut und der Stiftung Preußischer Kulturbesitz mit ihrem Ethnologischen Museum als Kooperation gemeinsam verantwortet,
- erstmals wird eine Ausstellung zum Anlass für ein thematisches Rahmenprogramm genutzt, das die Tropen in den verschiedenen Aspekten behandelt.

Das Goethe-Institut in Rio de Janeiro in Person seines Leiters Alfons Hug war Ideengeber und Motor; das Ethnologische Museum Berlin mit seiner Direktorin Viola König und seinem Kurator Peter Junge wurde der starke Museumspartner mit den einmaligen Sammlungen zur vorkolonialen und kolonialen Zeit; das Ibero-Amerikanische Institut mit Barbara Göbel war mit weiteren Einrichtungen verantwortlich für das Rahmenprogramm und Bruno Fischli von der Zentrale des Goethe-Instituts fügte alle Komponenten zu einem eindrucksvollen Veranstaltungskonzept zusammen. Ohne die großzügige Unterstützung der Kulturstiftung des Bundes und weiterer Sponsoren wäre die Ausstellung so nicht möglich gewesen. Allen Beteiligten sei herzlich gedankt. Es ist beispielhaft, was hier geleistet wurde.

Nach den ersten Stationen in Brasilien in einer Vorversion wird die Ausstellung jetzt im Martin-Gropius-Bau zu sehen sein und Berlin zu einer ›tropischen‹ Metropole werden lassen.
Die Zone des mehr als fünftausend Kilometer breiten Tropengürtels zwischen den Wendekreisen des Steinbocks und des Krebses ist ein faszinierender Teil unserer Erde, der einem anderen Rhythmus und anderen Gesetzen folgt. Die Zone der Sonnenwende ist geografische Realität und kulturelle Konstruktion, ist Projektionsfläche europäischer Utopien und Träume und realer Ort globaler Phänomene wie Umweltzerstörung und wuchernde Megastädte, ist Paradies und Hölle gleichermaßen – ein Reich der Paradoxe.
Mit diesen Paradoxen umzugehen ist Konzept und Inhalt. Die Ausstellung hat das Potenzial, den kritischen Diskurs über die Tropen mit den Mitteln der Kunst zu führen – sinnlich, reflektierend, bis hin zur Dekonstruktion von Strukturen. Sie schlägt eine Brücke zwischen Werken, die in vormoderner Zeit entstanden sind und heutigen, zeitgenössischen Positionen der Kunst. Natur, Lebensformen und Kultur werden in ihren Differenzen und Ähnlichkeiten in einer vielfältigen Formen- und Farbensprache vermittelt. Während die vormoderne Kunst den Betrachter stärker durch spirituelle und mythische Bilderwelten in den Bann zieht, fesselt die zeitgenössische Kunst durch ihren hohen Grad an Reflexion. Man gewinnt den Eindruck, dass die Ausstellungsmacher der Kunst nicht nur zutrauen, Botschaften zu formulieren, sondern Wirksamkeit zu erzielen. Die Kunst ist sicher nicht der Wettermacher, aber vielleicht ist sie im Besitz des Barometers.
Im Zentrum der Ausstellung steht eine Reästhetisierung der Tropen. Ziel dieser Reästhetisierung ist es »angesichts der übermächtigen politischen und ökonomischen Diskurse das kulturelle Gewicht der tropischen Naturräume in die Waagschale zu werfen.« Es ist die künstlerische Ausdruckskraft, die sich hier gegenüber den tagesaktuellen Armutsdebatten und den oberflächlichen Banalisierungen emanzipiert und Annäherungen erlaubt, die weder die Wissenschaft noch die Religion leisten können.
Der Tropengürtel, wo inzwischen mehr als ein Drittel der Weltbevölkerung lebt, kennt klare präzise Grenzen, die ihn von der übrigen Welt scheiden. Innerhalb dieser Zone erfährt man jedoch eine andere Logik der Grenzen. Nicht, dass die Grenzen abwesend wären, sie sind jedoch nicht wie der Wendekreis mit dem Lineal gezogen, sondern unterliegen dem Erleben des Unvorhersehbaren und der plötzlichen Ereignisse. Genau diese Logik drückt sich auch in der Kunst und im sozialen Leben aus. Improvisation und flexible

Veränderungen sind ihre Merkmale. Der »Tropicalismo«, eine Kunstrichtung und Ästhetiktheorie der Tropen setzt sich damit auseinander. Die Komplexität der Tropen wird durch die Ausstellung nicht enzyklopädisch erschlossen, sondern exemplarisch an charakteristischen Phänomenen dargestellt. Es sind Fragmente der Tropen, die trotzdem zu einer erstaunlich konzentrierten Präsentation geführt haben.

Berlin ist kein willkürlicher Ort für eine solche Ausstellung. Nirgendwo wurde die außereuropäische Kunst – und hier wiederum die Kunst aus den Tropen – so umfassend gesammelt wie in Berlin. Nirgendwo wird dies wieder so sichtbar sein wie in der Mitte Berlins. Einer der geistigen Väter für einen solchen ›Weltort der Kunst und Kultur‹ ist Alexander von Humboldt, der uns die fernen Kulturen nahe gebracht hat und der uns deren Gleichwertigkeit belegt hat. Sein Name und seine Botschaft sind Grundlage für das Humboldt-Forum auf dem Berliner Schlossplatz. Was im 19. Jahrhundert eine visionäre Idee war, kann heute im 21. Jahrhundert von uns realisiert werden. So wie die Museumsinsel als humanistische Bildungslandschaft eine Ideengeschichte Europas darstellt, so wird gegenüber auf dem Schlossplatz der Ort der außereuropäischen Kulturen sein, die Welt als Teilhaber in der Mitte Berlins.
Das Humboldt-Forum ist in mehrfacher Hinsicht kulturpolitisch höchst aktuell. Es macht die Gleichwertigkeit aller Kulturen zum Programm und fördert damit in einer globalisierten Welt Erfahrungen und Einsichten in das Andere. Es definiert ein Netzwerk der Metropolen über Kunst und Kultur und es wird Ausgangspunkt für eine erlebnisfreudige und wissensbasierte Vermittlung zur Kompetenz von Weltverständnis.
Den Berliner Museen ist durchaus bewusst, dass die einst im Schloss befindliche Königliche Kunstkammer, von Leibniz konzipiert, die Wurzel ihrer Herkunft war. Die Berliner Museen waren von Anfang an als Universalmuseen aller Künste und Kulturen der Welt vorgesehen und damit auf das Wechselspiel von Museumsinsel und Schloss angelegt.
So wird die Ausstellung zu einem Meilenstein auf dem Weg zum Humboldt-Forum, einer gedanklichen Einheit von Kulturerbe, Kulturwissen, Kulturbegegnung, Kulturerlebnis. Zu diesem Konzept gehören nicht nur Ausstellungen klassischer und zeitgenössischer Kunst, sondern auch Literatur, Musik, Theater, Film und Diskurse. Auch dieses wird bei der Ausstellung »Die Tropen« in einem geeigneten Format realisiert. Es wird eine »Lange Nacht der Tropen« geben, eine Filmreihe, die sich mit den Tropen auseinandersetzt, darunter das berühmte Stummfilmwerk von Murnau, TABU, Thementage mit Performances, Diskussionen und Lesungen, Vortagsreihen und Symposien sowie ein Konzert »Lisboa-Maputo-Berlin«.
Ausstellung und Rahmenprogramm werden Lebensgefühl, Naturbetrachtung und Kunstauffassung der Tropen in den verschiedensten Facetten zugänglich machen.

Und noch einmal zurück zu Humboldt: Es trifft sich gut, dass die vom Goethe-Institut in einer spanischen und in einer portugiesischen Fassung herausgegebene Zeitschrift »Humboldt«, dessen aktuelle Nummer sich ebenfalls mit den Tropen beschäftigt, nunmehr im fünfzigsten Jahr erscheint und zum ersten Mal in einer deutschen Ausgabe vorliegen wird. Das Themenheft gestattet noch einmal andere und überraschende Blicke auf dieses spannende Thema.

Grußwort

Hermann Parzinger
Präsident, Stiftung Preußischer Kulturbesitz

Die Ausstellung »Die Tropen. Ansichten von der Mitte der Weltkugel« ist in mehrfacher Hinsicht ungewöhnlich und bedeutend für die Entwicklung neuer Präsentationsformen zur außereuropäischen Kunst und Kultur. Sie lässt die traditionelle Art der Kunstbetrachtung – wie sie in kulturgeschichtlichen und ethnografischen Museen bisher üblich ist – weit hinter sich. Hatte man bislang die Ausdrucksformen von Objekten vor allem im Kontext ihrer jeweiligen spezifischen regionalen Herkunft interpretiert, so werden sie hier mit umfassenden Fragen verbunden, die sich heute aus dem Prozess der Globalisierung ergeben. Diese Ausstellung wird damit auch zu einem Experiment: Sie ist der Versuch, in der Konfrontation von alter mit zeitgenössischer Kunst Fragen aufzuwerfen, Positionen zu beschreiben und vielleicht auch neue Antworten zu geben.

Die Stiftung Preußischer Kulturbesitz (SPK) ist zurzeit mit der Ausarbeitung eines detaillierten Konzeptes für das Humboldt-Forum im wieder zu errichtenden Berliner Schloss in der historischen Mitte der deutschen Hauptstadt befasst. Dieses zweifellos bedeutendste kulturpolitische Projekt Deutschlands am Beginn des 21. Jahrhunderts wird sich der außereuropäischen Welt widmen und an diesem zentralen Ort die Kunst und Kultur Afrikas, Amerikas, Australiens, Ozeaniens und Asiens präsentieren, und zwar in unmittelbarer Nachbarschaft zur Berliner Museumsinsel, deren Häuser sich Europa und dem mit der Geschichte Europas untrennbar verbundenen Nahen Osten verschrieben haben. Museumsinsel auf der einen und Humboldt-Forum auf der anderen Seite stellen eine inhaltliche Einheit dar und sind zusammenzudenken. Kunst und Kultur der ganzen Welt werden damit hier erlebbar werden und in eine Beziehung zueinander treten.

Die Tropen-Ausstellung ist auch als ein Schritt auf dem Weg zum Humboldt-Forum zu verstehen. Während Wilhelm von Humboldt in erster Linie für die Ideen- und Bildungsgeschichte Europas und damit für die Museumsinsel steht, wird der Naturforscher und Forschungsreisende Alexander von Humboldt zur Leitfigur für das Humboldt-Forum im Berliner Schloss. Beide Brüder verbindet jedoch eine kosmopolitische Weltsicht, in der die Gleichberechtigung der Weltkulturen unabdingbare Voraussetzung war. Die Verbindung des zukünftigen kulturellen Zentrums in der Mitte Berlins mit dem Namen Humboldt ist damit Zeichen und zugleich Programm für eine neue Weltsicht, die sich hier manifestiert und von diesem Ort aus internationale Strahlkraft entwickeln wird.

Die Basis für das Humboldt-Forum wie für die Tropen-Ausstellung bilden die weltberühmten Sammlungen des Ethnologischen Museums und des Museums für Asiatische Kunst der Staatlichen Museen zu Berlin. Das wie die Museen zur Stiftung Preußischer Kulturbesitz gehörende Ibero-Amerikanische Institut begleitet die Ausstellung mit einem umfangreichen Rahmenprogramm, mit Filmreihen, Symposien, Vorträgen. Dieses Projekt steht damit auch für die Zukunftsstrategie der Stiftung Preußischer Kulturbesitz, die in der Überwindung spartenbezogenen Denkens und Arbeitens liegt und das stiftungsinterne Zusammenwirken der unterschiedlichen Einrichtungen mit Nachdruck weiter ausbauen wird.

Die Entdeckung der Welt durch die Europäer, die bereits in der frühen Neuzeit begann, führte zu deren Aneignung nicht nur im wirtschaftlichen, sondern auch im intellektuellen und wissenschaftlichen Sinn. Das neu Entdeckte wurde vermessen, beschrieben und gesammelt. Neben der wissenschaftlichen Bestandsaufnahme kam es aber auch zur Herausbildung von Klischees über die neue, fremde Welt, die bis heute fortbestehen. Auf die Tropen, eigentlich lediglich die Bezeichnung einer der Klimazonen dieser Erde, trifft diese Ambivalenz im besonderen Maße zu. Wie keine andere Region stehen die Tropen für das Exotische schlechthin. Sie wurden zur Projektionsfläche eigener Wünsche und Träume, zu Konstruktionen unserer Kultur.

Die Ausstellung über die Tropen hat deshalb auch und vor allem unser Bild von den Tropen zum Thema. Sie reflektiert dieses Bild, bricht es auf und konterkariert es. Die präsentierten Kunstwerke bieten also nicht nur einen Überblick über die Kunst der Tropen, sie integrieren auch den europäischen Blick auf diese Region. Und selbstverständlich wird man sich fragen müssen, inwieweit dieser so spezifisch geprägte Naturraum Tropen menschliches Handeln, Denken, Empfinden und Ausdrücken in besonderer Weise prägte und in bestimmte Richtungen lenkte. Gibt es – bei allen Eigenheiten – auch Gemeinsamkeiten in dieser tropischen Welt, ob in Amerika, Afrika oder Asien, und was unterscheidet diese Zonen im Umfeld des Äquators von gänzlich anders gearteten Natur- und Kulturräumen? Die Ausstellung wird alle diese Fragen nicht umfassend beantworten können, aber sie wird den Besucher zum Nachdenken über das Eigene und das Fremde inspirieren.

In der Verbindung von alter Kunst und ethnologischen Objekten mit zeitgenössischer Kunst, in der Thematisierung einer weltumspannenden Region dieser Erde überwindet die Ausstellung alle zeitlichen und kulturellen Grenzen. Sie schlägt einen Bogen von buddhistischen Plastiken Südostasiens aus dem 9. Jahrhundert über aztekische Kunst des 15. Jahrhunderts, von der gleichzeitigen Kunst Nigerias bis zu Ahnenfiguren aus Indonesien und der Südsee und präsentiert zeitgenössische Kunstwerke aus dem tropischen Asien, Afrika und Amerika.

Vor diesem Hintergrund ist es bedeutsam, dass die Ausstellung nicht nur in Berlin gezeigt wird, sondern auch in Ländern der Tropen präsent war und ist. Etwa 500.000 Besucher sahen sie bereits in einer kleineren Variante in Rio de Janeiro und in Brasilia dank des finanziellen Engagements der Banco do Brasil. 2009 wird sie auf dem afrikanischen Kontinent, in Kapstadt, gezeigt. Eine weitere Station ist in Asien geplant.

Die Tropen-Ausstellung ist ein erfolgreiches Gemeinschaftsprojekt der Stiftung Preußischer Kulturbesitz und des Goethe-Instituts, das Modellcharakter hat. Die Zusammenarbeit basiert auf dem Wunsch der Stiftung, im Rahmen ihres Metropolenprogramms als deutsche Kultur- und Wissenschaftseinrichtung von internationalem Rang global nachhaltiger aufzutreten. Gerade angesichts der Bedeutung der Sammlungen des Ethnologischen Museums und des Museums für Asiatische Kunst sieht es die Stiftung als ihre Aufgabe an, weltweit neben deutscher und europäischer Kunst auch ihre herausragenden Bestände aus Asien, Afrika, Amerika und der Südsee zu präsentieren. Die Kooperation der Stiftung Preußischer Kulturbesitz mit dem Goethe-Institut geht aber auch von der festen Überzeugung aus, dass beide Einrichtungen geradezu natürliche Partner sind, um tragfähige kulturelle Brücken von Deutschland hinaus in die Welt zu schlagen.

Grußwort

Hortensia Völckers
Vorstand / Künstlerische Direktorin, Kulturstiftung des Bundes
Alexander Farenholtz
Vorstand / Verwaltungsdirektor, Kulturstiftung des Bundes

Die Tropen sind eigentlich höchstens kartografisch definierbar – zu unterschiedlich sind die damit bezeichneten Regionen rund um den Globus. Aus europäischer Perspektive weckt dieser Begriff dennoch fest verankerte Vorstellungen von Exotik und Andersartigkeit, die wahlweise faszinieren oder verstören: Mit den Tropen werden Mythen von Ursprünglichkeit und Naturkräften genauso verbunden wie undurchdringliche Kreisläufe aus Armut, Gewalt und politischen Krisen, sie gelten als Paradoxon aus unberührtem Dschungel und explodierenden Megacities – als Paradies und Hölle gleichermaßen. Gerade für Europa waren und sind die Tropen stets eine Projektionsfläche und ein Reflexionsraum eigener Hoffnungen und Ängste.

Um die Eigenarten tropischer Länder besser zu verstehen, müssten eher ihre Gemeinsamkeiten mit asiatischen, afrikanischen und amerikanischen Kulturkreisen in den Blick genommen werden als ihre Unterschiede zu Europa. Die Ausstellung »Die Tropen. Ansichten von der Mitte der Weltkugel« schlägt einen solchen Perspektivwechsel in mehrerer Hinsicht vor. Sie zeigt einerseits vormoderne Sammlungsstücke des Ethnologischen Museums in Berlin, die implizit tropisch sind, weil sie in diesen Regionen entstanden und die damit verbundenen Lebensbedingungen und kulturellen Traditionen ausdrücken. Andererseits zeigt die Ausstellung zeitgenössische Kunstwerke aus Ländern wie Venezuela, Peru, Brasilien, Vietnam, Äthiopien, Indien, Singapur, Laos und Thailand, die die Tropen explizit thematisieren. Somit wird in diesem Projekt eine endogene mit einer exogenen Perspektive verbunden, um anhand von Kunst und Kulturgegenständen ein neues Bild der Tropen zu zeichnen. Beide Seiten – die Sammlungsstücke und die zeitgenössischen Kunstwerke – werden dabei nicht als Argumente einer vergleichenden These, sondern in ihrer ästhetischen Fülle präsentiert und non-linear verbunden. Die Zusammenhänge zwischen den Werken sollen sich eher durch deren Gestaltbezüge erschließen als durch eine kulturwissenschaftliche Narration.

Mit diesem neuartigen Dialog über geografische und historische Grenzen hinweg zielt die Ausstellung »Die Tropen. Ansichten von der Mitte der Weltkugel« auf eine komplexe Entfesselung jener Bilder, die wir mit den Tropen verbinden. Als Experiment zum Umgang mit ethnologischen Sammlungen stellt sie dadurch auch ein Pilotprojekt für das Humboldt-Forum dar, mit dem künftig in Berlin die dem klassischen Europa gewidmeten Museen auf der Nordhälfte der Spreeinsel durch den Blick auf die außereuropäische Welt ergänzt werden sollen. Wir wünschen dieser wichtigen Ausstellung viel Erfolg.

Die Tropen

Ansichten von der Mitte der Weltkugel

Alfons Hug

Fast zwanzig Jahre nach der wegweisenden Schau »Les Magiciens de la Terre« (Centre Pompidou, Paris, 1989) unternimmt die Tropenausstellung in Berlin abermals den Versuch, in spannungsreichen Zeiten die Energieströme und feinen Störungen zwischen den Hemisphären aufzuspüren, um zu erraten, welche kulturellen Kräfte zusammen und welche gegeneinander wirken. Die Ausstellung will einen unbestechlichen, krisenresistenten Bildervorrat anlegen, der eine nichthierarchische Betrachtung der Welt erlaubt.

Berlin ist als Standort geradezu prädestiniert, besitzt die Stadt doch in Form des Ethnologischen Museums eine der weltweit wichtigsten Sammlungen außereuropäischer Kunst, nebst einer aufstrebenden multikulturellen Bewegung und zugleich einer der vitalsten zeitgenössischen Kunstszenen überhaupt.

»Woher kommen wir? Was sind wir? Wohin gehen wir?«, heißt Paul Gauguins legendäres Gemälde (1897), das in Tahiti entstand und drei zentrale Fragen der Menschheit anspricht, die bis heute am ehesten mit Blick auf die Tropen zu beantworten sind; nicht nur weil der Homo sapiens aus den Tropen stammt, genauer gesagt aus dem äquatorialen Ostafrika, sondern auch, weil sich bis heute im mehr als fünftausend Kilometer breiten Gürtel zwischen den Wendekreisen des Steinbocks und des Krebses einige existenzielle Wahrheiten auftun, die die ganze Welt betreffen. Das Leben in der Mitte der Weltkugel folgt einem anderen Rhythmus und gehorcht anderen Gesetzen als das in den gemäßigten Breiten.

Was vorderhand wie eine rein geografische und kartografische, vom Menschen physisch nicht wahrnehmbare Trennlinie am 23. Breitengrad der nördlichen und südlichen Hemisphäre erscheint[1] – wo die Sonne am 21. Juni bzw. 21. Dezember des Jahres im Zenit steht und zur Tagesmitte keinen Schatten wirft – ist in Wirklichkeit eine einschneidende Grenze, an der sich Lebensgefühl, Naturbetrachtung und Kunstauffassung grundlegend verändern.

Die Tropen sind ein Reich der Paradoxe. Inmitten einer überreichen Natur ist der Mensch dort, wirtschaftlich betrachtet, nicht selten ausgesprochen arm. Doch gerade in dieser Weltregion haben sich Gewohnheiten, Arbeitsweisen und Produktionsformen im Laufe der Jahrhunderte am wenigsten verändert. Die Krokodiljäger vom Kongo, die Bauern Indonesiens und die Indianer Amazoniens folgen, allen Globalisierungstendenzen zum Trotz, ihrem eigenen, von der Natur vorgegebenen Tempo. Tatsächlich bilden die Tropen das große Korrektiv zu einem blinden Fortschrittsglauben und Technikwahn.

Ein Blick auf den Globus zeigt, dass praktisch der gesamte Tropengürtel Südamerikas, Afrikas, Asiens und Ozeaniens zu den sogenannten unterentwickelten Gebieten gerechnet wird. Die wenigen künstlichen Inseln wirtschaftlichen Wohlstandes wie Singapur und Hongkong, wo man die Tropen überwunden zu haben meint, sind seltene Ausnahmen.

Bis ins 15. Jahrhundert hinein galten die Tropen aus europäischer Sicht als Terra incognita. Später waren sie Schauplatz von Entdeckungsreisen und schließlich von Kolonialismus und Sklavenhandel. Erst in der Mitte des 20. Jahrhunderts erlangte die Mehrheit der tropischen Länder vor allem Afrikas und Asiens ihre Unabhängigkeit, nicht selten durch Befreiungsbewegungen. Heute sind es in erster Linie ökologische Fragestellungen angereichert mit Empfehlungen der Weltbank und diverser Hilfsorganisationen, die den Diskurs über die Tropen beherrschen.

Die Zonen zwischen den Sonnenwenden, in denen mehr als ein Drittel der Weltbevölkerung lebt, mögen einerseits letzte Rückzugsgebiete für »primitive« Lebensformen sein, sind heute aber auch Gebiete rapider, unkontrollierter Urbanisierung (Jakarta, Bombay, Kinshasa, Lagos, Mexiko, Rio de Janeiro etc.), wo einige typische Probleme der Dritten Welt akut auftreten: Verelendung, Gewalt, Umweltzerstörung, Verfall staatlicher Strukturen – jene traurigen Tropen also, die Claude Lévi-Strauss schon Mitte des vorigen Jahrhunderts beschrieben hatte und die Gilberto Gil in seinem Lied »Marginália 2« als »Melancolia Tropical« besang.

Die Tropen. Ansichten von der Mitte der Weltkugel

13

Die Tropen tragen schwer an der Last vorgefertigter Bilder, die ihnen aufgebürdet wurden. Von außen betrachtet, waren sie immer eine Projektionsfläche für exotische Träume und unerfüllbarer Wünsche. Utopische Visionen suchte Gauguin ebenso wie vor und nach ihm andere Künstler, Forscher und Abenteurer aller Art, darunter nicht wenige Deutsche, angefangen bei Alexander von Humboldt in den »Äquinoktialgegenden der Neuen Welt« über den Afrikaforscher Leo Frobenius bis zu Emil Nolde in Melanesien, Friedrich Wilhelm Murnau in Tahiti und Werner Herzog in den Urwäldern Perus.

In den exotischen Welten europäischer Künstler geht es immer auch um das Ausfabulieren eigener, nicht gelebter Lebensentwürfe, um das Prinzip Hoffung auf Erlösung vom regulierten und entfremdeten Leben. Andererseits waren europäische Wissenschaftler und Künstler oft buchstäblich Ent-Decker noch unbekannter tropischer Gegenden.

Die Tropen waren für den Rest der Welt immer das »Paradies gleich um die Ecke«, so einer der letzten Romane von Mario Vargas Llosa. Aber auch als düsteres Zerrbild mussten sie herhalten, wie etwa in Joseph Conrads »Herz der Finsternis«.

Mitte des 19. Jahrhunderts schuf Eduard Ender sein in der Tradition der deutschen Romantik stehendes Gemälde »Humboldt und Bonpland in ihrer Urwaldhütte«. Gezeigt wird ein selbstbewusstes Forscherduo, das mit einem Sammelsurium von Instrumenten die tropische Natur vermisst, ganz so als sei diese ein für alle Mal beherrschbar und verständlich. Die Begegnung der Europäer mit der Neuen Welt erscheint harmonisch, nichts trübt die Idylle dieses »Erdlebenbildes« (so der damalige Ausdruck für Landschaftsgemälde) am Orinoko.

Gut 130 Jahre später versuchte sich der venezolanische Dramatiker Ibsen Martínez in seinem Drama »Humboldt & Bonpland-Taxidermistas« am gleichen Sujet und ließ seinen Helden verzweifeln: »Mir ist es zu ungesund. Neuerdings treiben sich sogar Schlangen hier rum, und dann die Feuchtigkeit und all das. Wir schlagen unser Lager an einem andern Ort auf.« Die Komödie, die auf einer Lichtung in der sogenannten Neuen Welt spielt, ist nicht nur eine satirische Abrechnung mit Humboldt, sondern auch eine Parabel auf die Fährnisse und Unwägbarkeiten des Lebens in den Tropen. »Schließlich wollen die Leute in Europa« – so fährt Humboldt fort – »Paradoxes und Kurioses aus Amerika hören.« Eine besonders schöne Anekdote dazu erzählt wiederum Humboldt: Die Chaimas-Indianer hätten das spanische »Infierno« mit »Invierno« verwechselt, weshalb sie sich die von den Missionaren geschilderte Hölle immer als regenreichen Winter vorstellten. Solche gegenseitigen Missverständnisse gehören zum Grundbestand exotischer Vorstellungen und tropischer Kunst.

Der Begriff der Tropen war von Beginn an ein kulturelles Konstrukt, und zwar nicht nur jenseits der Wendekreise. Zwischen der tropischen Natur und ihrer Wahrnehmung durch die Menschen lagen immer wieder Vorstellungen aus der Literatur und der bildenden Kunst.

Deutungen und Lesarten der Tropen gleichen einer imaginären Bibliothek und einem erfundenen Museum, in denen unsere Träume und geheimen Wünsche aufgehoben sind. Bis heute prägen die Künstler unsere Vorstellung der Tropen.

Als größtes tropisches Land der Erde spielt Brasilien, das den Äquator sogar in seiner Nationalflagge führt, innerhalb des Projekts eine gewichtige Rolle. Bis heute behauptet die brasilianische Kultur, ja, auch die Politik, eine Sonderstellung, die sich explizit aus der geografischen Lage des Landes ergibt.

In wenigen Ländern wurden die Tropen künstlerisch so produktiv wie in Brasilien. Erinnert sei nur an den »Tropicalismo« der Liedermacher, Maler, Dramatiker und Cineasten sowie an die »Antropofagia«-Bewegung der frühen Modernisten um Oswald de Andrade. Bahnbrechend war die Installation »Tropicália« von Hélio Oiticica (1967), die als subversive Reaktion auf das Militärregime eine veritable Kulturrevolution auslöste.

Die Tropen sind ein Ort, wo Paradies und Hölle in enger Nachbarschaft wohnen, wo verschwenderische Pracht und bitterste Not zu Hause sind, wo blühende Fantasie und Trostlosigkeit sich im magischen Realismus paaren, Maßlosigkeit und Langeweile einander ablösen. Nirgends ist der Mensch näher am Leben, aber auch näher am Tod.

Natur, Lebensart und Kultur der Tropen in all ihren magischen und konfliktträchtigen Ausformungen bilden einen Rohstoff von ungeahntem Potenzial und eine reichhaltige Fundgrube für zeitgenössische künstlerische Arbeit.

Atem und Poesie der Tropen fließen in dieses Projekt, das einen weiteren Versuch unternimmt, Gauguins letzte große Frage zu beantworten und damit das menschliche Zusammenleben zwischen den Hemisphären zu erleichtern.

Ausstellung vormoderner und zeitgenössischer Kunst der Tropen

Die Ausstellung schlägt zum ersten Mal überhaupt eine Brücke zwischen Werken, die in vormoderner Zeit entstanden, und zeitgenössischen Positionen. Die Moderne wird dabei bewusst übersprungen, da die Bezüge etwa Picassos zur afrikanischen Kunst oder der deutschen Expressionisten zur melanesischen Skulptur hinreichend beleuchtet worden sind.

Zweihundert Exponate aus Afrika, Asien, Ozeanien und dem tropischen Amerika aus den Sammlungen des Ethnologischen Museums in Berlin, die weltweit zu den wichtigsten gehören, treten in einen Dialog mit Werken von vierzig zeitgenössischen Künstlern aus Süd- und Nordamerika, Europa, Afrika, Asien und Australien. Alte und neue Kunst finden räumlich zusammen. In der zeitgenössischen Kunst reichen die Sujets von Indonesien bis Kuba, von Westafrika bis Brasilien.

Da es sich um eine Kunstausstellung handelt, wurden auch die älteren Werke in erster Linie nach ästhetischen und nicht nach wissenschaftlichen Kriterien ausgewählt. Generell geht es um eine Reästhetisierung der Tropen, die dazu beitragen soll, angesichts der übermächtigen politischen und ökonomischen Diskurse das kulturelle Gewicht der tropischen Naturräume in die Waagschale zu werfen. Eindimensionalen Armutsdebatten (Hunger, Gewalt, politische Krisen) oder groben Banalisierungen (Traumschiff) wird die künstlerische Komplexität und der ästhetische Überschuss der Tropen gegenübergestellt, letztlich auch mit dem Ziel, den Nord-Süd-Dialog neu zu bestimmen. Der Süden wird somit aus der Falle eines chronischen Defizitdiskurses befreit, während der Norden seine Welterklärungsmodelle, die auf ökonomischen Parametern fußen, relativiert, damit eine echte kosmopolitische und mehrperspektivische Weltsicht im Sinne Humboldts möglich wird.

Schließlich will das Projekt auch den Süd-Süd-Dialog, etwa zwischen Afrika und Ozeanien oder zwischen dem tropischen Asien und Südamerika anregen.

Die Ausstellung ist damit auch eine Etappe auf dem Weg zum Humboldt-Forum, das künftig in der Mitte Berlins die außereuropäischen Kulturen zu einem Zwiegespräch mit den Meisterwerken Europas einladen will. Was in der königlichen Kunstkammer vor 175 Jahren bereits angedeutet wurde, nämlich aufgeklärte Weltkenntnis und Weltkompetenz, soll nun im Rahmen des größten Universalmuseums der Welt vollendet werden. Nachdem die außereuropäische Kunst im neuen »Musée du Quai Branly« in Paris kürzlich eine noble Adresse erhalten hat, ist auch Berlin gefordert, das seine zu tun. Seine überragenden Sammlungen machen aus Berlin eine »tropische« Metropole.

Es trifft sich in diesem Zusammenhang gut, dass in jüngster Zeit ein neuer Aufbruch der europäischen, ja, besonders der deutschen Künstler, in Richtung Tropen zu beobachten ist.

Wenn im 19. Jahrhundert der deutsche Naturforscher Alexander von Humboldt und im 20. Jahrhundert der französische Anthropologe Claude Lévi-Strauss die europäischen Vorstellungen von den Tropen maßgeblich geprägt haben, so können es zu Beginn des 21. Jahrhunderts die bildenden Künstler sein, die im Verein mit ihren Vorfahren die Tropen neu deuten.

Die vormoderne Kunst zeigt uns die Tropen, bevor sie »ihre Unschuld« verloren und zur sogenannten Dritten Welt wurden. Dem Stigma des heutigen Ausschlusses antwortet sie mit Erhabenheit und Sammlung. Bestechend sind ihre unwiderstehliche Formensprache, der plastische Reichtum, der spirituelle Gehalt und die Fähigkeit, den Betrachter in ein Zwiegespräch zu verwickeln. Einzigartig sind ihr Energiefluss und die mythische Aufladung. So gering der physische Maßstab sein mag, so stark ist die ästhetische Wirkung.

Grandios ist die Zeitlosigkeit dieser Kunst, die alles, was wir als Bewegung erleben, in Form umwandelt, wie zum Beispiel bei der winzigen Nkisi-Figur einer Greisin aus dem Kongo, die trotz offensichtlicher Proportionsverschiebung das klassische afrikanische Ebenmaß herstellt und in ihrer plastischen Dichte jeden Anbeter im Grauen vor einer strafenden Gottheit erstarren lässt. Oder bei dem von Wole Soyinka besungenen, legendären Xylophon aus dem Königreich Mali, das bis heute die Gesänge der westafrikanischen Griots begleitet und eine mehr als acht Jahrhunderte lange Tradition des Stolzes, des Blutvergießens, der Rache und der Versöhnung in eine einzige Metapher schier unerträglichen Erinnerns verwandelt hat.

Auch bei »Nkondi tatu« – einer furchterregenden, mit rostigen Nägeln und Eisenklingen übersäten »Kraftfigur« aus dem Kongo, halb Zombie, halb Warlord, mit riesigen, leeren Augenhöhlen und weit aufgerissenem Mund: Ganz von Feinden umzingelt, wankt dieser Held doch nicht. Unklar bleibt hier allerdings, ob wir einen Erschrockenen oder Erschreckenden vor uns haben.

Und aus demselben Land, dem Kongo, stammt eine versonnen blickende, ganz in sich versunkene Hemba-Figur (Abb. S. 120), deren sanft fliehende Stirn, edle Nase, fein geschnittene Mandelaugen und leicht geschürzte Lippen harmonische Anmut und königliche Noblesse ausstrahlen, die jede expressionistische Skulptur, und sei es die »Stehende« von Kirchner, blass und leblos wirken lässt. Das Geheimnis dieses außergewöhnlichen ästhetischen Eindrucks könnte darin liegen, dass sich jeder Teil der Skulptur plastisch verselbstständigt und sogar »deformiert« wirkt. Die räumliche Tiefe wird dabei absorbiert, indem die seitlichen Perspektiven in die frontale Ansicht eingearbeitet sind.

Die Stärke der zeitgenössischen Kunst liegt dagegen im hohen Reflexionsgrad und kritischen Potenzial. Gleichzeitig ist bei den heutigen Künstlern aber auch ein Wiederaufleben individueller Mythologien zu beobachten. Anknüpfungspunkte ergeben sich insofern, als sich nicht wenige zeitgenössische Künstler Elemente alter Kulturen systematisch aneignen und in ihren Werken auch anthropologische oder ethnologische Erkenntnisse verarbeiten. Man denke etwa an den Maskenkult von Marcos Chaves (Abb. S. 117), an die Gegenüberstellung von höfischem, javanischen Tanz mit moderner Travestie im Video »Exodus« von Sherman Ong oder an die archaisch anmutenden Klanginstallationen Paulo Nenflídios, der wie jener Forscher aus Alejo Carpentiers Roman »Die verlorenen Spuren« in den Urwäldern des Orinoko das älteste Musikinstrument der Welt zu suchen scheint (Abb. S. 223).

Wenn diese Arbeiten die übliche lineare Vorstellung von Zeit und Fortschritt aufheben, so ist der zeitgenössische Künstler nicht selten ein Spätankömmling, der uralte Stoffe bearbeitet.

Die Kunst ist eine Zeitmaschine, die in grauer Vorzeit ebenso zu Hause ist wie in der Gegenwart, und eines der Paradoxe der Kunst lautet, dass das Älteste und das Neueste einander unverhofft am nächsten stehen.

Bei guter Kunst geht es also immer um Bilder, die von ganz weit her kommen, unabhängig davon, ob sie heute oder vor zweihundert Jahren entstanden sind. So wirkt beispielsweise Vong Phaophanits Video (Abb. S. 148) in seiner Bildsprache merkwürdig archaisch, obwohl der Film aus dem Jahr 2005 stammt, während umgekehrt melanesische und afrikanische Skulpturen eine ganz moderne Anmutung haben können.

Die Ausstellung wirbelt also verschiedene Zeitebenen durcheinander und stellt entscheidende Fragen noch einmal zur Debatte: Was ist alt und was neu, was antiquiert und was modern, was zentral und was peripher? Gleichzeitig bestätigt sich hier die Erfahrung, dass sich an den großen Themen wie »Mensch und Umwelt«, »Religion und Herrschaft«, »Macht und Konflikte« im Lauf der Zeit nur wenig geändert hat. Die Kunst ist eine zuverlässige Konstante in der Geschichte der Menschheit.

Gerade deshalb empfiehlt es sich auch, das Getümmel der Gegenwart gelegentlich vom Hochsitz der Geschichte und der alten Kunst aus zu betrachten. Es drängt sich nämlich der Verdacht auf, dass die zeitgenössischen Diskurse die drängenden Probleme von heute nicht allein bewältigen können. Zu groß ist die Unwucht der Globalisierung, zu unsicher sind die Verheißungen der Postmoderne, zu jäh erscheint der Zusammenprall der Zivilisationen. Die alte Kunst gibt uns eine Vorstellung davon, wie man in früheren Zeiten mit kultureller Differenz umging. Damit hätten wir einen treuen Weggefährten gewonnen und wären nicht länger auf unser Denken allein angewiesen.

Die alte Kunst wusste auch um die ästhetische Maxime: Je dramatischer die Ereignisse, desto wichtiger ist die Form.

Religiöse Bindung ist ein weit verbreitetes Sujet der alten Werke, das in letzter Zeit auch in der Gegenwartskunst relevant geworden ist. Zugleich spielen animistische Praktiken in der Kunst der letzten Jahrzehnte eine immer wichtigere Rolle. Nicht nur Pferde, Kojoten und Hasen erscheinen in den Galerien und Ausstellungen, sondern vermehrt auch tropische Arten wie lebende Papageien, Schlangen, Elefanten und sogar Tiger. Wenn das Krokodil in der Kunst des Sepik-Gebiets auf Neuguinea bei Initiationsriten ein wichtiges Motiv als verschlingendes Ungeheuer bildet, so bleibt die Darstellung des Reptils in den Fotografien von Candida Höfer (Abb. S. 86) oder den Holzschnitten von Dennis Nona nicht weniger rätselhaft (Abb. S. 114/115).

»Im animistischen Stadium schreibt der Mensch sich selbst die Allmacht zu; im religiösen hat er sie den Göttern abgetreten. In der wissenschaftlichen Weltanschauung ist kein Raum mehr für die Allmacht des Menschen, er hat sich zu seiner Kleinheit bekannt und sich resigniert dem Tode wie allen anderen Naturnotwendigkeiten unterworfen. Aber in dem Vertrauen auf die Macht des Menschengeistes, welcher mit den Gesetzen der Wirklichkeit rechnet, lebt ein Stück des primitiven Allmachtglaubens weiter.«[2]

Sowohl die vormoderne als auch die zeitgenössische Kunst werden von der Angst getrieben, etwas Unersetzliches zu verlieren. Außerdem teilen beide den Metaphernreichtum, die Fähigkeit zur Abstraktion und die poetischen Qualitäten. Auffallend ihre Vorliebe für die Poesie prekärer Materialien, für Fundstücke und installationsartige Anordnungen der Werkstoffe. Bezeichnend auch, dass in der Gegenwartskunst, zum Beispiel in der Malerei, derzeit eine Rückbesinnung auf überkommene handwerkliche Techniken und auf das archaische Medium der Zeichnung stattfindet. In der zeitgenössischen südamerikanischen und afrikanischen Skulptur, die eine gesunde Skepsis gegenüber den Versprechungen der Industriegesellschaft und der digitalen Welt an den Tag legen, verwendet man gerne »altes, morsches Holz«; das indigene Wort dafür, »Ibirapuera«, ist übrigens der Name eines Parks im Stadtzentrum von São Paulo, in dem sich das Gebäude der Biennale befindet.

Wenn die alte Kunst implizit tropisch ist, weil sie zwischen den Wendekreisen entstand und die dortigen Lebensgrundlagen ausdrückt, wurden bei der zeitgenössischen Kunst Werke ausgewählt, welche die Tropen explizit thematisieren. Dies gilt vor allem für die Künstler aus Europa und Nordamerika.

Es wird aufschlussreich sein, zu beobachten, ob und wie sich die Positionen der Künstler aus Tropenländern von denen der gemäßigten Breiten unterscheiden und welche je eigenen ästhetischen »Temperaturen« sie erzeugen. Endogene und exogene Sichtweisen, also die gelebten respektive von außen herangetragenen, stehen einander in kreativer Form gegenüber, um schließlich zu jener »verdade tropical« (tropischen Wahrheit) zu gelangen, die dem brasilianischen Liedermacher Caetano Veloso, einem der Erfinder des »Tropicalismo«, am Herzen liegt.

Die Ausstellung hat nicht den Anspruch, enzyklopädisch zu sein, vielmehr will sie Splitter und Fragmente der Tropen und ihrer Kunst zusammentragen. Deshalb bietet es sich an, aus dem vielschichtigen Kosmos der Tropen einige zentrale, mythisch aufgeladene Themen herauszulösen, die jeweils von der alten wie der zeitgenössischen Kunst bearbeitet werden.

Vom Honig zur Asche

Bei der Auswahl der Themengruppen orientiert sich die Ausstellung assoziativ und in loser Form an den »Mythologica« von Claude Lévi-Strauss, insbesondere an den Bänden »Du miel aux cendres« (»Vom Honig zur Asche«) und »Le cru el le cuit« (»Das Rohe und das Gekochte«), die sich durch hohe stilistische Qualität auszeichnen und damit den poetischen Anspruch der Ausstellung untermauern. Mythen sind Maschinen, die die Entlegenheit der Zeit aufheben. Sie sind deshalb geeignet, alte und neue Kunst, das heißt, verschiedene »Kulturzeiten« miteinander zu verknüpfen, um Verlorenes zurückzugewinnen, ganz im Sinne von Lévi-Strauss, der keinen unüberwindlichen Graben zwischen unserem Denken und dem der sogenannten primitiven Völker sah.

»Im Maßstab der Jahrtausende gesehen, bleiben sich die menschlichen Leidenschaften gleich. Die Zeit gibt und nimmt den Sympathien und Antipathien, Überzeugungen, Konflikten und Hoffnungen der Menschen nichts: Sie sind heute keine anderen als einst. Deshalb würde die willkürliche Streichung von zehn oder zwanzig Jahrhunderten der Geschichte unser Wissen über die menschliche Natur nicht spürbar beeinträchtigen. Der einzige unersetzliche Verlust wäre die Tilgung der Kunstwerke, die jene Epochen geschaffen hätten. Denn die Menschen unterscheiden sich nur, ja existieren überhaupt nur, durch ihre Werke: Sie allein können als Beleg dafür dienen, dass sich im Lauf der Zeit unter den Menschen wirklich etwas ereignet hat.«[3]

»Vom Honig zur Asche« thematisiert zudem den für die Ästhetik so relevanten Gegensatz von reiner Natur (Honig) und Kultur (Asche, in Form verbrannten Tabaks). Wie sehr mythische Dimensionen immer wieder in unseren Alltag eindringen, zeigt sich zum Beispiel daran, dass der neue, indigene Präsident Boliviens, Evo Morales, der Kokapflanze sakrale Eigenschaften zuschreibt.

Thematische Gruppen der Ausstellung:

1 Nach der Sintflut Natur und Landschaft
2 Das kurze Leben Menschenbilder, Porträts, Ahnen
3 Der zerbrochene Pfeil Macht und Konflikte
4 Die Farben der Vögel Farben und Abstraktion der Tropen
5 Das verbotene Lachen Klänge und Musik der Tropen
6 Tropischer Barock
7 Das städtische Drama

Innerhalb der einzelnen Themenbereiche kommt es zu ungewöhnlichen Gegenüberstellungen, die Rückschlüsse auf die spezifischen ästhetischen Wirkungen von alter und neuer Kunst, auf die jeweiligen formalen Regeln, das plastische Repertoire und auf die je spezifische Weltsicht zulassen.

Tropische Naturphänomene wie der Regenwald, die in der zeitgenössischen Kunst etwa bei Thomas Struth (Abb. S. 66) oder Hans-Christian Schink als Fotografien erscheinen, hatte alte afrikanische Plastik auf einem schönen, metaphorischen Umweg zu kunstvoll gearbeiteten Holzmasken verdichtet, die damit die Ankunft des Regens beschworen.

Die Schweißperlen auf der Haut der Tänzerinnen im Nachtclub »Tropicana« von Havanna geben einen Vorgeschmack auf das, was die Welt im Zeichen der Erderwärmung zu erwarten hat: unaufhaltsam vorrückende Tropen mit verzehrendem Schmachten, überschäumender Sinnlichkeit und fiebrigem Sex. Pilar Albarracín hat in ihrem Video »Furor latino« dieses süße Versprechen in Form einer glühenden kolumbianischen »Cumbia« voll entwaffnender Weiblichkeit und Verruchtheit antizipiert.

Den Niederschlag in den Tropen als Regen zu bezeichnen, wäre ein freundlicher Euphemismus. In den gemäßigten Breiten kommt der Regen als Schnürregen, Nieselregen, Landregen oder auch mal als Platzregen daher und beeinträchtigt nur selten den normalen Ablauf des Lebens. In den Tropen wäre Sintflut das passende Wort. Es ist, als hätten sich alle Schleusen des Himmels gleichzeitig geöffnet. Mit einem Schlag kommen ganze Großstädte zum Erliegen, versinkt jede Bewegung in der gurgelnden Flut. Bäche verwandeln sich über Nacht in reißende Ströme, Schlammlawinen begraben ganze Stadtteile unter sich.

Wenn im brasilianischen Sommer, der eigentlich Regenzeit heißen müsste, die innertropische Konvergenzzone sich aufbaut und heiße Amazonasluft auf patagonische Kaltfronten trifft, oder wenn der südasiatische Monsun vom Ozean her über Indien fegt, so brechen Urgewalten los, die einem Gottesgericht gleichen. Pechschwarze Gewitterwolken entladen fingerdicke Schnüre aus Wasser, die wie Stahldrähte Himmel und Erde zusammenbinden und jene Zone freier Luft auslöschen, die als untere Atmosphäre bekannt ist.

Fiona Tan hat in ihrem Video »Rain« (Abb. S. 78), das bei einem Wolkenbruch in Jakarta entstand, diesen Exzess der pluviometrischen Kurven am Beispiel eines überlaufenden Wassereimers festgehalten und damit der Sintflut eine alltägliche Dimension gegeben.

Im Dreiländereck von Argentinien, Brasilien und Paraguay stürzt in einem eindrucksvollen Naturschauspiel mit ohrenbetäubendem Getöse alles Nass der Erde die Wasserfälle des Rio Iguaçu hinab, in einen alles verschlingenden Urschlund. Das »große Wasser«, wie die Guarani-Indios den Fluss nennen, wirkt wie ein riesiger Bestäuber, der die sommerlich aufgeheizte Luft mit Feuchtigkeit schwängert und die Atmosphäre in einen einzigen dampfenden Schwall verwandelt.

Der Fotograf Hans Christian Schink sah darin ein Sinnbild archetypischer Landschaft (Abb. S. 81), um das Naturschöne im Sinne Kants mit dem Kunstschönen zu versöhnen. Wie am ersten Schöpfungstag erstrahlt in seinen Bildern die Natur im einträchtigen Zusammenspiel von unberührter »Mata Atlántica« und schäumendem Wasser. Aus dem durchsichtigen Weiß der zerstiebenden Gischt schälen sich aus einem Gebirge von Dämpfen das Braun der Felsen und ein sanftes Grün heraus, das die Böschung der Schlucht säumt.

Gluthitze, Feuchtigkeit und tosender Lärm verschmelzen zu einer betäubenden Ladung unaufhörlich strömender Energie. Kein Weg und kein Ziel stören das urtümliche, in sich ruhende Ensemble aus Kaskaden, Wald und Himmel. Der Boden scheint direkt aus einem Schaum feinen Wasserstaubs hervorzuwachsen. Es ist ein Heiligtum, ein »Nullpunkt« der Erde; die herrliche und schreckliche Urwelt, der alles Leben entstammt. In Alfred Döblins Amazonastrilogie war es das »Land ohne Tod«, das in Richtung der aufgehenden Sonne liegt, wo der Baum des Lebens steht.

Auch in den Fotografien von Thomas Struth, der die unzugängliche Wildnis Perus mehrfach erkundet hat, ist Urwald kein geografischer, sondern ein metaphorischer Raum. Er erscheint als Antithese zum aufgeräumten deutschen Forst, dessen wohlgeordnete Formation von reckenhaften Bäumen Elias Canetti an ein Heer erinnerte. Und umgekehrt war das Heer für ihn ein »marschierender Wald«.

In Struths Bildern, in denen Schlingpflanzen kreuz und quer durcheinanderwachsen, verliert sich das Auge in der Nähe. Es ist ein chaotisches Gewirr, das jedes Gefühl von Ordnung ausschließt, eine abweisende, dunkelgrüne Wand mit grauen Einsprengseln, die keinen Zutritt erlaubt. In seinem 1914 in Melanesien entstandenen Gemälde »Tropenwald« hat Emil Nolde ein ähnlich wuchtiges Dickicht präsentiert und damit auf die ungezähmte Kraft archaischer Natur aufmerksam gemacht.

In wenigen Ländern ist das Waldgefühl so lebendig geblieben wie in Deutschland, vielleicht als Folge eines teutonischen Erbes, das von der Romantik noch verstärkt wurde. Diese Sehnsucht hat den Schwarzwald oder den Bayerischen Wald längst hinter sich gelassen und erstreckt sich mittlerweile auch auf die tropischen Länder.

Neben Thomas Struth ist auch Julian Rosefeldt dieser Faszination erlegen. Freilich beschäftigt er sich in seiner großen Videoinstallation »Requiem« (Abb. S. 71, 72) mit der drohenden Vernichtung des Waldes. In der Nähe von Manaus hat er brasilianische Holzfäller bei ihrer illegalen Arbeit beobachtet. Das ohrenbetäubende Krachen und Splittern umstürzender Urwaldriesen unterbricht die langsame Kamerafahrt durch ein harmonisches Biotop voll idyllischen Vogelgezwitschers.

Mark Dion, der seit vielen Jahren im Dschungel Guyanas Feldforschungen anstellt und bei der Ausstellung »Arte Amazonas« im Jahr 1992 in Rio de Janeiro einen Quadratmeter Urwaldboden abgegraben und in einem improvisierten Labor auf seine Biodiversität hin untersucht hat, baut diesmal einen windschiefen »jungle shop« nach, so wie man sie tief im Hinterland der amazonischen Länder antrifft (Abb. S. 98, 99). Holzfäller, Goldsucher und Jäger sind die Kunden dieser ärmlichen Läden. Von karger Subsistenzwirtschaft berichtet auch Pieter Hugo in seiner Fotoserie »Wild Honey Collectors« (Abb. S. 105, 107). Sie zeigt ghanaische Honigsammler in kuriosen Verkleidungen. Um sich vor den Stichen der Bienenvölker zu schützen, hüllen sich die jungen Männer in Plastiktüten und Palmwedel, was ihnen ein maskenartiges Aussehen verleiht.

Hic sunt leones

Candida Höfer betrachtet in ihrer Fotoserie »Zoologische Gärten« (Abb. S. 82–86) die domestizierten Tropen Europas. Je mehr der natürliche Lebensraum der tropischen Tierarten schwindet, desto mehr Zoos und Safariparks entstehen. Die Gehege von Berlin, London oder Rotterdam gleichen in der Inszenierung Höfers weniger einer rettenden Arche Noah als einem musealen Raum, den die Tiere lediglich als leblose Exponate füllen.

In der Serie »In ethnographischen Sammlungen« hat Höfer einige Schatzkammern der Völkerkunde durchforstet (Abb. S. 159, 165, 167, 169, 177). In dem von einem Waffensammler gegründeten Pitt Rivers Museum von Oxford fand sie Pfeile, in Berlin Schilde, in Venedig Speere. Ferner in Leiden Buddhafiguren und in Zürich afrikanische Skulpturen, durchweg Trophäen kolonialzeitlicher Expeditionen, aber auch Zeugnisse enzyklopädischer Wissbegier. Was ehemals als Kuriositätenkabinett fürstlicher Kunstkammern diente, lädt heute zur Deutung komplexer kultureller Phänomene und zur Bildung einer differenzierten Weltsicht ein. Kein Wunder, dass auch zeitgenössische Künstler wieder aus dem Fundus ethnologischer Museen schöpfen. Dort finden sie wie schon Pechstein und Nolde zu Beginn des letzten Jahrhunderts ästhetische Anregungen, die ein zur Monotonie neigender urbaner Diskurs längst nicht mehr bietet.

Candida Höfer geht – wie immer in ihren Serien – systematisch vor und zeigt neben den Exponaten das gesamte Universum der Museen: Hallen, Flure, Lager und Werkstätten, wo in Berlin beispielsweise Restauratoren in weißen Schutzanzügen und Gasmasken wie Dekontaminationspersonal aussehen, ganz so als müssten sie die alten Masken mit Gewalt von ihrem Zauber reinigen. Höfer hält es hier mit Malinowski, für den die Ethnologie die »Wissenschaft vom Sinn für Humor« war.

Ironische Distanz zur Vergangenheit stellt auch Fernando Bryce her, der anhand alter Fotos und Zeitungsartikel in einer Serie von Zeichnungen die deutsche Kolonialgeschichte in Neuguinea rekonstruiert (Abb. S. 103, 129). Milton Marques wandelt auf den Spuren des deutschen Naturforschers Alexander von Humboldt, der um 1800 den Norden Südamerikas bereiste (Abb. S. 171).

Wenn in der alten Kunst der sogenannte Ahnenkult eine privilegierte Position einnimmt, dann spielt in der zeitgenössischen Kunst das Menschenbild eine herausragende Rolle, nicht nur als Porträt, sondern auch als Blick auf die Interaktion zwischen Individuum und Gesellschaft und die Rituale, die sich dabei herausbilden.

Während Caio Reisewitz einem dunkelhäutigen Portier seine im täglichen Überlebenskampf bedrohte Würde zurückgibt (Abb. S. 121), erfindet Walmor Corrêa in seinen an anatomische Schautafeln erinnernden Gemälden bekannte mythologische Figuren aus der Amazonasregion neu, etwa den Wasserdämon

»Ipupiara« oder den monströs aussehenden »Curupira«, der als Schützer der Wildnis gilt, mit falsch herum gedrehten Füßen, um die ihm nachstellenden Jäger zu täuschen (Abb. S. 109, 111).

Sandra Gamarra führt ausdrücklich das Motiv des Rückblicks in die Ausstellung ein, indem sie alte afrikanische und asiatische Skulpturen im Großformat abmalt (Abb. S. 123, 125). Im Aufeinanderprallen von vormoderner und zeitgenössischer Ästhetik verschränken sich raffiniert die Zeitebenen. Das Alte wirkt plötzlich neu, das Neue alt. Untergegangene Kulturen gewinnen in Gamarras Bildern, ja, in der ganzen Ausstellung, eine dramatische Gegenwärtigkeit, während Modernes aus den Energieströmen der Vergangenheit erwächst.

David Zink Yi ist dem kubanischen Geheimbund »Abakuá« (Abb. S. 133) beigetreten, während Maurício Dias & Walter Riedweg in die nicht weniger okkulte Welt des brasilianischen Candomblé eingedrungen sind (Abb. S. 185). In beiden Fällen liegen die afrikanischen Wurzeln auf der Hand. Bei ihren Videos respektive Fotografien handelt es sich um ethnografische Feldforschung, die in der Ausstellung, neben die alte afrikanische Plastik gesetzt, einen neuen kulturellen Kontext schafft: Auf der einen Seite die in fixierter Extase unpersönlich wirkende afrikanische Maske, auf der anderen Seite der individuelle, frei fließende Ausdruck der brasilianischen und kubanischen Tänzer. Die betenden Gestalten im Hinterhof von Havanna und im »Terreiro« von Rio de Janeiro scheinen einen auf der »Middle Passage« verlorenen afrikanischen Gott an sich ketten zu wollen.

Vong Phaophanit entführt uns mit seinem melancholischen Video »All That's Solid Melts into Air« ins ländliche Laos (Abb. S. 148). In dieser stark spirituell aufgeladenen Arbeit gibt es keine narrative Struktur, sondern ein loses Geflecht aus Bildern, Klängen und Stimmungen der asiatischen Tropen.

Einen breiten Raum nimmt in der Ausstellung das Thema »Konflikt und Macht« ein: Der Südafrikaner Guy Tillim folgt den Spuren der Verwüstungen in Zentralafrika, von den Goldgruben Katangas bis zu den Trümmern der Paläste Mobutus, der einst diktatorisch über Zaire herrschte (Abb. S. 127, 130).

Die indigene australische Künstlerin REA erinnert in ihrer dreiteiligen Videoinstallation »maang« (Abb. S. 161), in der sie Archivmaterial eines Dokumentarfilms von William Grayden aus dem Jahr 1965 verwendet, an die Verwüstungen, die die britischen Atombombenversuche im Land der Pitjantjatjara-Aborigines anrichteten. Dinh Q. Lê aus Ho-Chi-Minh-Stadt zeigt in der Videoarbeit »The Farmers and the Helicopters« (Abb. S. 173), wie dramatisch der Vietnamkrieg sich in das kulturelle Gedächtnis und die Landschaft seines Landes eingeschrieben hat.

Reliquien der Zeit

In einer Zeit, da die politischen und wirtschaftlichen Disparitäten zwischen den Kontinenten im Wachsen begriffen sind, tut man gut daran, den Blick ins 17. und 18. Jahrhundert zurückschweifen zu lassen, als es einer Kunstrichtung vorbehalten war, die Hemisphären zusammenzuführen. Trotz seiner Vielgestaltigkeit war der Barock eine Weltsprache, die von Lissabon bis Rio de Janeiro und Goa reichte und Mexiko mit Sevilla und die süddeutschen Kleinstädte Steinhausen und Ottobeuren mit Ouro Preto und Congonhas in Minas Gerais verband.

Der südamerikanische Barock mag im Vergleich zu seinen europäischen Vorbildern ein Nachzügler sein, dies bedeutet freilich nicht, dass er epigonal wäre, ganz im Gegenteil, er erfand neue Allegorien und Symbole. Sein künstlerischer Eigensinn ist genauso kostbar wie jene seltenen, bizarr geformten Perlen Indiens, denen der Barock seinen Namen verdankt. Tatsächlich wurde die katholische Weltsprache Barock in Südamerika um verschiedene Dialekte reicher.

In der Neuen Welt des 17. und 18. Jahrhunderts war der Barock freilich nicht nur ein Architekturstil, sondern ein Freiraum, den weder Kolumbus noch Kopernikus schaffen konnten, ein Ort der Selbstbehaup-

Die Tropen. Ansichten von der Mitte der Weltkugel

21

tung und der Würde. Der indo-afro-iberischen Bevölkerung Amerikas diente der Barock als neues Aus-
drucksmittel.

Candida Höfer hat in den letzten Jahren in Brasilien systematisch Barockarchitektur fotografiert. Dabei
spannt sie einen großen Bogen von der Kirche São Francisco in Salvador-Bahia (Abb. S. 232/233) bis zur
grandiosen Rampe der Biennale von São Paulo, die in unwiderstehlichen Spiralen alle drei Etagen des
Gebäudes durchschneidet, wobei Oscar Niemeyer bekanntlich die geschwungenen Linien des Barock in
moderner Form zitiert.

Sakralbauten des südamerikanischen Barock waren auch die Themen von Caio Reisewitz. Im Gegensatz zu
Höfer, die Wert darauf legt ihre Bilder gleichmäßig zu beleuchten, sodass jedes Detail sichtbar wird, siedelt
Reisewitz seine Sujets gerne im Halbdunkel an, wobei im subtilen Spiel zwischen Licht und Schatten man-
ches verborgen bleibt. Es ist, als habe sich eine lange Dämmerung über die Heiligen gelegt (Abb. S. 234).

Das städtische Drama

Wir sind nun an einem Punkt angekommen, wo die alte Kunst verstummt und das Feld ganz den Zeitgenossen überlässt, nämlich beim urbanen Mahlstrom der tropischen Megastädte, in denen sich jene Dra-
matik abspielt, die in den letzten Dekaden für viele Metropolen der sogenannten Dritten Welt so charak-
teristisch wurde: der tägliche Überlebenskampf breiter Bevölkerungsschichten, die wachsende Kluft zwischen Arm und Reich, die ausufernde Kriminalität, der ständige Belagerungszustand, die unkontrollierte
Umweltverschmutzung, die prekäre Infrastruktur. Nicht wenige Künstler haben sich in den letzten Jahren
mit den Konvulsionen der tropischen Stadt beschäftigt.

Hans-Christian Schink lässt zunächst den Blick um einige Jahrhunderte zurückschweifen und erinnert
uns daran, dass es in vorkolonialen Zeiten in den Tropen bereits Großstädte wie Tenochtitlán und Angkor
Vat (Abb. S. 241) mit mehreren hunderttausend Einwohnern gab. Selbst in den Ruinen dieser gewaltigen
Anlagen scheint noch etwas von der Komplexität und Dynamik der damaligen Hauptstädte Mexikos und
Kambodschas auf.

Andreas Gursky hat wie kein zweiter Künstler den Eroberungszug des global agierenden Kapitalismus
verfolgt und dabei aufmerksam registriert, wie dessen Insignien – glänzende Bankfassaden, aufgewühlte
Börsenparketts oder blendende Werbeflächen – auf dem Erdball unaufhaltsam von Norden nach Süden
rücken. In Dubai, dem aufstrebenden Handelszentrum des Nahen Ostens, identifizierte Gursky das von
Las Vegas inspirierte, künstlich angelegte Luxusimmobilienprojekt »The World« (Abb. S. 238, 239) als
Symbol einer neuen Weltordnung, in der bislang marginalisierte Regionen jäh ins Zentrum der Aufmerksamkeit geraten und die im 19. und 20. Jahrhundert etablierten Hegemonialachsen des Nordatlantiks sich
in tropische Breitengrade verschieben. Die Schattenseiten dieser Entwicklung bleiben ihm freilich nicht
verborgen: »Sweatshops« in Vietnam, stadtgroße Müllhalden in Mexiko oder die »Rocinha« in Rio, größte
Favela Lateinamerikas.

Die Betonwüste von Caracas ist Schauplatz von Alexander Apostols Video »Avenida Libertador« (Abb.
S. 254, 255). Eine Gruppe von Transvestiten, denen man den täglichen Kampf ums Überleben ansieht, po-
stiert sich vor Wandmalereien an der Stadtautobahn und deklamiert in Anspielung auf die großen kineti-
schen Künstler des Landes »Yo soy Jesús Soto«, oder: »Yo soy Cruz Diez«.

Mariana Manhães nimmt in ihrer Installation »Centrípetas« das Flickwerk urbaner Infrastruktur aufs Korn,
die von einem Provisorium zum nächsten stolpert. Ein Wust von Kabeln und Objekten, dessen Wirrwarr
dadurch gesteigert wird, dass sich unverhofft einzelne Elemente wie von Geisterhand gesteuert in Bewegung setzen und absonderliche Klänge von sich geben, erinnert an die sogenannte »gambiarra« des bra-

silianischen Alltags, d. h. behelfsmäßige Lösungen für jedes technische Problem und jede Lebenslage, wobei der vollständige Zusammenbruch nur eine Frage der Zeit ist.

So hatte Lévi-Strauss einst São Paulo gesehen, als temporären Showroom mit lauter provisorischen Exponaten, von dem man nicht weiß, ob er gerade auf- oder abgebaut wird. Kein Wunder, dass der Architekt Adriano Domingues in diesen unsicheren Zeiten einen »kit« für Obdachlose fabriziert hat: ein Zelt, das im Handumdrehen an jeder beliebigen Straßenecke aufgebaut und ebenso schnell wieder in einem Rucksack verstaut werden kann (Abb. S. 256, 257).

Domingues versteht seine Arbeit nicht in erster Linie als sarkastische Sozialkritik, sondern als praktische Lebenshilfe für Millionen von Menschen, die keine feste Bleibe haben.

Die anonymen Schluchten der Großstadt sind den Mädchen der Prostituiertenvereinigung DASPU in Rio de Janeiro nur allzu vertraut. Ihre prekäre Existenz am Rand der Gesellschaft haben sie auf dem Weg der Selbsthilfe dadurch bereichert, dass sie Artefakte herstellen, die in Kunstkreisen geschätzt werden, etwa ein fein besticktes Hochzeitskleid, das mit Kondomen versehen wird und von den Dirnen auf spektakulären Modeschauen getragen wird (Abb. S. 219).

In den Fotografien von Edward Burtynsky und Mauro Restiffe wird die Entwicklung tropischer Städte in den letzten einhundert Jahren nachgezeichnet: von einer Ansammlung loser Hütten bis zu den heutigen urbanen Ungeheuern. Burtynsky hat die stillgelegten Geisterstädte und Salpeterminen »Santa Laura« und »Humberstone« (Abb. S. 245–247) im Norden Chiles fotografiert. Wie von außerirdischen Ingenieuren erbaut, ragen diese Ruinen der Industriegeschichte aus der Eintönigkeit der Atacama-Wüste heraus und erinnern uns an die Wechselfälle ökonomischer und politischer Zyklen.

Die abweisenden Betonburgen Taipeis sind Mauro Restiffes Sujet (Abb. S. 250, 251). In sich verschachtelte, labyrinthartige Wohnblocks mit beängstigend engen Treppenaufgängen verdichten sich zu einem erschreckenden Bild urbaner Ausweglosigkeit. Die Taipei-Serie kontrastiert auf frappierende Weise mit Restiffes früheren Arbeiten über die weiten, offenen Räume Brasilias, die einen Anflug von Freiheit erzeugen. Der Fotograf lässt bewusst offen, wo er die Zukunft der modernen tropischen Stadt sieht: in der großzügigen Anlage der brasilianischen Hauptstadt oder in der Klaustrophobie der asiatischen Metropolen.

Marcel Odenbach und Jitish Kallat sind in den Strudel der indischen Metropolen eingetaucht. Odenbach begab sich auf eine melancholische Rikschafahrt durch das Straßengewirr der verblichenen Schönheit Kalkutta (Abb. S. 266), die in ihrer unvergleichlichen Mischung aus Vitalität und Dekadenz eine der emblematischsten Tropenstädte schlechthin ist. Kallat führt in seinem Fotopaneel eine durchaus ironische Note in den urbanen Diskurs ein. Ein Künstler in der Telefonzelle versucht aus dem Chaos einer indischen Großstadt heraus an die internationale Kunstszene Anschluss zu halten (Abb. S. 260).

Navin Rawanchaikul entwirft in seinem monumentalen Wandgemälde »Lost in the City«, das im Stil der traditionellen Tempelkunst gemalt wurde, ein grandioses Bild des heutigen Bangkok (Abb. S. 264, 265).

Robert Cabot holt die Tropenstadt buchstäblich ins Haus, indem er per Webcam Bilder aus Orten wie Salvador/Bahia, Caracas, Rio de Janeiro, Hanoi etc. im Internet live abruft und zu einem globalen Panorama verdichtet (Abb. S. 252, 253). Bilder aus dem »Tropical Island« in Brandenburg, wo ein »Fake« der Tropen samt buddhistischem Tempel und Sandstrand entworfen wurde, dürfen dabei nicht fehlen.

Farben der Tropen

Über dem Thema »Farben und Abstraktion« steht als Motto Lévi-Strauss' legendäre Beschreibung eines Sonnenuntergangs in den »Traurigen Tropen«, den er bei der Überfahrt nach Brasilien auf dem äquatorialen Atlantik so erlebte: »Noch einmal flackerte die himmlische Landschaft auf in einer Skala von weißen,

Die Tropen. Ansichten von der Mitte der Weltkugel

23

blauen und grünen Tönen. Doch kleine Teile des Horizonts erfreuten sich noch immer eines ephemeren, unabhängigen Lebens. Zur Linken behauptete sich plötzlich ein bisher unbemerkt gebliebener Flor gleichsam als eine Laune geheimnisvoller und vermischter Grüntöne; diese gingen zunächst in grelles, dann gedämpftes, dann violettes und schließlich schwärzliches Rot über, und schließlich sah man nur noch die unregelmäßige Spur eines Kohlestiftes, wie über körniges Papier gezogen. Dahinter schimmerte der Himmel in alpinem Gelbgrün, und der Damm blieb undurchdringlich und scharf umrissen. Am westlichen Himmel glitzerten noch einen Moment lang waagrechte kleine Goldstreifen, aber nach Norden zu war es schon beinahe Nacht.«[4]

Diese phantasmagorischen Farberuptionen kehren in der Ausstellung wieder als ein Arrangement mehrerer Dutzend Kleidungsstücke aus tropischen Regionen: Man sieht indische Brautleute, Bauern im »Goldenen Dreieck«, dem Grenzgebiet von Thailand, Birma und Laos, Indios in Panama und Guatemala sowie mit »arte plumária« geschmückte Gestalten des Mato Grosso, die große Scheiben Purpur, Gold, Kirschrot und Kobaltblau aus dem flammenden Abendhimmel herausgeschnitten und auf ihre nur aus Licht gesponnene Kleidung geheftet zu haben scheinen. Welcher Sterbliche sollte diese Kreationen tragen, die eine unergründliche Alchimie dem ersten Glimmen der Dämmerung entrissen hat?

Der Sinnenrausch setzt sich fort in Theo Eshetus Video »Trip to Mount Zuqualla«, das eine farbenprächtige, religiöse Prozession in Äthiopien segnet (Abb. S. 182/183). Majestätisch wie die drei Könige aus dem Morgenland ziehen die Priester und ihr Gefolge zum heiligen Vulkan, den sowohl die koptischen Christen als auch die Animisten verehren. Der Soundtrack untermalt Bachs »Oh Haupt voll Blut und Wunden« mit altäthiopischen Trommeln und Hip-Hop-Rhythmen, um den Synkretismus der äthiopischen Kultur zu betonen.

Die Tropen vor dem Sündenfall finden wir einerseits in den überbordenden Farbkaskaden der sogenannten »arte plumária« (Federschmuck) der südamerikanischen Indios und andererseits in der Ikonografie der Gemälde von Beatriz Milhazes (Abb. S. 213, 215). In beiden Fällen ist es ein Land des Überflusses, an dessen reich gedeckter Tafel jedermann satt wird. Aber während das Feuerwerk noch abgebrannt wird, legen sich die ersten Schatten über diese Blütenträume, mit denen Milhazes das Leben zelebriert. Es tut sich ein feiner Riss auf, der sich alsbald zu einem klaffenden Graben auswächst und schließlich alle Blumengebinde in den Abgrund reißt. Zunächst unmerklich und dann immer deutlicher gerät das fein ausbalancierte Gleichgewicht der Bildkomposition aus dem Lot, entsteht ein verhängnisvoller Mahlstrom, der die tropische Pracht jäh ins Nichts stürzt. Und in ihrem Bild »A Lenda« erstickt eine bedrohliche schwarze Zunge, die aus einem erloschenen Scheiterhaufen zu kriechen scheint, das sinnliche Spiel der Blumen und Früchte.

An diesem Punkt erreicht die Ausstellung den rätselhaften Punkt, an dem Farben und Bilder unmerklich in Klänge übergehen. Wassily Kandinsky hat in seinem Aufsatz »Über das Geistige in der Kunst« zu Recht auf den inneren Zusammenhang zwischen Farbe und Musik hingewiesen, wie schon Goethe vom »Generalbass« der Malerei sprach. Rot klingt in Kandinskys Ohren wie eine Trompete, Violett wie ein Fagott, während er Grün mit dem gedehnten, mitteltiefen Ton der Geige vergleicht. Es lag also nahe, in der Ausstellung die Musikinstrumente aus tropischen Regionen in einen räumlichen Zusammenhang mit Farben zu bringen.

Grelles Licht tötet die Perspektive, weiß Marcone Moreira und verzichtet deshalb bei seinen Fundstücken und Fotografien auf leuchtende Farben. Stattdessen arbeitet er das Prekäre der tropischen Metropole heraus (Abb. S. 203, 209). Das in sich ruhende Weltbild der alten Meister ist nagenden Zweifeln gewichen, Behausung und Stadt sind bedrohte Räume geworden.

Wenn Winzer das Zusammenspiel der vier Elemente Boden, Klima, Traube und menschliche Arbeitskraft als »terroir« bezeichnen, so könnte man den Begriff auch auf die spektakulären Installationen von Gerda Steiner & Jörg Lenzlinger übertragen (Abb. S. 91, 93). Jedes ihrer Projekte beginnt mit gründlichen Recherchen über das jeweilige Umfeld, einschließlich des Wetters, der Geschichte, der Flora und Fauna, der örtlichen Produktionsbedingungen und Gebräuche, einschließlich des Essens. In Borneo haben sie den

Mount Kinabalu bestiegen, in Mali die Dörfer der Dogon besichtigt, in Brasilia die moderne Architektur aber auch die Pflanzen des »Cerrado« studiert; in Rio de Janeiro den Botanischen Garten, die Floresta da Tijuca, die Cidade do Samba, die Altstadt und den Flohmarkt »Saara« besucht. Entsprechend lang ist ihre Materialliste: organische und anorganische Substanzen aller Art, von Orchideen und getrockneten Blättern bis zu bunten Papierblumen und Pailletten der Karnevalskostüme, mit denen sie Farbtupfer in die großen Skulpturen setzen. Aus gefärbtem Kunstdünger, der vom Himmel regnet, entstehen langsam wachsende Kristallstrukturen, die ins Wirrwarr der Pflanzen vordringen. Der Wildwuchs überwuchert ausrangierte Büromöbel und Computer und verleibt sich derart die sogenannte Zivilisation wieder ein. Telefonkabel mutieren zu Lianen, abgestorbene Äste erwachen zu neuem Leben. Stammen die afrikanischen Masken, die wie ein Voodoo-Altar arrangiert sind, aus dem Museum oder vom Flohmarkt?

Aber machen sich in den Astgabeln nicht schon die ersten Parasiten breit, und hängen da nicht Tierknochen an den Lianen? Sind es Braut- oder Witwenschleier, die sich um die Zweige ranken? Und überragt das Geflecht der Kletterpflanzen nicht das kahle Skelett eines vom Blitz getroffenen Baumriesen?

Bei Franz Ackermann erscheinen die Tropen als Metapher einer neuen, parallelen Welt (Abb. S. 62, 63, 65). Die überbordende Frische und Unverbrauchtheit seiner Farbpalette schaffen ein völlig neues visuelles Erlebnis, während seine kühne Linienführung neue Bildräume eröffnet. Abstrakte Formen konkurrieren mit Architekturmodellen, strenge Gitterstrukturen mit umherirrenden Farbbällen. Da eine einzige Leinwand diese geballte Energie nur selten aufnehmen kann, setzt sich die Farbkaskade auf der angrenzenden Wand fort.

Obwohl es in seinen Bildern immer wieder Spuren menschlicher Siedlungen gibt, mal in Form von modernistischen Hochhäusern, mal als armselige Hütte, fällt die Vorstellung schwer, dass diese Orte bewohnt seien. Menschliche Wesen würden weder den rasanten Farbbahnen standhalten, die wie Wasserfälle durchs Bild schießen, noch den glühenden Sonnenuntergängen, welche die Leinwand gleichzeitig an mehreren Enden in Brand setzen.

Als Orientierungshilfe bei der Vermessung der Welt dienen Ackermann von jeher seine sogenannten Mental Maps, kleine Zeichnungen und Aquarelle, die der Künstler spontan auf Reisen anfertigt, im Zug, im Flugzeug, im Hotelzimmer. Es kann sein, dass er in Asunción ein Aquarell anfängt, es in Buenos Aires ergänzt, um es in Berlin zu vollenden, wo der Künstler seine Reisenotizen, Skizzen, Postkarten, Landkarten und Fundstücke zu Entwürfen für große Ölgemälde verarbeitet.

Ackermann reist an die kulturellen und sozialen Brennpunkte, wo die Erste auf die sogenannte Dritte Welt stößt, wo urbane Alpträume mit paradiesischen Versprechen kollidieren.

Noch einmal begleitet Ackermann Lévi-Strauss nach Zentralbrasilien, wo der Ethnologe 1937 den Bau der Stadt Goiânia so beschrieb: »Auf einer endlosen Ebene, halb Ödland, halb Schlachtfeld, gespickt mit elektrischen Masten und Vermessungsstangen, sah man, in alle Himmelsrichtungen verstreut, etwa hundert neue Häuser. Man fühlte sich dort höchstens als Reisender, niemals als Verweilender. Cadmus, der Zivilisator, hatte Drachenzähne gesät. Auf einer Erde, die der Atem des Ungeheures versengt hatte, wartete man darauf, dass Menschen sprießen würden.«[5]

Anmerkungen: 1 Der nördliche Wendekreis berührt Havanna, zerteilt Mexiko in zwei gleich große Hälften, durchquert Nordafrika, Indien und die arabische Halbinsel und streift schließlich Hongkong. Der südliche Wendekreis berührt den Flughafen von São Paulo und bildet die Trennlinie zwischen dem reichen und armen Teil Brasiliens, er verläuft durch den Norden Chiles, Südafrikas und Australiens, um sich endlich in den Weiten der pazifischen Inselwelt zu verlieren. **2** Sigmund Freud, »Totem und Tabu«, Wien 1912/1913. **3** Claude Lévi-Strauss, »Sehen, Hören, Lesen«, Frankfurt a. M. 2004, S. 172. **4** Ders., »Traurige Tropen«, Frankfurt a. M. 1978. **5** Ebd.

Die Tropen, die Kunst und die Ausstellung

Die Tropen am Ende der Welt – Die vor-neuzeitliche Verortung

Viola König

»Der Begriff der Tropen war von Beginn an ein kulturelles Konstrukt, und zwar nicht nur jenseits der Wendekreise«, schreibt Alfons Hug, und, so wäre zu ergänzen, die Tropen sind wesentlicher Bestandteil der Weltsichten und Weltbilder aller Kulturen durch Zeit und Raum. Doch sind die »Wendekreise« in den alten Kosmogrammen keineswegs als »Mitte der Welt« verortet; das geschieht erst viel später, in der europäischen Neuzeit, als der Globus umrundet und vermessen worden war. Davor liegen sie genau entgegengesetzt am Rande der erfahrbaren Welt, die eine Scheibe ist, durch deren Mittelpunkt die Weltachse verläuft, häufig auch als Weltenbaum gesehen. Er verbindet Erde und Universum, Nadir unter der Erde mit dem Zenit über der Erde, und wo er durch die Erdoberfläche stößt, verzweigt er sich in die Kardinalrichtungen. Die Menschen leben im Zentrum, um die Weltenachse, den Weltpfahl, den Mittelberg oder einfach um ihr zentrales Herdfeuer herum. Der menschliche Körper selbst kann die Weltenachse symbolisieren, mit dem Nabel als Zentrum. Die Wendekreise umgeben das Zentrum als Außenring, sie begrenzen die bekannte Welt als Mauer oder Wall. Dieser Außenring dreht sich, ist ständig in Bewegung, denn nur das Zentrum ist fix. Vorstellungen dieser Art finden sich bei Kulturen innerhalb und außerhalb der Tropen, bei Kelten und Germanen, in der Antike und im Orient, im Alten Mexiko, in Indien und Tibet, bei australischen Aborigines, sibirischen Völkern und im Amazonasgebiet. Die Kosmogramme mit ihren Achsen, der Ober-, Mittel- und Unterwelt sowie den Wendekreisen sind geniale Modelle und ihre Darstellungen zuweilen Kunst.

Alexander von Humboldts Visionen von einer Kunst der Tropen

»Wäre es mir erlaubt eigene Erinnerungen anzurufen, mich selbst zu befragen, was einer unvertilgbaren Sehnsucht nach der Tropengegend den ersten Anstoß gab, so müsste ich nennen: Georg Forster's Schilderungen der Südsee-Inseln; Gemälde von Hodges die Ganges-Ufer darstellend, im Hause von Warren Hastings zu London einen colossalen Drachenbaum in einem alten Thurme des botanischen Gartens bei Berlin.«[1]

»Wer, empfänglich für die Naturschönheit von Berg-, Fluss- und Waldgegenden, die heiße Zone selbst durchwandert ist, wer Üppigkeit und Mannigfaltigkeit der Vegetation nicht bloß an den bebauten Küsten, sondern am Abhange der schneebedeckten Andes, des Himalaya und des mysorischen Nilgherry-Gebirges, oder in den Urwäldern des Flussnetzes zwischen dem Orinoco und Amazonenstrom gesehen hat, der allein kann fühlen, welch ein unabsehbares Feld der Landschaftsmalerei zwischen den Wendekreisen beider Continente oder in der Inselwelt von Sumatra, Borneo und der Philippinen zu eröffnen ist, wie das, was man bisher geistreiches und treffliches geleistet, nicht mit der Größe der Naturschätze verglichen werden kann, deren einst noch die Kunst sich zu bemächtigen vermag. Warum sollte unsere Hoffnung nicht gegründet sein, dass die Landschaftsmalerei zu einer neuen, nie gesehenen Herrlichkeit erblühen werde, wenn hochbegabte Künstler öfter die engen Grenzen des Mittelmeers überschreiten können, wenn es ihnen gegeben sein wird, fern von der Küste, mit der ursprünglichen Frische eines reinen, jugendlichen Gemüthes, die vielgestaltete Natur in den feuchten Gebirgsthälern der Tropenwelt lebendig aufzufassen?«[2]

Der Anspruch der Ausstellung geht über die Visionen des Alexander von Humboldt hinaus; denn sie stellt die schon dagewesene »alte« bzw. noch überwiegend indigen-autochthon geprägte Kunst aus den Tropen zeitgenössischen Werken gegenüber, die entweder in den Tropen oder außerhalb über die Tropen entstanden, wobei die ethnische oder nationale Herkunft der Künstler für die Auswahl unerheblich ist.

Die Ausstellung

In einer Folge der amerikanischen Zeichentrickserie »Die Simpsons« bezweifelt der erzkonservative Homer die Behauptung seiner neunmalklugen Tochter Lisa, dass das Wasser südlich des Äquators nach links, d. h. entgegen dem Uhrzeigersinn abliefe, anstatt rechts herum wie auf der Nordhalbkugel. Homer Simpson wird nach Australien geschickt, doch kann er zunächst auch vor Ort nicht überzeugt werden, da man in der US-amerikanischen Botschaft eine komplizierte Maschine im WC eingebaut hat, die das Wasser rechts gedreht ablaufen lässt, damit amerikanische Staatsbürger sich dort richtig heimisch fühlen können.

Wenn auch nicht das abfließende Wasser in der Badewanne, so ändert sich in den Tropen, den Wendegebieten, tatsächlich so manches, unglaublich für denjenigen, der wie Homer Simpson entweder nördlich oder südlich der Wendekreise von Krebs und Steinbock lebt. Um die »Wendungen« physisch, d. h. nicht nur rein rechnerisch wahrnehmen und »glauben« zu können, muss man die Möglichkeit haben, den Äquator zu überqueren. Am Äquator sind Tag und Nacht rund um das tropische Jahr fast gleich lang, nicht nur zweimal im Jahr, im Frühling und Herbst, wie außerhalb der Tropen. Klimaschwankungen vollziehen sich am Äquator innerhalb von 24 Stunden, aber Jahreszeiten wie außerhalb der Tropen gibt es nicht, keine taghellen Nächte und keine lichtlosen Tage. Dafür steht die Sonne in den Tropen zweimal im Jahr im Zenit, ohne einen Schatten zu werfen, am Äquator im März und September zur Tag- und Nachtgleiche, auf den Wendekreisen nur noch ein Mal zur Sommersonnenwende im Juni oder Dezember, doch außerhalb davon nie.

Wie wirken sich die spezifischen Bedingungen in den Tropen auf die Menschen aus, ihr Fühlen, Handeln und Leben? Wie gehen Künstler mit den Tropen um und wie die Tropen mit ihnen, sei es durch das Geborenwerden und Leben in ihnen, sei es durch die Erfahrung mit ihnen, sei es durch die Kenntnis über sie?

Die ausgestellten Werke und Projekte bestätigen oder widerlegen die exotischen Klischees und traurigen Wahrheiten der Tropen; sie stoßen ab und ziehen an, anregend, aufregend, erregend – extrem, wie die Tropen selbst.

Die Farbe der Vögel

Farben und Abstraktion der Tropen

Mit den Farben der Tropen verhält es sich ganz so wie mit den Tropen selbst: Nur wer sich sowohl innerhalb als auch außerhalb der Tropen aufhalten kann, vermag sie als solche zu erkennen. Einer der ersten, der dazu Stellung bezog, war Alexander von Humboldt: Verstrickt in die zeitgenössische Auseinandersetzung zwischen naturwissenschaftlichen Farbsystemen (Newton) und kreativ-künstlerischen (Goethes Farblehre) entschied er sich letztlich für die »fortschrittlichere« naturwissenschaftliche. Seither existieren beide nebeneinander, doch nicht mehr als Gegensatz, sondern komplementär.

Sprachen und Farben der Tropen

Längst nicht alle Fragen der menschlichen Farbwahrnehmung sind geklärt. Für bekannte Phänomene ergab sich erst jüngst eine Begründung: Uns wurde im Studium beim Erlernen der Mayasprachen erklärt, dass die Maya nicht zwischen Grün und Blau unterschieden; die beiden Farben seien für sie zumindest sprachlich identisch. Heute weiß man, dass sie für die Bewohner in Äquatornähe auch tatsächlich identisch sind. Unter dem Titel »Der blüne Ozean« ging Jochen Paulus der Tatsache auf den Grund, dass viele Völker in den Tropen für »Blau« und »Grün« nur ein Wort haben: Die Ursache liegt in der UV-Strahlung. Wie die Maya und viele andere Kulturen verwenden auch die Berinmo in Papua-Neuguinea dasselbe Wort für

Blau und Grün, andere Sprachen helfen sich mit dem Wort für »Dunkel« anstelle eines eigenen Begriffes von »Blau«. Können Angehörige dieser Kulturen die Farben nicht unterscheiden? Johann Gottfried von Herder und Wilhelm von Humboldt argumentierten, wenn die Sprache keine Vokabeln dafür bereithielte, könnten die Sprecher solche Farben de facto auch nicht voneinander unterscheiden. Doch warum in einigen Sprachen Farben voneinander unterschieden werden und warum in anderen nicht, konnten weder sie noch nachfolgende Linguisten erklären.

Die beiden Psychologen Delwin Lindsey und Angela Brown von der Ohio State University fanden die Begründung in den Tropen, wo die meisten Blau und Grün nicht unterscheidenden Sprachen beheimatet sind. Ihre These beruht auf der Prüfung von 203 Sprachen. Ergebnis: Je mehr UV-Licht die Menschen ausgesetzt sind, desto eher werden sie kein Wort für Blau kennen. Die UV-Strahlen schädigen in der Netzhaut jene »Zapfen«, die auf die blauen Anteile im Licht reagieren, und sie lassen die Linse des Auges schneller altern. Hier kommt es im Lauf der Lebensjahre zu einer Häufung gelblicher Pigmente, die wiederum die kurzwellige Strahlung am blauen Ende des Spektrums schlucken. Nur noch die grünlichen Anteile kommen gut durch, reines Blau jedoch wird als dunkel empfunden. Andererseits erkennen z. B. die Berinmo im Spektrum zwischen Gelb und Grün Nuancen, die in den außerhalb der Tropen entwickelten Sprachen keine Entsprechung finden.[3]

Nun sind in unserer Ausstellung Textilien aus dem Gebiet der in Guatemala lebenden Maya vertreten, die auf das Auge des Betrachters gerade durch ihre verschiedenen, voneinander abgehobenen Grün- und Blautöne wirken. Sollten die Weberinnen diese Unterschiede tatsächlich nicht wahrgenommen, nicht bewusst gewählt haben, um ihr Muster zu erzielen?

Das Beispiel zeigt: Das Thema »Farben der Tropen« changiert in vielen Facetten.

Fauna, Flora und ihre Farben in den Tropen

Mit wenigen Ausnahmen sind intensive und üppige Farbkombinationen in den Tropen heimisch. Die tropische Vogelwelt mit Papageien wie Aras, Kakadus, Amazonen und Sittichen, ferner Kolibris, Tukanen sowie Tropenfischen, Meerestieren wie Korallen, vor allem aber die üppige Pflanzenwelt mit Orchideen, Bromelien, Kokospalme, Ananas, Banane usw. beeindruckten die Europäer so sehr, dass sie als Exoten in Volieren, Aquarien und Gewächshäusern gehalten wurden, dem Fürsten als Beweis dienend, dass man weitreichende Kontakte in ferne Welten unterhielt. Auch ein »farbiger«, meist aus Indien stammender Diener zählte zu solch höfischem Repertoire. Das Bewusstsein von tropischen Farben geht mindestens bis in das Zeitalter der Entdeckungen zurück. Tropenfarben zeichneten genau die Handelsgüter aus, wegen derer man in ferne Kontinente strebte, sie erkundete und eroberte: Gewürze wie Chili, Kardamom, Vanille, Zimt, Muskat sowie Seide und Gewebe, gefärbt in tropischem Indigo oder dem roten Farbstoff, der aus der Cochenille-Laus gewonnen wird. Einheimische Zubereitungs- und Färbetechniken erregten von jeher das Interesse der Europäer. Zum tropischen Repertoire von Königen, Herzögen, aber auch wohlhabenden Kaufleuten zählten auch Früchte und Genussmittel wie Kakaoschoten und Kaffeebohnen, wenngleich die wahre Vielfalt von Passionsfrucht, Guave, Mango, Papaya, Kiwi, Ananas, Maracuja, Durian usw. aufgrund mangelnder Konservierungsmöglichkeiten lange nur aus Berichten der Reisenden bekannt war.

Selbst heute, im Zeitalter des erdumspannenden Lebensmittelimports, gehören farbenprächtige Märkte in typischen Tropenfarben vor allem in Afrika, Indien, Südostasien und Lateinamerika zum Alltag, da die angebotenen Speisen schnell verderblich sind. Wer jemals einen Markt in den Tropen besucht hat, wird die süßlich-fauligen Gerüche am Ende des Markttages nicht wieder vergessen.

Das mexikanische Malerpaar Diego Rivera und Frida Kahlo, die beide auch außerhalb Mexikos gearbeitet haben, bezeugten in ihrem Werk, wie bewusst ihnen die spezifischen Farben ihrer Heimat waren.

Farben der Tropen in der Ausstellung

Unsere Auswahl zeigt die Farben der Tropen am Beispiel von Objekten aus Brasilien, Panama, Guatemala, Peru, Thailand, Sri Lanka, Indien und Afrika. So unterschiedlich ihre Herkunft, teilen sie neben ihrer Farbenpracht doch die Funktion als Kleidung der Menschen in den Tropen: üppige Gewänder und originelle Accessoires, beeindruckender Kopfschmuck und grelle Masken, schließlich die Variante als Miniaturen bzw. Puppenspielfiguren.

Eine Ausstellung kann nur begrenzt auf den zu der Kleidung gehörigen Kontext wie Gesichtsbemalung, Performance (Ritual, Festzyklen, Schauspiel), inklusive der Düfte, Klänge und Geschmacksnoten eingehen. Doch erst im Zusammenspiel mit diesen Komponenten zeigt sich das ganze Kunstwerk. Die zeitgenössische Kunst mit ihren multimedialen Ausdrucksformen (Film, Performance, Installation) kann hierzu wesentlich mehr beitragen als die schon lange im Museum befindlichen, dekontextualisierten, traditionellen Kunstwerke.

Als Leitlinie für die Konzeption des Ausstellungsraumes mit Textilien u. Ä. diente die Metapher des Gürtels im übertragenen Sinn, d. h. sowohl als Kleidungsstück zum Zusammenhalten der Kleidung und Betonung der menschlichen Taille als auch als Symbol für den »Tropengürtel«, den Äquator selbst sowie auch das Band der Tropen zwischen den Wendekreisen von Krebs und Steinbock. Die Anordnung der Objekte folgt der geografischen Lage auf den Längengraden. Der Betrachter bewegt sich innerhalb der Weltkugel an ihrem äußersten Rand – der Wand des runden Ausstellungsraumes. Die Farbenroute beginnt in Westafrika, in Ghana, führt weiter nach Indien, von dort auf die Inseln von Sri Lanka und Indonesien, kehrt zurück auf das südostasiatische Festland nach Thailand bis in das Bergland des »Goldenen Dreiecks«, von hier wird ein großer Sprung über den Pazifik gemacht bis nach Mittelamerika, ins Hochland von Guatemala, anschließend an die Karibikküste von Panama bis in den Andenraum. Mit dem Amazonastiefland von Brasilien endet die Route, vis-à-vis der afrikanischen Goldküste, wo die Reise begann.

Kente-Kunst – Symbolik in den Königsfarben der Ashanti aus Ghana

Kente ist die einheimische Bezeichnung für das typische Webtuch der Ashanti, das aus 16 bis 20 schmalen, von Männern gewebten Streifen mit unterschiedlichen geometrischen Mustern besteht. Die Besonderheit liegt in der Kunst, diese so aneinanderzunähen, dass die Musterstreifen des gesamten Tuches von mehreren Metern Länge an den Nähten exakt aneinanderliegen. Traditionell wurden die Kente von Trägern beiderlei Geschlechtes zu besonderen Anlässen getragen, von den Männern wie eine Toga, von den Frauen als Umschlagtuch (Abb. S. 182, 183), schulterfreies Gewand oder Wickelrock. Die bunten Muster haben Namen, deren Bedeutung nicht immer klar ist. Gelb und Grün sind die Königsfarben, denn ursprünglich war Kente dem König vorbehalten, der die Herstellung und Verwendung kontrollierte. Heute werden Kente von jedermann und zu allen Anlässen getragen – doch nach wie vor als Prestigeobjekt. Die Wickeltechnik ist eine Kunst für sich, denn die Streifen müssen absolut gerade liegen und der Saum sollte ringsherum gleich lang fallen.

Den König, wenn auch ohne sein Kente-Monopol, gibt es noch; die Ashanti-Staaten unterstehen ihrem Asantehene, gehören aber seit 1975 zur Republik Ghana. Sie bewohnen einen großen Teil Südzentral-Ghanas, hier gab es früher dichten, tropischen Regenwald sowie Gold, wichtiges Handelsgut. Daran hat sich nicht viel geändert: Das Gold und die Kente der Ashanti sind weltberühmt, als Exportartikel wie als Kennzeichen.

Dämonen und Könige

Farben und ihre Funktion im Theater Süd- und Südostasiens

Das Theater in den verschiedenen Kulturen Süd- und Südostasiens basiert auf indischen Vorlagen, insbesondere dem Epos »Ramayana«. Es erfuhr lokale Ausprägungen und Abänderungen und wurde mit einheimischen Elementen gemischt oder unterlag neu hinzugekommenen externen Einflüssen. Die äußerlichen Erscheinungsformen und Requisiten wie Puppenspielfiguren, Masken und Kleidung zeichnen sich durch eine besondere Farbenvielfalt und -intensität aus. Die Farben haben jedoch nicht nur ästhetische Funktion, sondern vor allem symbolischen Aussagegehalt: Sie »sprechen« und erläutern die Charaktere der Akteure, sowohl der maskierten und kostümierten Schauspieler und Tänzer als auch der bemalten Figuren, die sie darstellen.

Die Farben des Kolam – Masken aus Sri Lanka

Die drei Masken der Ausstellung gehören zum alten Bestand des Ethnologischen Museums (Abb. S. 196). Sie wurden um 1880 erworben, dürften aber viel älter sein, vielleicht 150 Jahre, und waren schon lange Zeit vorher im Gebrauch. Sie stammen aus einer Zeit, als Maskenspiel und -tanz auf Sri Lanka, dem alten Ceylon, noch in voller Blüte stand.[4] Größe und Ausdruckskraft der mehrfach bemalten und lackierten Ceylon-Masken beeindruckten in Europa so sehr, dass solche Masken auch in »Hagenbecks Völkerschau« eingesetzt wurden. Allein über eine Million Besucher sahen 1886 in Paris die Ceylon-Schau.

Ursprünglich hatten die Masken zwei unterschiedliche Funktionen: Sie wurden bei rituellen Tänzen zur Heilung von Krankheiten eingesetzt (Sanni-Dämonen) oder sie tanzten in ihren spezifischen Rollen bei Theateraufführungen des »Kolam«. Die Dramen des »Kolam« haben verschiedene Wandlungen durchlaufen. Ursprünglich sollen sie Pantomimen gewesen sein, deren Handlungen durch einen Erzähler moderiert wurden. Zu den Prototypen zählt die »Naga«-Szene, in der die Dämonen (Nagas) in der Variante als Schlangen und des »Schlangenteufels« gegen den heiligen Vogel Gurula bzw. Garuda kämpfen.

Die soziale Stellung und der Rang der Masken drückt sich in ihrer Ausführung aus: So trägt der »Erste König« eine prachtvollere Krone als der »Zweite König«. Dämonenkronen bestehend aus ineinander verflochtenen Schlangenleibern und Figuren, die nicht aus Sri Lanka stammen, sind an ihrer besonderen Haartracht zu erkennen. Menschen, Tiere und Dämonen können von Eingeweihten nicht nur durch die Gestaltung der Maske und ihrer einzelnen Bestandteile, sondern vor allem an den Farben identifiziert werden:
– Weiß: für Frauen höheren Ranges, Göttinnen, himmlische Wesen;
– Rosa-Fleischfarben: Könige, übernatürliche Wesen, Europäer;
– Gelb: Könige, Königinnen, Naga-Könige, Kaufleute, Krieger, Tiger, Löwen, Sanni-Dämonen;
– Gelbbraun: Könige, Königinnen, Würdenträger, Kaufleute, Trommler, Vögel, Gurula;
– Rot: blutdürstige Menschen, Tiere, Dämonen, Schnabel des Gurula;
– Braun: Menschen niederer Herkunft, Dämonen;
– Rotbraun: Dorfleute, Naga- und Sanni-Dämonen;
– Grün: Sanni-Dämonen, Wedda (kleinwüchsige Urbevölkerung);
– Dunkelblau bis Schwarz: Sanni-Dämonen, dunkelhäutige Menschen (»Mohren«);
– Schwarz: Angehörige der untersten Schicht, dunkelhäutige Fremde, Sanni-Dämonen, Gara-Dämonen, Ochsen.[5]

Für viele weitere Details gibt es Farbvorschriften.

»Kolam«-Aufführungen fanden einmal im Jahr an Neujahr statt und dauerten etwa eine Woche. Heute kann man die Maskentänze nur noch im Südwesten von Sri Lanka bewundern.

Wayang Golek – bunte Stabpuppen aus Indonesien

Unter der Bezeichnung »Wayang« (Schatten) vereinigt sich eine Vielzahl von Theaterformen, getanzte und in Dramen umgesetzte Mythen mit ethisch-moralischen Botschaften. Sie lassen sich bis in die erste Hälfte des 11. Jahrhunderts nachweisen. Sie sind noch heute integraler Bestandteil der indonesischen Kultur und werden in der Öffentlichkeit aufgeführt. Um welches »Wayang«-Theater es sich handelt, ist entweder der Bezeichnung der Kostümierung, z. B. mit Masken (»topéng«, Maske), zu entnehmen, des verwendeten Materials, z. B. flache bemalte Lederfiguren (»kulit«, Leder), oder als flache bemalte Holzfiguren (»klitik«), darüber hinaus dem gespielten Repertoire an Stücken, z. B. »wayang gedog« mit der zentralen Figur des Prinzen Panji.

Die Beispiele der Ausstellung entstammen sämtlich dem »Wayang Golek«, das seit dem 16. Jahrhundert auf Java nachgewiesen ist. Dabei handelt es sich um dreidimensionale, bemalte vollplastische Holzfiguren, ausmodelliert bis zur Taille, die auf einen Stab gesteckt sind (Abb. S. 193). Das Unterteil besteht nur aus dem Gewand.

Götter, Dämonen, Riesen, böse Widersacher und edle Damen bevölkern die Bühne des »Wayang Golek«, geführt und stimmlich interpretiert vom Dalang, dem Puppenspieler. Die Figuren werden entweder vom Dalang selbst, seiner Familie oder bekannten Spezialisten, Künstlern der Puppenschnitzkunst, angefertigt, die dem Kanon festgelegter Figuren eine besondere Ausgestaltung verleihen: Wie auf Sri Lanka betont die Farbe Charakter und Zugehörigkeit: wobei Weiß für besonders edle und vornehme, Rosa für gewöhnlichere Figuren und Rot für aggressive, kraftvolle Typen steht.

Das »Wayang Golek« gehört zum wichtigsten Repertoire aller indonesischen Theaterformen. Neben autochthonen indonesischen Mythen und Elementen aus dem Ahnenkult greift es auch islamische Themen auf wie den »Ménak«-Zyklus, in dem die Erlebnisse des Arabers Amir Hamzah (Ambyah), eines aus Mekka stammenden Bruders Mohammeds, erzählt werden. Zumeist aber basiert das Wayang Golek auf Legenden aus den großen indischen Epen »Ramayana« und »Mahabharata«, die bis heute ihre Beliebtheit bewahrt haben, denn sie berichten nicht nur von den zeitlosen Konflikten zwischen den guten Kräften in der Welt, personifiziert von den Göttern und Helden und den Bösen in Gestalt der Dämonen, sondern vor allem auch, weil sie in volkstümlichen Passagen aktuelle politische und gesellschaftskritische Themen aufgreifen. Während des langen Suharto-Regimes bot das »Wayang-Golek« eine Bühne, auf der unverfänglich in mythisches Geschehen gekleidete, doch für die Zuschauer gut erkennbare Kritik formuliert werden konnte. Brisante Themen wurden vor allem von den Spaßmachern und Dienern zu fortgeschrittener Stunde vorgebracht wie beispielsweise von Semar (Abb. S. 192). Diese Figuren unterscheiden sich von den Helden durch ihre unproportionierten Körper, kurzen Haare und Gesichtszüge, die wegen ihrer hervorquellenden Augen und knollenförmigen Nasen als hässlich empfunden wurden. Die edlen Charaktere haben dagegen feine Nasen, schmale, zumeist halbgeschlossene Augen, ein Zeichen von Selbstbeherrschung, und eine zu einem »Garnelenschwanz« hoch genommene Frisur. Hochstehende Damen sind an ihrem großen, traditionell javanischen, Gold geschmückten Haarknoten zu erkennen (Abb. S. 192). Auch Tiere spielen eine wichtige Rolle, allen voran der hilfreiche General der Affenarmee Anoman (Hanuman), dem es gelingt, Seda (Sita), die entführte Gattin des Helden Rama, einer Inkarnation des Gottes Vishnu, aufzuspüren und schließlich aus der Gewalt der Dämonen zu befreien.

Khon – das Maskendrama aus Thailand

»Khon« ist die Bezeichnung für das klassische Maskendrama Thailands, in dem die Maske das wichtigste Requisit ist. Es ist zu unterscheiden vom Tanzdrama »Lakon«, in dem keine Masken getragen werden. Beide basieren auf dem »Ramakien«, der Thai-Fassung des »Ramayana«. Ursprünglich war »Khon« den Königen und dem Adel vorbehalten; außerdem gab es nur männliche Tänzer, die auch die weiblichen Rollen spielten. Tanz und akrobatische Einlagen wurden von Kindesbeinen an geübt. Musik und Gesang, aber auch das gesprochene Wort trugen Chöre und Sprecher vor, da die Tänzer durch ihre Masken daran gehindert wurden. Heute werden die »Khon«-Aufführungen von Darstellern beiderlei Geschlechtes vorgetragen. Wichtiges Element einer Aufführung ist das Piphat-Orchester bestehend aus Xylophonen, Gongs, Trommeln und Flöten. Die Musik ist mit dem Geschehen auf der Bühne genau abgestimmt. Der eingeweihte Zuschauer kann allein an der Begleitmusik die einzelnen Charaktere und ihre Handlungen erkennen. Doch nicht nur Musik und Begleittext erläutern den Auftritt der Masken: Die Gesten des Körpers und der Gliedmaßen machen klare Aussagen wie Akzeptanz, Ablehnung, Ansprache oder geben Gefühle wieder wie Liebe, Hass, Ärger, Freude und Sorge. Die Kunst liegt im eleganten Übergang von einer Geste zur nächste.[6]

Es gibt fünf Maskentypen: Menschen, Himmelswesen, Dämonen, Affen und Tiere. Die häufigsten Maskentypen gehören entweder zu den Dämonen oder den Affen, tragen entweder einen spitzen Kopfschmuck oder eine Glatze und weisen rote, weiße, blaue oder grüne Gesichtsfarben auf. Dämonen können Kennzeichen von Affen aufweisen und umgekehrt. Die ausgestellten Masken stellen eher Dämonen dar (Abb. S. 194).

Die Kragen der Hmong – Farben im »Goldenen Dreieck«

Unter dem Begriff des »Goldenen Dreiecks« wird die gebirgige Grenzregion der drei südostasiatischen Staaten Laos, Thailand und Myanmar (bis 1989 Birma) zusammengefasst. Traditionell ist diese Gegend als Hauptanbaugebiet von Schlafmohn bekannt geworden, aus dem Heroin und Opium hergestellt werden. Opium wurde sowohl weit verhandelt, nach China, nach Europa (Franzosen) und Nordamerika, als auch vor Ort als Alltagsgenussmittel konsumiert. Das leuchtende Rot und Weiß der Mohnblüte, das Grün der Bergfauna und das Blau von Himmel und fernen Gebirgszügen bestimmen auch die Farbenpalette der Trachten und des Schmucks der Bergvölker des »Goldenen Dreiecks«. Die umfangreiche Sammlung des Ethnologischen Museums Berlin stammt von den Karen, Hmong, Mien, Lahu, Akha und Lisu. Die Sammler Paul und Elaine Lewis charakterisieren sie wie folgt: »In der Auseinandersetzung mit ihrer im Grunde gleichartig gestalteten natürlichen Umwelt weisen die sechs Ethnien auffallende Unterschiede auf. Trotz einiger gemeinsamer Merkmale – sie alle gehören einer Minorität an, alle sind Bauern und leben in Dörfern – haben sie jeweils eigene Antworten auf ihre Lebensproblematik gefunden, so dass sie als Stammesgruppe deutlich voneinander abzugrenzen sind. Jede Gruppe hat an einem eigenen Kulturmuster gewebt.«[7]

Die Gruppen unterscheiden sich in ihren Sprachen und Glaubensvorstellungen sowie in ihrer Geschichte. Sie sind einst aus unterschiedlichen Regionen Chinas in das »Goldene Dreieck« eingewandert. Noch heute verlagern sie ihr Wohngebiet entlang und beiderseits der eingangs genannten Staatsgrenzen. Augenfälligstes Unterscheidungsmerkmal sind die Trachten, doch allen Stämmen ist gemein, sich besonders zum Neujahrsfest neu einzukleiden, denn das Tragen alter Kleidung könnte Unglück bringen. Unverzichtbarer Bestandteil der Frauenkleidung ist der Schmuck aus Silber und Perlen schon für die Kleinsten. Während größere Perlen meist chinesischer Herkunft sind (Akha), kommen die kleinen Perlen eher aus Europa (Karen, Lahu, Lisu).

Frauen legen all ihren Silberschmuck auch im Alltag an: Unverheiratet will man damit die Aufmerksamkeit junger Männer erregen, verheiratet wird auf einen fähigen Ernährer der Familie verwiesen. Form und Verarbeitung des Schmucks und die Art des Tragens weisen auf die Zughörigkeit der Frauen zu ihrer Gruppe hin. Ein Beispiel ist die prächtige Haube einer Phami-Akha-Frau aus Chiang Rai in Thailand, bestehend aus einer Bambus-Baumwoll-Silber-Glasperlen-Kombination (Abb. S. 199). Sie weist die typische Helmform auf und ist komplett mit Silberperlen und -münzen überzogen. Die Ohren werden von einem quadratischen Besatz aus überwiegend roten Perlen und darüber hälftig einer Silbermünzenschicht bedeckt. Lange Perlenschnüre aus fünf Farben sind hinten und an den Seiten angebracht.

Die übrige Tracht einer Akha-Frau ist nicht minder prächtig: Auf einem fest gewebten mit Indigo schwarzblau gefärbten Basisstoff werden bei der Jacke die Ärmel, der Halsausschnitt und vor allem das Rückenteil mit prächtigen Applikationen aus Stickerei in leuchtenden Farben versehen, an die Samen, Perlen, Schnecken und Quasten angenäht sind. Der knielange Rock, die Schärpe und die Gamaschen sind ähnlich verziert (Abb. S. 198).

Der Wandel vom jungen Mädchen zur Frau wird durch Hinzufügen und Austausch einzelner Bekleidungsteile oder deren Veränderung öffentlich kenntlich gemacht.

Typisch für die Tracht der Hmong sind die mannigfaltig gearbeiteten und verzierten rechteckigen Kragen, die sich sowohl auf Frauen- wie auch Männerjacken befinden. Applikationen, Negativapplikationen, Stickereien in immer wieder neu geschöpften abstrakten Mustern verzieren den Rücken – oder auch nicht: Denn die Kragen der »Blauen Hmong« werden mit der verzierten Seite nach unten angenäht; der Grund dafür ist nicht bekannt (Abb. S. 197).

Huipiles der Maya – ein Fest der Farben im Hochland von Guatemala

190 Längengrade westlich oder 170 Längengrade östlich von den Hmong und Akha entfernt, im Hochland von Guatemala, stellen die Maya ebenfalls farbenprächtige Textilien her, die der Kleidung der Bergvölker des »Goldenen Dreiecks« nicht nur in ihrer Farbgebung, sondern auch hinsichtlich des Schnitts der Hosen, Blusen und Röcke, aber auch der Muster und Farben, Herstellungs- und Färbetechniken frappierend ähneln. Beide verwenden Indigo für die Blau- und Blauschwarz-Gewinnung, färben in der »Ikat«-Technik, bei der Teile des Fadens vor dem Färben abgebunden und umwickelt werden, um keine Farbe aufzunehmen. So entstehen je nach Art des Abbindens feine Muster. Beide Gruppen leben in den Höhenlagen der Tropen und somit im gemäßigten Klima; in der Regenzeit kann es sich empfindlich abkühlen. Dies erfordert eine vollständige Bekleidung (Abb. S. 200). Baumwolle und Naturfarbstoffe bildeten die Grundmaterialien für die Herstellung auf dem Hüft- oder Rückengurtwebstuhl. Seit Mitte des 20. Jahrhunderts werden sie zunehmend durch synthetische Fasern und Farbstoffe ersetzt.

Anders als die erst in historischer Zeit in ihr heutiges Wohngebiet zugewanderten Bergvölker des »Goldenen Dreiecks« lebten die unterschiedliche Varianten sprechenden Maya – Cakchiquel, Kekchí, Mam, Quiché, Tzutuhil (u. a.) – schon lange vor Ankunft der Spanier im 16. Jahrhundert in ihrem heutigen Wohngebiet, das sich über das heutige Guatemala und Mexiko erstreckt. Bekannt wurden die Maya durch die Entwicklung der vorspanischen Kultur mit der Bildung von Staaten, deren Höhepunkt um das 5. Jahrhundert n. Chr. datiert wird. Eine komplexe Gesellschaftsform, die Entwicklung einer Vollschrift und eines exakten Kalenders, eine beeindruckende Architektur, Perfektion in der polychromen Keramik und Wandmalerei, vor allem aber die kunstvollen Stelen und Skulpturen, auf denen die großen Taten der Herrscher auf ewig in Stein gemeißelt waren, zeichnen die Kunst der Maya aus. Mathematiker und Astronomen ermittelten astronomische Daten durch genaue Beobachtung der Sterne und daraus exakte Berechungen. Die Maya-Kultur war bei Ankunft der Europäer in Guatemala und Mexiko schon untergegangen, doch die Textilkunst hat sich über die Kolonialzeit erhalten; sie sah der heutigen recht ähnlich, wie wir durch vorspanische Skulpturen, Figürchen und Abbildungen auf Stelen wissen, wobei Männer- und Frauentrachten gleichermaßen farbenprächtig ausfallen. Sie verraten nicht nur, woher die Träger stammen, sondern Frisur und Haartracht, Rocklänge und Faltenwurf (u. a.) kennzeichnen auch das Alter, den Status (ledig, verheiratet, verwitwet) und die soziale Stellung der weiblichen Trägerin (Abb. S. 202). Natürlich erfahren ausgezeichnete Künstlerinnen der Webkunst, der Färbetechnik und im Entwerfen ausgeklügelter Muster eine besondere Anerkennung, oft über den Tod hinaus.

Das gebirgige »Goldene Dreieck« und das Hochland von Guatemala waren noch bis vor Kurzem Rückzugsgebiete, in denen sich die einheimische Tracht erhalten konnte. Doch die Zeichen deuten darauf hin, dass es sich bei der heute lebende Generation um die letzte handeln dürfte, die noch stolz das selbst hergestellte Gewand hinunter zum Markt trägt, wo es vielleicht von einem Sammler erworben wird.

Molakana – Farbkreationen und Kunst-Geschichten der Cuna aus Panama

»Eine gute ›Mola‹ kann wie ein Gemälde wirken«, befand Günther Hartmann in seiner 1980 erschienen Publikation, in der er 231 Beispiele der schönsten Molakana (Plural von Mola) des Ethnologischen Museums Berlin vorstellte.[8] Die Vielfalt farbiger Kompositionen und Ausdrucksmöglichkeiten der Mola-Kunst auf quadratischen oder rechteckigen Einsatzsstücken, die auf Blusen und andere Bekleidungsstücke appliziert werden, versuchte Hartmann in folgende Kategorien zu gliedern:
– abstrakte und geometrische Molakana;
– Molakana mit Darstellungen der Flora und Fauna;
– Darstellungen der Gestirne;
– Darstellungen aus dem Bereich Kleidung, Werkzeug und Gebrauchsgegenstände;
– Molakana, die Tätigkeiten oder Geschichten erzählen;
– Molakana aus dem Spiel-, Sport- und Unterhaltungsbereich;
– Buchstaben oder Zeichen-Molakana;
– Molakana mit christlich-religiösen Motiven;
– Darstellungen, die vermutlich aus Magazinen oder aus der Werbung entlehnt wurden;
– politische Molakana;
– Touristen-Molakana.[9]

Die Auflistung verdeutlicht, dass kein Bereich menschlichen Daseins in der Mola-Kunst ausgelassen wird. Unsere Beispiele stammen aus dem Bereich der Fauna: ein großer Tintenfisch mit zwei kleinen Vögeln (Abb. S. 207), ein Affe mit zwei Vögeln, aber auch christliche Symbolik.

Stoffe, Farben und Techniken sind eindeutig europäischen Ursprungs. Doch wer sind die Cuna und woher stammt diese Ausdrucksform ursprünglich?

Die Cuna besiedeln heute die karibische Küste Panamas und die vorgelagerten Inseln, die sie nach Aufgabe ihrer ursprünglichen Wohngebiete im Norden Panamas besiedelt hatten. Die meisten der etwa 30.000 Cuna verteilen sich auf die Inseln der Comarca de San Blas (Kuna Yala).

Den Cuna ist es gelungen, sich ihre politische und ökonomische Autonomie zu bewahren. Die territoriale Eigenständigkeit ihrer meist noch unvermessenen Ländereien müssen sie sich jedoch im harten Alltagskampf gegen Eindringlinge erhalten. Im Ausland werden die Cuna mit der Mola-Kunst identifiziert; schon lange werden Molakana an Sammler und Touristen verkauft. Ein sehr früher Bericht von 1514 gibt Auskunft, dass die Kunst ursprünglich von der Körperbemalung stammt: »Die Frauen sind die Maler. Die Farben, die sie schätzen und benutzen, sind rot, gelb und blau. Sie mischen sie mit einer Art von Öl und geben sie für den Gebrauch in Kalebassen ... sie benutzen Holzpinsel ... sie malen Vogelfiguren, Tier, Menschen, Bäume ... aber die Darstellungen sind nicht besonders ähnlich jenen, die sie darstellen sollen ...«[10]

Erst mit Übernahme europäischer Bekleidung wurde die Kunst in der neuen Variante als Applikation aus und auf farbigen Stoffen hergestellt, zunächst noch selbst gefärbt, heute durch importierte Fertigstoffe ersetzt, wobei allerdings besonderer Ehrgeiz darin besteht, immer wieder Stoffe mit neuen Mustern ausfindig zu machen und zu erwerben.[11] Nach wie vor ist jedoch jede Mola eine »persönliche Schöpfung der Herstellerin und damit eine lebendige künstlerische Form der Selbstdarstellung der Cuna-Frauen.«[12]

Die Farbe der Vögel

»Im Federschmuck findet die indianische Kunst ihre wohl höchste Ausprägung, wie überhaupt Federarbeiten nirgends sonst eine solche Vielfalt aufweisen wie gerade im tropischen Südamerika ... Die Vielfalt der Feder- und Farbkombinationen und die zahlreichen Unterschiede bei der Verarbeitung und Gestaltung dieses weichen Materials für sich allein oder zusammen mit anderem können das ästhetische Empfinden des Betrachters geradezu beglücken.«[13]

Man kann Südamerika auch als den Vogelkontinent bezeichnen, in dem 2.936 verschiedene Vogelarten leben, d. h. ein Drittel der gesamten Vogelpopulation der Erde.[14] Mit Federarbeiten, oder besser: »Federschmuck«, wird deshalb nicht von ungefähr das südamerikanische, tropische Tiefland assoziiert.

1752/53 personifizierte der italienische Maler Giovanni Battista Tiepolo in seinem weltberühmten Fresko im Treppenhaus der Würzburger Residenz den Kontinent Amerika durch eine Frauengestalt, die einen prächtigen Kopfschmuck aus tropischen Federn trägt: »Wild und vital ist Amerika! Eine barbusige Indianerin, eine Allegorie der America, sitzt, mit buntem Federschmuck auf dem Kopf, auf einem riesigen Krokodil und ruft zur Jagd. Um sie herum eine tanzende, offenbar blutgierige Gesellschaft, abgeschlagene Köpfe weißer Männer zu ihren Füßen.«[15]

Die lange Tradition der Ureinwohner Brasiliens in der Kunst der Anfertigung von Federarbeiten ist in alten Sammlungen zu bewundern, die noch aus der portugiesischen Kolonialzeit stammen. So konnte der im Auftrag des Grafen Johann Centurius von Hoffmannsegg sammelnde Friedrich Wilhelm Sieber bereits zwischen 1800 und 1811 während seiner Reise entlang des Amazonas bis nach Óbidos eine Federsammlung der Mundurucú anlegen, die sich heute im Ethnologischen Museum Berlin befindet.[16] Ihre leuchtenden Farben in Blau-, Gelb- sowie verschiedenen Rot- und Orangetönen haben sich bis heute erhalten. Diese Farben werden entweder durch Pigmente gebildet (Rot, Gelb, Braun) oder durch die Lichtbrechung in schwarzen Federn. Mischfarben ergeben sich aus Kombinationen der Grundfarben (Abb. S. 186, 190).

Sieber hatte, anders als Alexander von Humboldt, eine Sondergenehmigung für die Einreise nach Brasilien erhalten, wobei ihm der dänische Gesandte in Lissabon behilflich war. In die Königliche Dänische Kunstkammer zu Kopenhagen war übrigens bereits im Jahre 1689 die älteste nachweisbare brasilianische Federarbeit gelangt, ein Federmantel der inzwischen ausgestorbenen Tupinambá-Indianer.[17] Jene wie auch zahlreiche andere Gruppen des südamerikanischen Tieflandes hatten angeblich unterschiedliche Techniken entwickelt, um lebenden Vögeln Federn in anderen als ihren Ursprungsfarben nachwachsen zu lassen.[18] So grausam diese Prozeduren dem heutigen umweltbewussten Leser auch erscheinen mögen, so belegen sie doch eindrücklich, dass man keine Mühen scheute, um das natürliche Farbenspektrum tropischer Vögel noch künstlich zu erweitern.

Federarbeiten der Indianer vom Amazonasgebiet sind also schon lange als Kunstwerke anerkannt, doch werden sie als selbstbewusste Beispiele indigener Kunst in Ausstellungen zeitgenössischer Kunst noch nicht sehr lange berücksichtigt oder von Künstlern als Kunst gesammelt. Erst die ab 1980 jahrelang tourende Ausstellung von Norberto Nicola und Sonia Dorta, »Arte plumária do indígena brasileiro« (»Brazilian Indian feather art«) machte den Anfang.[19] Unter den Sammlern bildet der deutsche Künstler Horst Antes eine Ausnahme: Er entdeckte bereits Ende der 1950er in völkerkundlichen Sammlungen das Interesse an südamerikanischen Federarbeiten und begann, sie systematisch zu sammeln. Antes verglich die Technik indianischer Künstler mit der von Tafelmalern: »Zwischen zwei Stäben und der aufgespannten Schnur, auf die einzelne Federn aufgereiht werden, und dem Boden entsteht ein rechteckiger Rahmen, einem Webrahmen ähnlich, aber auch mit dem rechteckigen Feld der Leinwand vergleichbar. Der indianische Künstler malt mit den Federn. In einem solchen Sinne betrachtet Horst Antes die Hersteller der Federobjekte südamerikanischer Provenienz als Kollegen.«[20]

So positiv die internationale Anerkennung indianischer Federarbeiten aus dem Amazonastiefland auch sein mag, so wichtig ist es aber auch, sich zu vergegenwärtigen, dass Federarbeiten wie generell Kunst in vielen außereuropäischen Kulturen funktionellen Ursprungs ist, sei es als Schmuck und Ornat, Paraphernalia im Ritual oder Bestandteil von Festen. Im Amazonasgebiet, wo tropische Vögel in Fülle vorhanden sind, kennzeichnet Federschmuck den besonderen Rang des Trägers, der meistens ein Mann ist, und der von Männern angefertigt werden muss. Ähnlich wie bei den Trachten gibt der Federschmuck Auskunft über Alter oder Status. Westlichem Denken fremd ist zudem die Vorstellung, dass Vogelfedern den Träger nicht nur schmücken, sondern auch geistig beeinflussen und Symbolwert haben. So nehmen Männer durch das Anlegen von Federschmuck gleichzeitig Wesenszüge des Vogels an. Vögel vermitteln zwischen Himmel und Erde: »Im Übrigen sind Vögel Wesen, die den Himmel bevölkern und die Verbindung zwischen Diesseits und Jenseits, zwischen der sichtbaren und unsichtbaren Welt aufrechterhalten, indem sie mittels der Schamanen Botschaften, Wünsche und Bitten in beide Richtungen überbringen.

Vögel sind Symbole der Befreiung, denn sie allein vermögen sich von der Erde zu lösen und in die unermesslichen Weiten des Himmels zu entschwinden. Das Material Feder ist dem Vogel immanent, da es einen Vogel ohne Federn nicht gibt. Die Benutzung von Teilen ihres Federkleides als pars pro toto befähigt den Menschen, sich vorübergehend in andere Sphären zu begeben.«[21]

Abgehobene Farben der Tropen

Der Schamane zeichnet sich dadurch aus, dass er seine menschliche Gestalt verlassen und sich in einen Vogel verwandeln kann. Die Transformation wird durch das Anlegen von Federschmuck und die Einnahme von Rauschmitteln unterstützt. Während des Schamanenfluges in eine andere Welt soll der Schamane Kenntnisse zur Heilung von Krankheiten erlangen. Von den in den Tropen lebenden Schamanen sind äußerst farbintensive Darstellungen ihrer Rauscherlebnisse bekannt, z. B. von den Indianern des peruanischen Amazonasgebietes oder den Huichol von Mexiko.[22]

Die ältesten Farben der Tropen – Textilien aus Peru

Seit Jahrtausenden ist das Textilhandwerk im präkolumbischen Peru nachweisbar. Alle präkolumbischen Textilien stammen aus Gräbern, die hauptsächlich entlang der trockenen Wüstenküste Perus gefunden wurden. Hier bestanden exzellente Aufbewahrungsbedingungen, und so haben sich auf den 500–2.000 Jahre alten Textilien im Ethnologischen Museum die zeitlos modern wirkenden abstrakten und figuralen (z. B. anthropomorphen) Muster und beeindruckenden Farbkombinationen erhalten (Abb. S. 214).
Die Textilkunst war im alten Peru ein hoch angesehenes Handwerk, mit dem, zumindest in der Inka-Zeit, speziell ausgebildete Frauen und Männer aus guter Familie betraut wurden. Textilien wurden hochgeachteten Besuchern als Geschenke mitgegeben oder dienten der Beilegung von politischem Zwist. Sie dienten zur Belohnung in allerlei Ritualen, aber auch als Bestechung. Die meisten präkolumbischen Textilien wurden als Teil der Kleidung hergestellt. Im alten Peru trugen die Männer u. a. Lendenschurz, Tunika, Turban, Kopfband oder Hut und die Frauen eine lange Tunika oder Wickelkleid. Dazu kamen für beide Geschlechter Umhänge, Taschen, Hüte und Gürtel.

Tropenbarock in Lateinamerika

Der typische iberoamerikanische Barock hat besonders zwischen den Wendekreisen eine intensive Ausprägung erlangt. Er äußert sich sowohl in der Architektur als auch in der Skulptur und Malerei. Darüber hinaus wird er von lateinamerikanischen Autoren als eine, über die reine Kunst hinausgehende, spezifisch lateinamerikanische Weltanschauung betrachtet, die ihre europäischen Wurzeln zwar nicht verleugnet, aber doch als erste sichtbare eigenständige Entwicklung der Neuen Welt zu betrachten sei.

Werke des iberoamerikanischen Barocks oder gar des Tropenbarocks sind in europäischen Museen kaum anzutreffen. Eine Ausnahme bilden vereinzelte Belegstücke, die sich zuvorderst in Völkerkundemuseen befinden und als Belegstücke synkretistischer Religiosität der Indianer während der Kolonialzeit infolge der christlichen Missionierung gesammelt wurden.

In der Ausstellung sind exemplarisch Werke der indomestizischen Malerei zu sehen, die seit dem 19. Jahrhundert die Aufmerksamkeit europäischer Reisender, darunter der deutsche Maler Johann Moritz Rugendas, erweckten, gesammelt und nach Europa verbracht wurden. Seither fanden sie als Kuriosität häufig den Weg in Privatsammlungen.

Als Produkt der Kolonialzeit hatten Gemälde im indomestizischen Stil zunächst im Schatten der Ergebnisse der archäologischen Ausgrabungen präkolumbischer Fundstätten gestanden. Die kunsthistorische Forschung hingegen interessierte sich auch in Lateinamerika traditionell für die Bilder, die im Stil europäischer Vorlagen ausgeführt waren und den Kunstkriterien der europäischen Malerei standhielten, und so blieb die sogenannte volkstümliche Malerei der Mestizen und Indianer von Kunst-, aber auch von Ethnohistorikern lange Zeit unbeobachtet.

Erst mit dem Erwachen des wissenschaftlichen Interesses und der »Entdeckung« der kolonialzeitlichen Malerei durch Privatsammler, insbesondere aber mit den Bestrebungen lateinamerikanischer Regierungen, nationales Kulturgut zu retten, wurde auch die Notwendigkeit der Konservierung dieser Bilder erkannt. Doch zahlreiche Kunstwerke befanden sich bereits in einem sehr schlechten Zustand und waren vom Zerfall bedroht. Nicht einmal die in den Kirchen aufbewahrten Bilder konnten vor Schäden bewahrt werden. Zudem traten erhebliche Probleme bei der Restaurierung auf. Pigmente waren häufig nicht ausreichend fixiert, ihre Zerstörung wurde durch extreme klimatische Bedingungen noch gefördert. In der Vergangenheit waren Nachbesserungen beschädigter Farbpartien von einheimischen Malern häufig mit anderen als den Originalpigmenten ausgeführt worden, wodurch es zu unberechenbaren Verbindungen kam. Bilder von indomestizischen Malern, die sich eher als Handwerker sahen, sind häufig anonym, Angaben zur Provenienz spärlich oder ungenau, Datierungen ungesichert. Heute ist die indomestizische Kunst als wichtige Komponente der Kunstgeschichte der Kolonialzeit Lateinamerikas akzeptiert, die Bedeutung der Bildnisse und Skulpturen als aussagekräftige Zeitdokumente und Quellen für die Erforschung der indigenen Geschichte Lateinamerikas, insbesondere des Andenraumes anerkannt.

Gegen Ende des 18. Jahrhunderts wurde die Begeisterung für den Barock von neoklassizistischen Idealen abgelöst, was in Peru zur Übermalung kompletter Gemäldeserien führte. Die Kriterien, nach denen indomestizische Werke als bearbeitungswürdig angesehen wurden, folgten zunächst europäischen Standards, z. B. Bekanntheitsgrad des Malers und anerkannte künstlerische Qualität. Doch lässt sich die indomestizische Malerei weder in wissenschaftlicher noch in restauratorischer Hinsicht nach denselben Maßstäben wie die europäische Kunst behandeln. Trotz der unübersehbaren europäischen Prägung unterschied sich die Malerei insbesondere im Hochland der Anden sowohl hinsichtlich ihrer technischen Voraussetzungen als auch ihrer ikonografischen Einflüsse und der Bildinhalte von der altweltlichen erheblich.

Die lokalen Maler waren meist keine Europäer, arbeiteten jedoch mit der aus Europa eingeführten, dort hoch entwickelten Technik der Ölmalerei und stellten altweltliche Themen dar. Sie betätigten sich also weder im Rahmen althergebrachter Technik noch war die Thematik ihrer Malerei Ausdruck der Gedanken-welt der eigenen Tradition. Vielmehr waren sie durch die europäischen Kolonialherren dazu gehalten, in der ihnen neuen Technik der Ölmalerei fremde Kunststile und -inhalte zu imitieren. Die Bilder erwecken in uns häufig den Eindruck, als sei die Materie nur mangelhaft beherrscht worden, erkennbar beispielsweise an der inkonsequenten Anwendung der Perspektive, an »falschen« Proportionen, einer flächigen Darstel-lungsweise ohne Tiefe sowie der oberflächlichen oder unvollständigen technischen Vorbehandlung des Bildträgers. Doch die für die Ausführung einer technisch perfekten Ölmalerei erforderlichen Materialien waren im kolonialzeitlichen Lateinamerika selten zugänglich und teuer. Einheimische Maler betrachteten die zeitgenössischen europäischen Gemälde nicht mit europäischen Augen und wendeten präkolumbi-sche Techniken im alten Stil, besonders in abgelegenen Gebieten, auch noch nach der spanischen Er-oberung an, behielten eine Vorliebe für bestimmte Farbtöne und -kompositionen und die Formensprache. Einheimische Maler konnten nicht den in Europa üblichen Erfahrungsaustausch mit Kollegen pflegen, sondern waren auf sich allein gestellt, verließen selten ihren Heimatort im Hochland und experimentierten mit den vorhandenen Materialien. Illustrationen aus europäischen Büchern, sofern vorhanden, waren häufig veraltet.

Typische Merkmale der indomestizischen Malerei sind Flächigkeit und Verzicht auf die konsequente Per-spektive, Vorliebe für Symmetrien und dekorativen Schmuck, Horror Vacui und Darstellung mehrerer Szenen nebeneinander, Wiederholung von Motiven und einfache Umrisse. Die aus Europa eingeführte Perspektive wird nicht konsequent angewendet, so werden z. B. Gegenstände sowohl flächig als auch perspektivisch – in unterschiedlicher technischer Ausführung – dargestellt. Die europäische Mode schwer fallender Vorhänge z. B. auf Porträts war bekannt und wurde übernommen, doch einheimische Themen wurden nach eigenem Gusto hinzugefügt. Kolonialzeitliche Mariendarstellungen bestechen den heutigen Betrachter durch ihre Ornamentik, hingegen scheinen korrekte Proportionen nachrangig. Maler und Restauratoren waren häufig identisch, auf manchen Gemälden fanden sich mehrere Schichten, die sich entweder als ikonografische Fehlinterpretationen der darunterliegenden Originalversion oder auch als neue Version interpretieren lassen.

Frühe und mittlere Kolonialzeit (1580–1750)

Die Einführung der europäischen Malerei in Lateinamerika fällt zeitlich mit der Renaissance in Europa zu-sammen. Die Ideale dieser Epoche – Hervorhebung der Leistung des Individuums, Schaffen von Kunst um ihrer selbst willen (»l'art pour l'art«) – fanden in den Kolonien jedoch keinen Niederschlag. Spanien schotte-te seine Kolonien aus Angst vor der Habgier der rivalisierenden europäischen Mächte ab. Der peruanische Historiker J. M. Ugarte Elespurú schreibt: »In der indoamerikanischen Kunst bestimmt die Gemeinschaft das Ich des Schöpfers. In dieser Unterwerfung unter das Allgemeine ähnelt die indoamerikanische Kunst der europäischen des Mittelalters, bzw. der noch primitiven Prärenaissance. Denn die Ästhetik, die die spa-nischen Eroberer den Kolonialländern brachten, ist die des spanischen 16. Jahrhunderts; und zwar eines Spaniens, das die Idee der Renaissance, die Befreiung des Menschen von der kollektiven Dogmatik des Mittelalters, sehr viel länger ablehnte als das übrige Europa. Dieser Mittelalterlichkeit, mit ihren Goldgrün-den, ihrer Vorliebe für schmückende Details und ornamentale Ausstaffierung, noch voller gotischer An-klänge, hat der indoamerikanische Künstler die Elemente seiner hagiografischen Erzählkunst entnommen, die, wie in Spanien selbst, nahezu ausschließlich das Thema der Kolonialmalerei bildete.«[23]

Mit der spanischen Eroberung kamen zunächst die Mönche, die ihre indianischen Schüler nicht nur als Missionare, sondern auch als Lehrmeister europäischer Malerei in den Werkstätten der neu gegründeten Klöster unterrichteten. Die Malerei war ein unverzichtbares Mittel, um die christliche Religion unter den Indianern zu verbreiten; denn die visuelle Darstellung von biblischen Themen war allen anderen Missionsmethoden überlegen. Die indianischen Schüler erwiesen sich als ausgezeichnete Kopisten, fähig, jede erdenkliche Vorlage exakt nachzubilden.

Nach den Mönchen kamen in Europa ausgebildete Maler in die Kolonien und wurden zu Lehrmeistern der Schüler, die sich aus der neuen mestizischen Bevölkerung rekrutierten. Nach wie vor diente die Malerei der Visualisierung christlicher Themen. Die Entstehung des typisch indomestizischen Malstils der Kolonialzeit führte zur Gründung der auch international beachteten peruanischen Malschulen oder -kreise – eine Entwicklung, die nur im Vizekönigreich Peru stattfand.

Bekannte Maler in Europa nahmen Aufträge aus den Kolonien an; in Lateinamerika befindet sich deshalb eine Reihe von Werken bekannter europäischer Meister. Die am weitesten verbreiteten Vorlagen für einheimische Künstler waren jedoch die in großer Zahl in die Kolonien gelangten kleinformatigen Gemälde, Stiche und Drucke, Buchillustrationen und niederländischen Holzschnitte. Es dominierte zunächst die spanisch-flämische und die flämische Schule. Ab 1580 kam der italienische Einfluss hinzu. Umherziehende Maler brachten ihn aus Lima auch in die Städte des Hochlandes. Länger als in Europa, noch bis ins späte 17. Jahrhundert, wurde der manieristische Stil in seiner typisch lateinamerikanischen Lokalprägung gepflegt.

Auf besonders große Akzeptanz stieß jedoch der nachfolgende Barock, dessen Vorliebe für Ornamentik die einheimische Bevölkerung beeindruckte, während die Kreolen, Nachkommen der spanischen Eroberer, die Prunkhaftigkeit dieses Stils bevorzugten.

Einer der wichtigsten Vertreter des lateinamerikanischen Barocks ist der aus Bolivien stammende Maler Melchor Pérez de Holguin (ca. 1660–1732). Die Bilder seines Nachfolgers indianischer Herkunft Luis Niño, tätig um 1736, dessen Werk die typischen indomestizischen Kennzeichen wie Fehlen von Perspektive, Archaismus der Figuren und reiche Vergoldung aufweist, wurde bis nach Europa exportiert. Ab dem zweiten Drittel des 17. Jahrhunderts wurden Bilder spanischer Meister, z. B. von Francisco Pacheco (1571–1654), in größerer Zahl nach Lima verschickt. Ein Vertreter der Malschule von Sevilla, Francisco de Zurbarán (1598–1664), beeinflusste das Werk zahlreicher einheimischer Künstler noch bis Ende des 18. Jahrhunderts.

Religiöse Themen waren Hauptmotiv der kolonialzeitlichen Malerei. Aus dem reichhaltigen Angebot biblischer Themen und Gestalten erlangten einige besondere Beliebtheit: Madonnen, Darstellungen bewaffneter Erzengel in zeitgenössischer militärischer Kleidung (Arkebusier-Engel) und die in Lateinamerika besonders beliebten Heiligen haben gerade im Andengebiet eine lange Tradition.

Zentren der Malerei: Lima und Cuzco

Nach der Gründung des Vizekönigreichs Peru bildeten sich zwei verschiedene urbane Zentren heraus, die für die Entwicklung der Malerei eine wichtige Rolle spielten: Lima und Cuzco.

Die Spanier hatten Lima an der Küste als Hauptstadt errichtet. Hier residierten der Vizekönig und sein Hofstaat und mit jedem neuen Vizekönig gelangten die in Europa gerade vorherrschenden Modeströmungen nach Lima, wo sie von den dort ansässigen Kreolen begeistert aufgenommen und imitiert wurden. Die hier schaffenden Maler waren europäisch orientiert, denn die kreolischen Auftraggeber verlangten »weiße« Bilder.

Im Gegensatz zu Lima blieb die alte Inka-Hauptstadt Cuzco, in 3.400 Meter Höhe und Hunderte von Kilometern von Lima entfernt gelegen, von aktuellen zeitgenössischen Strömungen und Moden des fernen Europa weitgehend isoliert. Diese trafen mit erheblicher Verspätung in Cuzco ein und waren in Europa dann längst nicht mehr aktuell. Auftraggeber der Maler waren hier hauptsächlich Indianer und Mestizen, die auf Einhaltung europäischer Richtlinien wenig Wert legten. Ohne die Möglichkeit des Ideenaustauschs mit europäischen oder europäisch ausgebildeten Kollegen waren die cuzqueñischen Maler in ihrer Kreativität und Stilfindung auf sich selbst angewiesen und setzten die Vorlagen nach eigenem Verständnis um. Materialien aus der vorspanischen Zeit wurden weiter- und wiederverwendet, aber auch Maltechniken und -stile, schließlich lebten sogar alte Inhalte hier wieder auf.

Die ökonomischen und sozialen Voraussetzungen für die Entwicklung einer eigenen, auch materiell geförderten Kunst waren in Cuzco aber keineswegs weniger gegeben als in Lima: Im Hochland wurden die reichen Goldvorkommen ausgebeutet, von denen die alte Inka-Hauptstadt unmittelbar profitierte, erkennbar am Wohlstand ihrer Bevölkerung und ihren Aktivitäten.

Analog zu der Entwicklung in den Städten Lima und Cuzco waren ab der zweiten Hälfte des 17. Jahrhunderts die beiden verschiedenen Malstile im gesamten Vizekönigreich Peru vertreten, entsprechend der Bildung von zwei Republiken, der sogenannten Republik der Spanier und der sogenannten Republik der Indianer in Spanisch-Amerika. Die zweigleisige Entwicklung der Malerei endete mit der Unabhängigkeit und der Bildung der modernen Andenrepubliken zu Beginn des 19. Jahrhunderts.

Die Entwicklung der indomestizischen Malerei von der zweiten Hälfte des 17. bis Ende des 18. Jahrhunderts

Die Abwandlung importierter europäischer Malstile nach eigenen Vorstellungen wird bei der Variation des im Andenraum äußerst beliebten Barocks besonders deutlich: Anstelle der Helldunkelmalerei wurde reichlich vorhandenes Gold oder Silber entweder in die Malerei integriert oder als Dekor in zum Teil dicken Schichten auf sie aufgetragen. Auf diese Weise entstanden die auffälligen Blüten, Rosetten, Arabesken u. a. auf den Gewändern von Madonnen und Heiligen. Breite vergoldete Bilderrahmen, die zum Teil mit Spiegeleinlagen versehen wurden, unterstrichen den Gesamteindruck üppigen »tropischen« Dekors zusätzlich.

Kennzeichnend war die Anwendung von Maltechniken und -konventionen, die in der europäischen Malerei vor der Renaissance üblich, im konservativen Spanien aber auch noch lange Zeit darüber hinaus anzutreffen waren, wie beispielsweise das Hinter- oder Übereinanderplatzieren von Personen, -gruppen und Gegenständen. Besonders bei den Madonnendarstellungen schien eine »ikonenähnliche« Wirkung beabsichtigt und sie sollte nicht vorschnell als Beweis künstlerischer »Ungeübtheit« der Maler gewertet werden.

Daneben gab es in der indomestizischen Malerei durchaus Bestrebungen, perspektivisch »korrekt« zu malen; typisch sind Bilder, auf denen collageartig beide Stile auftreten. Auf zahlreichen Darstellungen bewaffneter Erzengel ist der ältere Ikonenstil mit barocker »Übertreibung« kombiniert.

Themen der indomestizischen Malerei

Darstellungen sakralen christlichen Inhalts blieben in der indomestizischen Malerei dominant, auch, nachdem ab dem 18. Jahrhundert profane Themen hinzukamen. Als wichtigste, mächtigste und reichste Auftraggeberin war die Kirche nach wie vor für die Anfertigung der meisten Gemälde verantwortlich, häufig in Form von Massenaufträgen, die den Malern ein sichereres Einkommen garantierten, oder als vereinzelte Aufträge von Privatpersonen. Porträts gehörten zu den frühen profanen Themen. Auftraggeber waren zunächst Angehörige des Adels und der hohen Ränge des Klerus. Sie wurden später wie in Europa von wohlhabenden Bürgern und hohen Beamten der Kolonialverwaltung abgelöst.

Die Darstellung von Angehörigen der Inka-Familie, anfangs auf die bekannten vorspanischen Inka-Herrscher beschränkt, wurde mit der Porträtierung der echten und falschen zeitgenössischen Abkömmlinge fortgesetzt und endete in den idealisierten Abbildungen der Inka und ihrer Nachkommen während der Unabhängigkeitsbewegung. Gleich welcher ethnischen oder sozialen Zugehörigkeit wurden die Porträtierten auf einer Bühne platziert, umgeben von schweren Vorhängen, klassischen Säulen und Landschaften. Doch wandelte man den importierten Hintergrund in der indomestizischen Malerei durch Einfügen einheimischer Elemente wie Pflanzen und Tiere ab, was den Gemälden den typisch »tropischen« Charakter verlieh.

Ein weiteres beliebtes profanes Thema auf indomestizischen Bildern war die Darstellung von Festlichkeiten wie Prozessionen oder Amtseinweihungen unter freiem Himmel.

Die wichtigsten Maler der indomestizischen Malerei

Die indomestizische Malerei ist im Wesentlichen das Werk anonymer Künstler, wenngleich durch die intensive Erforschung der lateinamerikanischen Kunstgeschichte in jüngster Zeit eine Reihe von Malern namentlich bekannt geworden ist. Die meisten Maler waren vermutlich schon zu Lebzeiten nur vor Ort bekannt und ihre Namen wurden schnell vergessen. Spätere Übermalungen, auch der Bildsignaturen, trugen zusätzlich dazu bei.

Vorläufer und Initiator des indomestizischen Stils, wie er sich ab dem 18. Jahrhundert durchsetzte, ist Diego Quispe Tito (1611–1681), ein Abkömmling der Inka-Familie. Nachdem er zunächst in importierten Stilen wie dem Romanismus und Manierismus, dabei stark beeinflusst von flämischen Vorlagen, Bilder christlich-religiöser Thematik gemalt hatte, begann er, durch Betonung der dekorativen Elemente und Hinzunahme einheimischer, in der europäischen Malerei unüblicher Details, den typischen indomestizischen Stil zu kreieren. Diego Quispe Tito ist als Meister anerkannt; in Publikationen über die kolonialzeitliche Malerei Perus wird er häufig als einziger indomestizischer Künstler der Erwähnung wert befunden. Unter den Namen indianischer Maler befanden sich offensichtlich Nachkommen der Inka-Familie, z. B. Basilio de Santa Cruz Pumacallao, Juan Zapata (Sapaca) Inka, Antonio und Juan Sinchi Roca, Juan Inca Rauraura, Pablo Chiilitupa, Antonio Vilca (Huillca), Marcelino Falcon de Aguilar Inca Paucar, Blas Tupac Amaru u. a. m. Im 18. Jahrhundert gab es in Cuzco zahlreiche Werkstätten, in denen der über Peru hinaus in ganz Südamerika anerkannte »estilo mestizo« in Massenanfertigung produziert wurde. Spanische Beamte, die sich um 1730 als Gesandte in Peru aufhielten, versicherten, dass Mestizen – d. h. »Nicht-Weiße« – zu jener Zeit den besten Ruf als Künstler genossen und Indianern die weniger wichtigen Ausführungen überließen.

Die indomestizische Porträtmalerei des Andengebietes

Der indomestizische Einfluss in der Malerei des Vizekönigreichs Peru wird insbesondere an der Bedeutung der Personen- und Porträtmalerei deutlich. Für Europäer ungewöhnlich und befremdlich ist die Darstellung biblischer Figuren, an die wir gewisse ikonografische Erwartungen knüpfen.

Angesichts der Tatsache, dass durch die gewaltsame spanische Eroberung ein Teil der Inka-Familie und indianischen Führungsschicht ausgelöscht, die Überlebenden entmachtet oder zu treu ergebenen Vasallen der spanischen Kolonialverwaltung degradiert worden waren, mag die Existenz idealisierender Porträts sowohl der historischen Inka-Herrscher als auch ihrer während der Kolonialzeit lebenden Nachkommen überraschen. Und die wenigen, zufällig heute noch vorhandenen Exemplare stellen sicher nur einen Bruchteil der von indianischen oder mestizischen Malern angefertigten Porträts dar.

Madonnen, Engel, Stifterdarstellungen

Madonnen waren das häufigste und beliebteste Motiv der indomestizischen Personenmalerei. Europäische Vorlagen, darunter bekannte Bilder berühmter Meister, sowie Marienstatuen dienten als Vorlage.

Die indomestizische Interpretation äußerte sich sowohl in inhaltlichen Abweichungen als auch in der Abänderung von Details sowie der Anwendung unterschiedlicher Maltechniken. Typisch für peruanische Madonnendarstellungen war z. B. ihre pyramidenförmige Kontur.

Auffallend in der peruanischen, sowohl der kreolischen als auch indomestizischen Malerei der Kolonialzeit ist die Vorliebe für die Darstellung militanter, d. h. bewaffneter Engel, z. B. des Erzengels Michael. Peruanische Engeldarstellungen zeichnen sich durch prunkvolle Kleidung aus, angelehnt an die Höflingstracht des ausgehenden 17. Jahrhunderts. Dazu gehören ein mit prächtigen Federbuschen geschmückter runder Filzhut mit breiter Krempe, unter dem lange Locken hervorquellen, hauteng Beinkleider und elegante mit Schleifen oder Edelsteinspangen verzierte Lederschuhe. Am auffälligsten, vergleichbar mit den Umhängen oder Kleidern der Madonnendarstellungen, sind die über und über mit Goldmustern bedeckten brokatähnlichen Mäntel, unter denen ebenso verzierte Kniebundhosen und Hemden mit überweiten Ärmeln zum Vorschein kommen. Die breiten Kragen und Manschetten bestehen aus Spitze. Meist hält der Engel ein Gewehr in den Händen. Wie die Madonnen wurden die Engel häufig im indomestizischen »flächigen« Stil ausgeführt, z. B. die Goldverzierung der Mäntel. Blumen und langschwänzige Vögel im Hintergrund verraten die tropische Herkunft.

Die Kombination des europäisch bekannten mit dem »exotisch« unbekannten Stil sowie das hierzulande ungewöhnliche Motiv militanter Engel in vornehmer Höflingstracht erweckte das Interesse von Kunstkennern und Sammlern. Die hochbegehrten peruanischen Engelgemälde gelangten in europäische und nordamerikanische Sammlungen.

Stifterbilder, ein europäischer Import, der seine Wurzeln im frühen Mittelalter hat, boten betuchten Angehörigen aus dem Volk die Möglichkeit, sich selbst porträtieren zu lassen. Unter den Stiftern befanden sich zahlreiche indianischer Abstammung, meist sogenannte Kaziken. Das Porträt des Stifters, der das Bild mit vorwiegend religiöser Thematik in Auftrag gegeben und finanziert hatte, wurde in den unteren Teil des Bildes eingefügt. Indianische Stifter scheinen eher Wert auf eine gemeinsame Abbildung mit ihrer Ehefrau gelegt zu haben als Kreolen oder Spanier. Anlässe für die Stiftung solcher Votivbilder waren u. a. Dank für eine empfangene Gunst, eine im Gebet vorgebrachte und in Erfüllung gegangene Bitte oder einfach Schaffung eines persönlichen, aber äußerlich sichtbaren Glaubensbeweises.

Darstellungen der Inka und Inka-Nachkommen

Die lange Zeit wenig beachteten Inka-Reihen wurden in der ersten Hälfte des 20. Jahrhunderts von lateinamerikanischen Kunsthistorikern »entdeckt« – auch im wörtlichen Sinn in ihren vergessenen Depots –, zur Restaurierung gegeben und an würdiger Stelle aufgehängt. Ab den 1950ern wurden die Gemälde und die Ergebnisse der wissenschaftlichen Untersuchungen publiziert.

Darstellungen der historischen Inka und ihrer Frauen sind bereits im 16. Jahrhundert nachweisbar. Den Berichten der frühen Chronisten des 16. Jahrhunderts zufolge (z. B. Pedro Sarmiento de Gamboa und Cristóbal de Molina u. a.) gehen sie angeblich bis in die vorspanische Zeit zurück. In der frühen Kolonialzeit wurden zunächst nur die bekannten historischen Inka der vorspanischen Zeit porträtiert. Darunter befinden sich ganze Inka-Stammbäume und -reihen.

Ab 1724 werden die Porträts der 14 Inka mit den Porträts der Könige von Spanien ab Karl V. in Form von Herrscherreihen als »Könige von Peru« kombiniert. Als geistiger Urheber dieser beliebten Idee gilt ein gewisser Alonso de la Cueva. Die Inka-Porträts der Herrscherreihen sind wie die spätkolonialzeitlichen Porträts der Inka-Nachkommen mit mehrzeiligen Inschriften und Wappen versehen. Die Darstellung der königlichen Stirnbinde, Mascaipacha, ist auch auf den späteren Inka-Nachkommen-Gemälden noch zu sehen.

Die Darstellung der Inka war während der ganzen Kolonialzeit bis in das 19. Jahrhundert ein besonders beliebtes Motiv, wie zahlreichen Quellen über – größtenteils nicht mehr vorhandene – Gemälde und Stiche bzw. ihre Vorlagen zu entnehmen ist.

In anderen Dokumenten, z. B. im Testament des Indianers Juan Quispi Tito, der in der ersten Hälfte des 17. Jahrhunderts in Cuzco lebte, wird berichtet, dass es außer den Stammbäumen und großformatigen Herrscherreihen auch Inka-Serien gab, die aus Einzelporträts (Abb. S. 228) bestanden. Im Ethnologischen Museum Berlin befindet sich eine solche vollständige Inka-Serie. Stilistisch handelt es sich dabei um späte, aus dem 19. Jahrhundert stammende Versionen, die sich ikonografisch aber von den frühkolonialzeitlichen Inka-Porträts der Herrscherreihen ableiten. Serien wie die in der Ausstellung präsentierte belegen, dass die lebendige Erinnerung an das Motiv noch bis in die republikanische Zeit erhalten blieb. Die Tradierung brach erst gegen Ende des 19. Jahrhunderts ab, als das Thema kein Interesse mehr unter der Bevölkerung fand, die letzten Inka-Nachkommen ausgestorben waren und die Bilder in Vergessenheit gerieten.

Im 19. Jahrhundert scheint die Nachfrage nach Bildern mit dem sogenannte Arbol imperial groß gewesen zu sein, denn die indianischen bzw. mestizischen Maler aus Cuzco wurden nicht nur von einheimischen Auftraggebern mit der Anfertigung solcher Bilder betraut, sondern auch von ausländischen, z. B. europäischen Reisenden. Erwähnenswert ist der Austausch der Bildnisse der spanischen Könige gegen das Porträt des Generals Simon Bolivar, Held des südamerikanischen Befreiungskrieges, in den späten Inka-Reihen oder einer weiteren Variante, die Auslassung des von den Spaniern unterworfenen letzten Inka-Herrschers Atahuallpa. An seine Stelle trat nun Manco II., der sich gegen die Spanier erhoben hatte. Als Ergebnis des Unabhängigkeitskrieges war zwar eine Republik nach westeuropäischem Vorbild etabliert worden, d. h. nicht der von einem Inka-Nachkommen regierte Indianerstaat, wie von Teilen der einheimischen Bevölkerung angestrebt, doch belegen die inhaltlich abgeänderten Inka-Reihen das neue Nationalgefühl der Republik, das die Idee der Rekonstruktion des Inkareiches mit westeuropäischen Idealen verband.

Typische Merkmale der »königlichen« Inka-Kleidung sind:
– die Tunika bzw. das kurze Hemd, quechua »uncu«;
– der Kettenanhänger, der auf der Brust getragen wird, der sogenannte »sol«. Dieses Element wurde möglicherweise erst während der Kolonialzeit hinzugefügt;
– ein lanzen- bzw. speerähnlicher Stab »chambe« als Herrscherstab/Zepter;
– das viereckige Wappen, quechua »huallccancca«, das, wie im 18. Jahrhundert üblich, wie eine Standarte auf dem »chambe« aufgesteckt ist;
– die komplette «corona« (span. »Krone«) bestehend aus a) einem mehrfach um den Kopf gewickelten (Perlen/Edelstein-)Stirnband, quechua »llautu«, b) der (Metall-)Platte, die die senkrecht stehende Federkrone festhält, quechua »mascaipacha«, und c) der über der Stirn hängenden Quaste, quechua »unancha«.

Zu den posthum angefertigten Darstellungen wie die der vorspanischen Inka und spanischen Könige zählen auch die Konquistadoren oder hohen Würdenträger, z. B. im Ethnologischen Museum das Porträt des ersten Bischofs von Peru, Fray Vicente de Valverde (Abb. S. 235). Das Beispiel des Valverde-Porträts belegt, dass den indomestizischen Malern zwar keine Originalvorlagen, wohl aber gut ausgeführte Kopien zur Verfügung standen. Laut Signatur wurde das Valverde-Porträt zwar erst im Jahre 1847 in Cuzco von einem gewissen Vicente Borgas angefertigt; stilistisch und in den dargestellten Details stimmt es jedoch mit einem Porträt des Bischofs Manuel Mollinedo y Angulo überein, das der bekannte indianische Maler Basilio Santa Cruz bereits im letzten Drittel des 17. Jahrhunderts anfertigte. Die Kopie des Vicente Borgas beruht möglicherweise auf einem unbekannten Original des Basilio Santa Cruz oder einer Kopie davon.

Literatur: Vera Bendt, »Afrikanische Textilien«, Krefeld 2007. **/** Krystyna Deuss, »Fest der Farben. Trachten und Textilien aus dem Hochland von Guatemala«, Twickenham 1981. **/** Andreas Franzke, »Federschmuck – im Blickfeld von Künstlern«, in: Gisela Völger und Ursula Dyckerhoff (Hg.), »Federarbeiten der Indianer Südamerikas aus der Sammlung Horst Antes«, Stuttgart 1994. **/** Jürgen Harten (Hg.), »Barocke Malerei aus den Anden. Gemälde des 17. und 18. Jahrhunderts aus Bolivien, Ecuador, Kolumbien und Peru«, Bd. 1, Düsseldorf 1976. **/** Günther Hartmann, »Mmolakana – Volkskunst der Cuna, Panama«, Veröffentlichungen des Museums für Völkerkunde Berlin, Neue Folge 37, Berlin 1980. **/** Günther Hartmann, »Bemerkungen zur Kulturgeschichte der Feder und des Vogels«, in: Gisela Völger und Ursula Dyckerhoff (Hg.), »Federarbeiten der Indianer Südamerikas aus der Sammlung Horst Antes«, Stuttgart 1994. **/** Günther Hartmann, »Federn und Federschmuck in der Kultur südamerikanischer Indianer«, in: Gisela Völger und Ursula Dyckerhoff (Hg.), »Federarbeiten der Indianer Südamerikas aus der Sammlung Horst Antes«, Stuttgart 1994. **/** Anita Hermannstädter, »Deutsche am Amazonas – Forscher oder Abenteurer? Expeditionen in Brasilien 1800 bis 1914«, hrsg. von Staatliche Museen zu Berlin Preußischer Kulturbesitz, Veröffentlichungen des Ethnologischen Museums Berlin, Neue Folge 71, Münster, Hamburg, Berlin u. a. 2002. **/** Gerhard Höpfner, Masken aus Ceylon, Veröffentlichungen des Museums für Völkerkunde Berlin, Neue Folge 19, Berlin 1969. **/** Alexander von Humboldt, »Kosmos. Entwurf einer physischen Weltbeschreibung«, ed. und mit einem Nachwort versehen von Ottmar Ette und Oliver Lubrich, Die andere Bibliothek, hrsg. von Hans Magnus Enzensberger, Frankfurt a. M. 2004. **/** Viola König, »Don Luys II. Neue Erkenntnisse über die indomestizische Malerei im Vizekönigreich Peru erläutert am Beispiel des Bildnis eines Inka-Nachkommen im Niedersächsischen Landesmuseum Hannover«, in: Baessler Archiv, Neue Folge, Band XLI, Berlin 1993, S. 73–168. **/** Paul und Elaine Lewis, »Völker im Goldenen Dreieck. Sechs Bergstämme in Thailand«, Stuttgart, London 1984. **/** Norberto Nicola, »Arte Plumária do Brasil«, Ausst.-Kat. Museu de Arte Moderna de São Paulo, São Paulo 1980. **/** Norberto Nicola und Sonia Dorta, Aroméri Arte plumária do indigena brasiliero. Brazilian indian feather-art«, Ausst.-Kat. São Bernardo de Campo, São Paulo 1986. **/** Jochen Paulus, in: »Die Zeit«, Nr. 10, 27.2.2003. **/** Friedrich Seltmann und Werner Gamper, »Stabpuppenspiel auf Java – Wayang Golèk«, Zürich 1980. **/** Piers Vitebsky, »Shamanism«, Norman Oklahoma 1995. **/** Gisela Völger und Ursula Dyckerhoff (Hg.), »Federarbeiten der Indianer Südamerikas aus der Sammlung Horst Antes«, Stuttgart 1994. **/** Dhanit Yupho, »The Khon and Lakon«, hrsg. von The Department of Fine Arts, Bangkok 1963.

Anmerkungen: **1** Humboldt 2004, S. 190. **2** Ebd., S. 231. **3** Jochen Paulus, in: »Die Zeit«, Nr. 10, 27.2.2003. **4** Höpfner 1969, S. 7. **5** Nach Höpfner 1969. **6** Yupho 1963. **7** Lewis 1984, S. 10. **8** Hartmann 1980, S. 35. **9** Ebd., S. 59. **10** Pascual de Andagoya, zit. nach: Hartmann 1980, S. 38. **11** Ebd., S. 39. **12** Ebd., S. 35. **13** Völger, Dyckerhoff 1994, S. 18. **14** Hartmann 1994, S. 54. **15** www.mainpost.de/mainfranken/fb/100gruende/art, Text Wolfgang Jung, 18.12.2006. **16** Hermannstädter 2002, S. 26–29. **17** Hartmann 1994, S. 54. **18** Ebd., S. 68. **19** Nicola 1980; Nicola, Dorta, 1986. **20** Franzke 1994, S. 34. **21** Hartmann 1994, S. 55. **22** Vitebsky 1995. **23** Harten 1976, S. 15.

Alte Kunst in den Tropen

Peter Junge

Die Tropen sind eine geografische Realität, eine genau definierbare Zone. Die Tropen sind zugleich eine europäische Projektion, eine Konstruktion, ein Gegenbild zu europäischen Selbstbildern von Selbstdisziplin, Effizienz, technischem Fortschritt und Aufklärung.

Das Bild der Tropen wurde in der europäischen Geschichte unterschiedlich konstruiert: »Exotische« Tropenbilder findet man in der Malerei des Barocks in allegorischen Darstellungen der Kontinente mit tropischen Regionen oder in Gemälden etwa des holländischen Malers Franz Post, dessen brasilianische Landschaftsbilder zugleich Formen von Romantisierung und biologischer Exaktheit zeigen. Der »edle Wilde« der Aufklärung gehört ebenfalls zu den eher positiv besetzten Klischees. Nicht historisch, aber ideologisch schließt sich daran das Bild der Tropen als Ort einer zivilisatorisch unverdorbenen Primitivität im Sinne von Ursprünglichkeit, das die Fantasie von Künstlern der Klassischen Moderne anregte. Vor allem die Kunst des tropischen Afrikas und der Südsee mit ihrem freien Umgang mit der Form und der Tendenz zur Abstraktion machte auf die Begründer des französischen Kubismus wie Picasso und Braque oder die deutschen Expressionisten einen tiefen Eindruck. Das Berliner Museum für Völkerkunde wurde vor allem für Künstler der »Brücke« wie Kirchner, Pechstein, Heckel, Schmidt-Rottluff, aber auch für andere Mitbegründer des Expressionismus wie Nolde und Franz Marc zu einem Studienort für neue Sehweisen. Die Krise der europäischen Kultur in der Zeit vor dem Ersten Weltkrieg, die Langeweile der akademischen Malerei dieser Zeit, das Bedürfnis nach einem Bruch mit der Tradition öffneten den Blick auf eine völlig andere Kunst. Die Bewunderung dieser avantgardistischen Künstler galt der angeblichen Primitivität, der »Ursprünglichkeit«, der Beseelung der Objekte mit magisch-religiöser Kraft. Die »Entdeckung« der afrikanischen Kunst war so vor allem eine Projektion. Sie wurde konstruiert als das Gegenteil dessen, was am europäischen akademischen Kunstbetrieb als überkommen, hohl und langweilig erschien. Dieses positiv gemeinte Konstrukt lebt fort bis hin zur zeitgenössischen Touristikwerbung mit Sonne, Palmen und Strand.

Ursprünglichkeit, zivilisatorische Unverdorbenheit, exotische, fremde Tier- und Pflanzenwelt haben aber immer auch ihre dunkle Gegenseite in diesem europäischen Konstrukt: Die üppig wuchernde Natur in den Tropen wird spätestens in der Kolonialzeit zur Metapher für Unordnung und Hemmungslosigkeit in tropischen Gesellschaften: Tropische Städte wuchern wie die überbordende Natur, wie der Urwald entziehen sich tropische Gesellschaften der ordnenden und kontrollierenden Macht durch politische und soziale Institutionen und verharren in selbstverschuldeter Rückständigkeit. Statt sich einer puritanischen Arbeitsdisziplin unterzuordnen, neigt die Bevölkerung der Tropen zu Leichtlebigkeit und laxer Moral. Mit der Realität der Tropen hat dies zunächst nichts zu tun. Diese Bilder existieren in den Köpfen von Europäern, sie sind Teile einer Selbstkonstruktion, in der diesen Teilen kein Platz eingeräumt wird, die aber durchaus wiederum als begehrenswert – und sei es nur für den Urlaub – angesehen werden.

Die »Reästhetisierung der Tropen« (Alfons Hug) – das Ziel dieser Ausstellung – setzt auch an den Tropen als europäisches Konstrukt an, versucht aber zugleich, dies zu verdeutlichen und dieses Konstrukt als Gegenstand des Diskurses über die Tropen zu reflektieren. Diese inhärente Ambivalenz zeigt sich in den verschiedenen Ansätzen der drei Kuratoren. Alfons Hug zeigt nicht nur Werke von zeitgenössischen Künstlern aus den Tropen, sondern bezieht auch Werke von Künstlern ein, die nicht aus den Tropen stammen, diese aber zum Thema machen. Viola König gruppiert Objekte innerhalb des Themas »Farben und Klänge der Tropen« und ermöglicht so, Gemeinsamkeiten bestimmter Aspekte der Kunst aus den Tropen nachzugehen. Der hier verfolgte Ansatz ist dagegen eher positivistisch. Die Kunstwerke in den drei Themenbereichen »Nach der Sintflut« (Natur und Landschaft), »Das kurze Leben« (Menschenbilder, Porträts, Ahnen) und »Der zerbrochene Pfeil« (Macht und Konflikte) sind Beispiele für verschiedene Formen der Kunst, deren Gemeinsamkeit zunächst nur darin besteht, dass sie aus Kulturen stammen, die dem geografisch definierten Bereich der Tropen angehören.

Die Breite und historische Tiefe von künstlerischen Formen in den Tropen, wie sie die Ausstellung mit wenigen Beispielen zeigt, ist nicht Bestandteil des europäischen Bildes der Tropen. Die Kolonisierung nahezu des gesamten Tropengebietes durch die europäischen Kolonialmächte zwischen dem 16. und 19. Jahrhundert ließ die Bedeutung tropischer Kulturen und ihrer Kunst im Blick der Europäer verblassen. Die evolutionistische Orientierung in Geschichts- und Kulturwissenschaften reduzierte bis zu 3.000 Jahre zurückreichende kulturelle Entwicklungen in Amerika, Afrika, Asien und der Südsee zu stagnierenden Gesellschaften ohne Entwicklungsperspektive und Konkurrenzfähigkeit zum europäischen Modell. Ihrer Kunst wurde in der Regel der Status exotischer Objekte zugebilligt, die in archäologischen Sammlungen und völkerkundlichen Museen verwahrt wurde.

Die Absurdität dieser kolonialen Perspektive wird deutlich, wenn man sich die ganze Breite tropischer Kulturen vor Augen führt, die nicht nur – wie das Klischee es will – im tropischen Regenwald oder am Palmen bestandenen Strand entstanden sind: In Amerika gehören hierzu die städtischen Kulturen der Wüsten an der Westküste Perus, die Hochlandkulturen der Inka, der Azteken, Teotihuacans – um nur einige zu nennen –, aber auch die im tropischen Regenwald entstandenen Kulturen der Olmeken und Maya und der Indianer des Amazonasgebietes. In Afrika reicht die Tropenzone vom Südrand der Sahara bis zu den Wüsten im südlichen Afrika. Timbouktou und die alten Handelsreiche in Westafrika gehören in das tropische Afrika wie die Kulturen der Savanne, in der die Kunst der Dogon, der Baule, der Bamanan, um nur einige zu nennen, entstand. Von herausragender Bedeutung für die Kunst in Afrika waren die mehr zur Küste Westafrikas orientierten Handelsreiche, wie Benin, Ife und Kongo, aber auch die Kulturen des Kameruner Graslandes und die der Luba und der von ihnen beeinflussten Kulturen im zentralen Kongogebiet. Das tropische Asien reicht von Südindien über den gesamten südostasiatischen Bereich bis in den indonesischen Archipel. Es umfasst einen großen Teil des indo-asiatischen, vom Buddhismus und Hinduismus beeinflussten Kulturbereich mit den Gesellschaften Südindiens, Burmas, Thailands, Vietnams, dem Khmerreich in Kambodscha und den hinduistisch-buddhistischen Kulturen Javas, die später unter islamischen Einfluss gerieten. Eingestreut in dieses Gebiet finden sich unzählige lokale Kunstformen, von denen der Hmong im »Goldenen Dreieck« bis zur Kunst der Batak in Sumatra und der anderer Kulturen der Inseln des heutigen Indonesiens. Im Tropengürtel liegen aber auch die Kulturen der Südsee und des nördlichen Teils Australiens, mit der Kunst Melanesiens im Südwesten und Polynesiens von Hawaii bis zu den Osterinseln.

Der Tropengürtel umfasst so eine Vielzahl von Kulturen mit zum Teil langer historischer Entwicklung und einem breiten künstlerischen Spektrum von Formen des Realismus bis zur hohen Abstraktion und einer entsprechenden Variation von Bedeutungen. Diese historische und künstlerische Differenzierung macht es schwer, gemeinsame Merkmale einer »tropischen Kunst« zu bestimmen. Dazu kommt, dass sich die Tropen zwar geografisch von den anderen Weltregionen abgrenzen lassen, dass diese Grenzen aber keine kulturgeschichtliche Entsprechung finden: Die Wurzeln der tropischen indo-asiatischen Kulturen liegen außerhalb der Tropen im Norden Indiens. Teile West- und Ostafrikas, aber auch Indonesiens kamen unter den Einfluss des Islam, dessen Verbreitungsgebiet vor allem außerhalb der Tropen lag und liegt, von Südspanien über Nordafrika, den Nahen Osten und das nördliche Indien. Handelssysteme zwischen Europa und Afrika, Afrika und Asien waren für die Entwicklung von Kulturen in den tropischen Regionen von großer Bedeutung. Diese wirtschaftlich, kulturell und auch künstlerisch in enger Beziehung stehenden Gebiete überschneiden die Wendekreise als geografische Grenzen der Tropen. Gemeinsamkeiten der Kultur waren (und sind) hier bedeutsamer als die durch den Sonnenstand definierten Grenzlinien. Beobachtbare Naturphänomene wie der zweimal jährlich wiederkehrende senkrechte Sonnenstand oder eine intensivere Sonneneinstrahlung im Vergleich mit der südlichen und nördlichen Hemisphäre dürften auf die alte Kunst in den Tropen, bei allem Interesse, die diese Erscheinungen bei Bewohnern der kühlen nördlichen Zonen des Globus erwecken, nur begrenzten Einfluss haben. Die Kunst in diesen Kulturen zielte in der Regel nicht auf Abbildung der sichtbaren Umwelt und der Erfahrungen ihrer natürlichen Gegebenheiten ab. Sie folgte vielmehr einem inneren kulturellen Kanon von Bedeutungen, einem ikonografischen Programm, dessen Rahmen die ökologischen Bedingungen der jeweiligen Kultur nur sehr vermittelt enthielt. Auch die Ähnlichkeit des ökologischen Ambientes, etwa des tropischen Regenwaldes, in dem die Kulturen der Olmeken, der Maya, der Khmer oder des Königreichs Benin entstanden, produzierte keine Einheitlichkeit in der Struktur der jeweiligen Kulturen bzw. ihrer Kunst. Gemeinsamkeiten wie kosmologische Weltbilder, die sich in der Anlage von Städten und Tempelanlagen zeigen, Herrschaftsstrukturen wie das Königtum, das oft eng mit religiös-spirituellen Vorstellungen verbunden ist, oder etwa der Ahnenkult im tropischen Afrika, in Indonesien und in Teilen der Südsee und die mit diesen Kulturen einhergehenden künstlerischen Formen bleiben nicht exklusiv auf die Tropen beschränkt, sondern finden sich auch in nicht-tropischen Gesellschaften. Auch Formen der Kunst in den Tropen wie Realismus oder Abstraktion finden sich ebenfalls in der Kunst der nicht-tropischen Gebiete. Das Gleiche gilt für die verwendeten Techniken: Skulpturen aus Holz oder Stein, Metallguss in verlorener Form, Terrakotten und Malerei gehören zum weltweiten Repertoire von Künstlern. Selbst die Verwendung von Farben scheint kein Privileg der Tropen, denkt man an die farbenprächtigen Gewänder auf italienischen Renaissancegemälden oder an chinesische Seidenstoffe. Ein Gang durch eine europäische Gemäldegalerie zeigt, dass farbige Textilien auch in der Kleidung Europas vor der Durchsetzung des bürgerlich-protestantischen Schwarz nicht ungewöhnlich waren.

Es war wohl die europäisch-koloniale Perspektive auf diese Kulturen, die die vermeintliche Ähnlichkeit tropischer Kulturen produzierte. Die Konstruktion der neuzeitlichen europäischen Identität, mit ihren Vorstellungen von Aufklärung, Rationalität, von Arbeitsethos und bürgerlicher Moral, benötigte ein Gegenbild, in das die unerwünschten ungeregelten und vermeintlich irrationalen Anteile des Europäers projiziert wurden. Die europäische Konstruktion der Tropen hat aber nicht nur diesen sozialpsychologischen Aspekt. Die Gemeinsamkeit dieser Region war auch politisch und wirtschaftlich begründet, nämlich in ihrer Rolle im globalen, von Europa beherrschten wirtschaftlichen und politischen System, die metaphorisch verbrämt wurde mit dem exotischen Gegenbild von üppiger Natur und nicht-gemäßigtem Klima und den angeblich für die Menschen daraus notwendig hervorgehenden Lebensformen.

Diese Aufteilung der Welt durch den europäischen Blick berührt auch einen anderen zentralen Punkt dieser Ausstellung, die gemeinsame Präsentation von zeitgenössischer und alter Kunst. Das überkommene Klischee von »primitiver Kunst« ist ebenso Teil einer Selbstkonstruktion der europäischen Identität. Die koloniale Aufteilung der Welt am Ende des 19. Jahrhunderts wurde legitimiert durch die Vorstellung, dass die nicht-europäische Welt in weiten Teilen in geschichtsloser Stagnation verharrt sei. Die Überwindung dieser und die Integration dieser Gesellschaften in die dynamische Entwicklung Europas war Teil kolonialer Ideologie. Die Kunst dieser Gesellschaften wurde mit wenigen Ausnahmen als primitive definiert, wobei dieser Begriff negative, aber auch positive Besetzungen erhielt: von den Kunstwissenschaften negativ im Sinne eines auch heute noch vorhandenen Bildes einer welthistorisch marginalisierten, anonymen Volkskunst als Ausdruck wenig entwickelter Gesellschaften; von den Künstlern der Klassischen Moderne positiv im Sinne einer ursprünglichen, religiös-magisch beseelten Kunst. Beide Vorstellungen gehen an der Realität vorbei. Sie verdrängen, dass auch nicht-europäische Gesellschaften sich historisch veränderten, dass man somit auch nicht von einem Verharren der Kunst auf einem »ursprünglichen« Niveau ausgehen kann. Für Afrika etwa lassen sich heute lange historische Prozesse nachverfolgen und soweit das Material vorhanden auch künstlerische Entwicklungen feststellen.[1] Das Verharren auf der Primitivismus-Vorstellung hatte für diese Kunst erhebliche Folgen. Von der Kunstwissenschaft wurde sie im Wesentlichen ignoriert, außer im Zusammenhang mit der Entstehung von Kubismus und Expressionismus oder wenn sie durch die Sammlungen bedeutender europäischer Künstler quasi »geadelt« wurde. Die Ethnologie bestritt lange ihre Vergleichbarkeit mit der europäischen Kunst und wollte sie nur präsentiert sehen, wenn sie gleichsam an der Hand ethnologischer Erläuterungen geführt wurde. Alte Kunst wurde so entweder in die Ecke anonymer Volkskunst gedrängt oder zum nur mithilfe ethnologischer Erläuterungen verstehbaren Sonderfall erklärt. Vor diesem Hintergrund ist eine Ausstellung, die alte Kunst und zeitgenössische Kunst zusammenbringt, noch immer ungewöhnlich und nötigt Kuratoren zu legitimierenden Ausführungen. Darauf soll hier verzichtet werden. Bei allen Werken dieser Ausstellung handelt es sich um Kunstwerke, so unterschiedlich ihr Produktionsprozess, ihr kultureller Zusammenhang und ihre Rezeption auch sein mögen. Mit dieser Feststellung sollen die Unterschiede vor allem zwischen der vormodernen Kunst Europas, Amerikas, Afrikas, Asiens und der Südsee und der international orientierten Moderne nicht verwischt werden. Aber ein Abschied von kolonial geprägten Vorstellungen, von einer eurozentrischen, evolutionistisch orientierten Kunstgeschichte ist nötig. Vielleicht sind bildwissenschaftliche Ansätze,[2] die auf den Vergleich des in verschiedenen historischen Epochen Darstellbaren und auf dessen Entgrenzung in der Moderne hinweisen, eine weniger ideologisch belastete Basis für die Betrachtung von Gemeinsamem und Unterschiedlichem in der Kunst verschiedener Gesellschaften in ihren historischen Epochen.

Der Begriff »alte Kunst« ist so eine Hilfskonstruktion, dessen zeitliche Dimension sich nicht nur auf eine lang zurückliegende Schaffensepoche, sondern auf eine historisch lange und zum Teil bis an die Gegenwart heranreichende Kunstproduktion bezieht, die sich aber strukturell von der Moderne unterscheidet. Die Gruppierung der Werke in thematische Gruppen wie Natur, menschliche Form oder Macht und Konflikt zeigt, wie nahe sich diese Kunstwerke sind. Ihre jeweils besonderen kulturell und historisch bedingten Konzepte, mit denen diese Themen künstlerisch bearbeitet wurden, zeigen zugleich, wie entfernt sie voneinander sein können.

Nach der Sintflut

Natur und Landschaft

Die Natur ist in der alten Kunst weder ein idyllisch-romantischer Gegensatz zur menschlichen Gesellschaft, kein Bereich einer vom Menschen und seiner Zivilisation unberührten »Natürlichkeit«, noch Gegenstand der sie zerstörenden Aneignung. Es sind zwei Themenbereiche, in denen Aspekte der Natur durch die hier ausgestellten Werke berührt werden: einmal metaphorisch aufgefasste Bilder von machtvollen Tieren, die gesellschaftliche Mächte versinnbildlichen, zum anderen sind es Darstellungen von Wesen, die in der Natur, der Umwelt der menschlichen Zivilisation, wirken, die Menschen bedrohen oder sie helfend unterstützen.

In den ersten Bereich gehört etwa der Thronhocker eines Königs aus Nso im Kameruner Grasland (Abb. S. 94), dessen Sitz von einem Wesen mit zwei gegenständigen Köpfen getragen wird, das einen Leoparden und zugleich einen Elefanten darstellt.[3] Beide Tiere waren in der Kameruner Kunst Objekten aus der unmittelbaren Umgebung eines Königs vorbehalten. Sie verkörpern Eigenschaften, die dem König zugedacht wurden. Die Absicht des Künstlers war nicht eine realistische Naturnachahmung, sondern ein Bild von Kraft und Macht zu schaffen, das mit diesen beiden Tieren assoziiert wird. Zwischen dem relativ hohen Sockel und der massiven Sitzplatte steht dieses machtvolle Tier. Körper und Gliedmaßen entsprechen in ihrer Schwere dem Aufbau des Hockers. Diese Schwere hat aber nicht in erster Linie tektonische Gründe, sie ist symbolisch zu verstehen, sie verbildlicht die Macht und die Kraft des Königs, in dessen Gebrauch der Thronhocker war. Besonders das Gesicht des Leoparden mit seinen hervorquellenden Augen und dem aufgerissenen Maul mit gebleckten Zähnen betont die aggressive Dimension seiner Macht. Die Verwendung eines wertvollen Metalls – Zinnblech, mit dem der gesamte Hocker überzogen ist –, ist ebenfalls ein Hinweis auf die besondere Stellung des Königs. Nur für ihn war die Verzierung von Gegenständen mit diesem Material erlaubt. In dem Hocker drückt sich jedoch nicht sein persönlicher Reichtum aus, sondern der Wohlstand, den seine Herrschaft der Gesellschaft bringen soll.

Auch die Maske des Kono-Bundes der Bamanan aus Mali (Abb. S. 92) nutzt ein Vorbild aus der Natur: Sie nimmt die Form eines Elefantenkopfs auf. Der Künstler wollte jedoch keinen Elefanten realistisch darstellen, sondern ein Wesen, dessen Größe und Schrecken verbreitende Macht metaphorisch mit der des Elefanten assoziiert wurde. Dies mag der Hintergrund für die besondere Gestaltung sein, die aus europäischer Perspektive stark abstrahiert wirkt. Kopf, Ohren und das vorgestreckte Maul, vielleicht auch eine Andeutung des Rüssels, bilden einen flachen langgestreckten Korpus, über den sich eine erhabene Mittellinie zieht. Die nach hinten gestreckten Ohren sind durch Aushöhlungen angedeutet, Maul oder Rüssel bilden ein flaches, nach vorn gestrecktes Rechteck. Den ganzen Kopf überzieht eine raue Kruste aus organischem Material, die optisch und haptisch mit der strengen, klaren Form kontrastiert.

Der Kono-Bund hatte eine Reihe von Funktionen: Er sorgte für einen guten Ertrag der bestellten Felder, er schritt bei Konflikten zwischen Menschen schlichtend ein und sollte gegen Hexerei wirken. Seine richterliche Funktion verlor er während der französischen Kolonialzeit, die neben ihrer eigenen Gerichtsbarkeit die traditionellen Formen nicht duldete.[4]

In vielen Kulturen werden Dorf und die es umgebende Natur in einer dualistischen Beziehung gedacht. Zivilisation und Wildnis sind zwei Teile des Kosmos, in denen sich der Mensch bewegt. Verlässt er den Bereich der Zivilisation, das Dorf, und begibt sich als Bauer oder Jäger in die Natur, so berührt er den Bereich der Wildnis und setzt sich dort beheimateten Kräften aus, über die er keine unmittelbare Macht hat. Sie können ihm gefährlich werden, sie können ihn aber auch helfend unterstützen. In von Künstlern gestalteten Masken oder Skulpturen treten diese mächtigen Wesen im Dorf auf. Ihr Auftritt oder ihre Anwesenheit gestattet den Menschen einen ausgleichenden und nutzbringenden Kontakt mit der Wildnis. Bekannte Beispiele sind Masken der Dan und Baule, die solche Wesen aus der Wildnis, der Natur, darstellen.

Das symmetrische, spitz-ovale Gesicht der Maske der Dan oder Mano (Abb. S. 90) entspricht deren weiblichem Schönheitsideal: eine hohe, gewölbte Stirn mit einer doppelten Schmucknarbe, schmale Augen, eine flache Nase mit breiten Nasenflügeln und ein kleiner Mund mit vollen Lippen. Masken dieses Typs gelten als anmutige, lächelnde weibliche Masken. In ihnen manifestieren sich den Menschen freundlich gesinnte Waldgeister. Bei der Initiation der Jungen im Beschneidungslager spielen diese Masken eine wichtige Rolle: Sie schützen die Initianden und versorgen sie mit Nahrung, die sie bei ihren Auftritten im Dorf einsammeln.

Diese Masken waren primär im Besitz von Verwandtschaftsgruppen. Einem Menschen konnte ein Wesen aus dem das Dorf umgebenden Busch im Traum erscheinen und ihn damit auffordern, eine Maske herstellen zu lassen und es im Tanz der Maske zu verkörpern. Maskenbesitzer konnten sich allerdings auch in Bünden organisieren.[5]

Ein Wesen aus der Wildnis ist auch die kplekple-Maske der Baule (Abb. S. 64). In der fast zweidimensional angelegten Maske verbinden sich abstrahierte Formen des menschlichen Gesichts mit denen eines Antilopenkopfes. Unterstrichen wird die Klarheit der Gestaltung durch die Farbigkeit, Weiß, Schwarz und das alles dominierende Rot. Die Abstraktion von menschlichem und tierischem Naturbild, das Zusammenfügen einzelner Elemente zu einem Gesicht, ist für den Künstler zugleich ein Akt der naturalistischen Darstellung. Dieses vermeintliche Paradoxon existiert nur auf der Ebene der europäischen Begrifflichkeit. Der Baule-Künstler schafft ein Wesen, das so und nicht anders aussieht, ein Wesen – einen Naturgeist –, das zwar unabhängig von diesem Kunstwerk existiert, das aber nur mithilfe dieses Kunstwerkes, der Maske, auftreten kann. Innerhalb der Maskenperformance ist diese Maske identisch mit dem Naturgeist. Ohne den Künstler lebt er in seinem Umfeld, der vom Dorf, dem Ort der Zivilisation, getrennt gedachten Natur, der Wildnis. Hier entfaltet er seine positiven oder gefährlichen Kräfte. Erst der Künstler gibt ihm eine Gestalt, die es ihm ermöglicht, im Dorf selbst in Erscheinung zu treten und im Rahmen einer Performance am Ausgleich zwischen Kräften der Zivilisation und der Wildnis mitzuwirken.[6]

Die Komposition eines Wesens der Wildnis aus menschlichen und tierischen Formen findet sich auch bei den Baga in Guinea (Abb. S. 74). Die Maske vereint Formen des menschlichen Gesichts mit dem eines Krokodils und dem hoch aufragenden Gehörn einer Gazelle.[7]

Bei Totenfeiern und Fruchtbarkeitszeremonien treten bei den Káua in Brasilien ebenfalls Wesen der Natur auf: Die in der Ausstellung gezeigte Maske (Abb. S. 88) stellt einen Schmetterling dar.[8]

Über die symbolische Verwendung von Naturvorbildern oder die Erschaffung der Gestalt eines Naturgeistes geht die Tyiwara-Maske von den Bamanan hinaus (Abb. S. 97). Dargestellt ist eine Pferdeantilope, die den Aufsatz auf der Kappe eines Maskenkostüms bildete.[9] Typisch für diese Masken der Sikasso-Region in Mali ist die Betonung der Horizontalen: Der längliche, flache Körper läuft in dem waagerechten Schwanz aus. Parallel dazu verläuft die Linie der Unterkante des Kopfes und der weit nach hinten gestreckten Hörner. Die strenge Parallelität wird durchbrochen durch den leichten Schwung des Rückens und – in gegenläufiger Bewegung – die obere Linie des Kopfes und die der leicht durchhängenden Hörner. Mit diesen einfachen Gestaltungselementen erreicht der Künstler bei aller Stilisierung ein Bild von feiner Lebendigkeit.

Das Bild der Antilope steht, anders als bei den beiden vorigen Beispielen, nicht für eine menschliche Eigenschaft, die durch ein Wesen der natürlichen Umgebung symbolisiert wird. Die Antilopenmaske stellt Tyiwara dar, den mit einer Schlange gezeugten Sohn der Urfrau Muso koroni, der den Menschen den Feldbau brachte. Sie ist also ein Bild für eine bedeutende Person im Weltbild, in der Mythologie der Bamanan, einen Kulturbringer, der eng verbunden ist mit der Fähigkeit des Menschen, die Natur durch den Feldbau zivilisatorisch zu nutzen.

Strukturell vergleichbare Beziehungen zwischen Naturdarstellung und Weltbild liegen auch der Kuhmaske aus Indien (Abb. S. 70) und dem Architekturteil aus Sumatra (Abb. S. 73) mit der Darstellung eines Singa, eines mythologischen Wesens, das Elemente des Löwen und des Elefanten verbindet, zugrunde.

Personifikationen von Naturelementen in Form von sie steuernden machtvollen Wesen finden sich in vielen Kulturen. Ihre Darstellung durch Künstler bietet diesen Wesen einen Ort, an dem sie sich den Menschen zeigen und an dem diese ihre Verehrung in rituellen Handlungen ausdrücken. Beispielhaft zeigt die Ausstellung eine Darstellung des aztekischen Regengottes Tlaloc (Abb. S. 79). Der Körper des hockenden Gottes ist nur angedeutet. Sein Gesicht ist aus zwei verschlungenen Schlangen – Symbole des Wassers und der Fruchtbarkeit – geformt. Ihre Körper bilden die brillenähnlichen Augen und die Nase, ihre gegenständigen Köpfe den zahnbewehrten Mund des Gottes.[10]

Das kurze Leben

Menschenbilder, Porträts, Ahnen

Seit dem Entstehen von Kunst am Ende des Paläolithikums ist der Körper des Menschen ein zentrales Motiv. Seine Gestaltung ist in den ältesten Formen abstrahiert. Im Laufe der historischen Entwicklung entsteht ein breites Spektrum an realistischen oder naturalistischen Formen, die parallel zu abstrakten Formen zeitgleich in einer Kultur nebeneinander existieren können oder historisch geschieden sind. Das europäische Bild vom Aufstieg aus primitiven Formen zu klassischen Höhen des Realismus in der griechischen Antike, wiederaufgenommen in der Renaissance, ist heute nicht mehr haltbar. Eigenständige Ausprägungen von realistisch-naturalistischer Kunst in der Darstellung des Menschen findet man neben der Kunst

Griechenlands etwa im Mittleren Reich Alt-Ägyptens zu Beginn des zweiten vorchristlichen Jahrtausends[11] oder in den westafrikanischen Kulturen Ifes und Benins zwischen dem 12. und 16. nachchristlichen Jahrhundert. Die abstrakte europäische Kunst des 20. Jahrhunderts kehrte dafür zurück zu den Anfängen. Es ist nur der wirtschaftlichen und politischen Dominanz Europas, nicht aber seiner künstlerischen zu verdanken, dass aus dieser Perspektive etwa die Kunst der Kykladen modern wirkte und nicht die europäische abstrakte Kunst »alt« aussah.

Der menschliche Körper ist in der Kunst zunächst eine Form. Ihr Inhalt kann sehr verschieden sein. In der Tradition der europäischen Kunstgeschichte ist man schnell geneigt, in menschlichen Darstellungen menschliche Porträts zu erkennen. Ihnen liegt eine Vorstellung zugrunde, die einen Zusammenhang von sozialer, moralischer, intellektueller Position und Kompetenz mit physischer Erscheinung in individuellen Gesichtszügen postuliert. Dem hinterliegt ein Individualitätskonzept, das sich in Europa in der Renaissance ausbildete, das aber auf die Kunst anderer Kulturen nicht einfach übertragen werden kann. So war etwa in vielen afrikanischen Kulturen eine Person vor allem durch ihren sozialen Status, durch die Mitgliedschaft in einer Gruppe und ihre Integration in ein System kultureller Regeln definiert. Ihre Darstellung im Porträt bezieht daher in sehr viel geringerem Umfang individuelle äußere Merkmale mit ein. Dieses kann sogar als Regelverstoß oder als Peinlichkeit bewertet werden. Für das Wiedererkennen einer Person war ein äußerer Zusammenhang, in dem das Bild steht, sei es eine Namensgebung, ein besonderer Ort der Aufstellung des Bildes oder Attribute, die die Person eindeutig identifizieren, ungleich bedeutender. Das Bild des Königs aus dem Kameruner Grasland ist als Porträt in diesem Sinn zu verstehen. Eine solche für Europäer indirekt wirkende Zuordnung von Bild und Person durch begleitende Motive existiert allerdings auch in der europäischen Kunst. Auf Herrscherporträts der Barockzeit findet man Elemente wie eine Säule und drapierte Vorhänge, die den König in seiner sozialen Rolle identifizieren. Im 20. Jahrhundert findet man auch in der europäischen Kunst Porträts, die durch eine Ansammlung von Motiven und Gegenständen eine bestimmte Person kennzeichnen, ohne sie naturalistisch abzubilden.[12]

Menschliche Formen in der Kunst können Porträts individueller Menschen sein, lebender oder verstorbener, sie können aber auch mythische Gründer von Verwandtschaftsgruppen darstellen oder nichtmenschliche Wesen wie Geister oder Götter, deren Erscheinung sich an menschlichen Formen orientiert.

Porträts von Individuen sind in der Kunst afrikanischer Kulturen äußerst selten. In Liberia und der westlichen Elfenbeinküste bei den Kran und Dan wurden solche Porträtfiguren vor allem von Frauen geschnitzt. Der Anlass konnte der Tod der Frau sein, aber auch eine lange Abwesenheit. Zan, eine der Frauen des Häuptlings Krai von den Kran, lebte in der ersten Hälfte des 20. Jahrhunderts im nordöstlichen Liberia. Ihre Porträtfigur kam zusammen mit der einer weiteren Frau Krais, Zewi, nach einer Forschungsreise der Ethnologin Etta Donner in die Sammlung des Ethnologischen Museums Berlin.

Das Porträt von Zan (Abb. S. 102) wurde zu ihren Lebzeiten geschnitzt. Die Darstellung entspricht dem Schönheitsideal der Kran: eine gepflegte Frisur, die zum Teil geschnitzt und zum Teil aus angebrachten Zöpfen besteht, schlitzförmige Augen, ausrasierte Augenbrauen, eine lange Nase, spitze Zähne und Schmucknarben an Kopf und Körper. Das Gesicht wirkt für den europäischen Betrachter wenig individuell und stilisiert, für die Kran dagegen war Zan aber als Individuum erkennbar. Die Ähnlichkeit beruhte anscheinend nicht nur auf der Frisur oder den Schmucknarben, sondern auf einer kulturell spezifischen Bildsprache.[13]

Als individuelle Porträts müssen auch die beiden Schilde von den Philippinen (Abb. S. 104, 106) angesehen werden. Ihre Form stellt einen menschlichen Körper mit betontem Nabel, mit Beinen, Armen und Kopf dar, die in ihrer Abstraktion wenig individuell wirkt. Erst die ornamentale Verzierung macht diese abstrakten Bilder zu individuellen Porträts, indem sie die Tätowierungen – Zeichen individueller Leistungen und des sozialen Status – des Besitzers des Schildes aufnimmt und das Schild so zu einem zweiten Körper macht.[14]

Nicht um ein Individuum, sondern um das Idealbild eines jungen Mannes handelt es sich bei dem aztekischen Kopf aus Stein (Abb. S. 113). Darstellungen junger Männer stehen für das Ideal der Arbeits- und Kampfbereitschaft für den expansiven Aztekenstaat.[15]

Auch bei dem Terrakotta-Kopf aus Ife (Abb. S. 112) dürfte es sich um ein idealisierendes Bild handeln. Seine sensibel-naturalistische Gestaltung legt den Gedanken an ein Porträt nahe. Die genaue Funktion dieses Kopfes und vergleichbarer Köpfe aus Ife ist nicht bekannt. Sie werden als Darstellungen von Königen oder hohen Würdenträgern gedeutet. Die Verbindung von Distanziertheit bei weiblicher Anmut des weichen, in sich gekehrten Gesichts lässt die Darstellung einer Frau in herausragender Funktion vermuten. Als Frobenius diesen Kopf zusammen mit weiteren Beispielen 1910 in Ife, einem politischen und religiösen Zentrum der Yoruba in Nigeria, fand, entstand bald eine Diskussion über den Ursprung dieser Kunstwerke. Viele Zeitgenossen Frobenius' wollten in ihrer kolonialideologischen Voreingenommenheit nicht glauben, dass Kunstwerke dieser Qualität ihren Ursprung in Afrika haben sollten. Man versuchte, Einflüsse der Kunst des Mittelmeerraums zu konstruieren. Nach einer Reihe von weiteren Funden weiß man heute, dass es sich um typische Kunstwerke der Kultur Ifes aus dem 12. bis 15. Jahrhundert handelt.[16]

Die größte Gruppe menschlicher Bilder in diesem Ausstellungsteil stellen Ahnen dar. Das Weltbild vieler Kulturen kannte nicht nur die diesseitige Welt der Lebenden. Oft existierte die Vorstellung eines Jenseits oder einer Parallelwelt, aus der die Menschen nur für kurze Zeit in die diesseitige Welt kommen und in die sie nach ihrem Tod zurückgehen. Die Beziehungen zwischen beiden Teilen des Kosmos waren eng und vielfältig. Viele Kunstwerke markierten die Schnittstelle zwischen diesen Welten. In den Bildern der Ahnen verbanden sich diese beiden Welten. Die Verehrung der Ahnen war in vielen Kulturen von großer Bedeutung: Wissen und Erfahrungen wurden in den Familienverbänden von Generation zu Generation weitergegeben. Das Leben der einzelnen Menschen war nur in diesem kulturellen und sozialen Zusammenhang denkbar. Dem entsprach die Vorstellung der Gemeinsamkeit aller Generationen, der Verstorbenen und der Lebenden. Mit ihrem besonderen Wissen und ihren Beziehungen zu den Göttern wachten die Verstorbenen über das Wohlergehen der Lebenden und erwarteten zugleich die Einhaltung kultureller und gesellschaftlicher Regeln. Die Verehrung der Ahnen verhalf zu einem Leben im Einklang mit den kulturellen Vorstellungen und damit zu Zufriedenheit, Anerkennung, sozialem und wirtschaftlichem Erfolg.

All dies zeigt sich in der ruhigen, realistischen Gestaltung der Ahnenfigur der Hemba aus dem Kongogebiet (Abb. S. 120). Körperhaltung und Gesichtsausdruck versinnbildlichen Autorität, Distanz, innere Ruhe und Würde. Die Figur steht für eine im doppelten Sinn bestimmte Person: Ahnenbilder sind nicht nur Darstellungen von Familienmitgliedern, die in die jenseitige Welt zurückgekehrt sind. Die Bilder sind zugleich der Ort, in denen der Geist des Ahnen sich aufhalten kann. Die Mitglieder der Verwandtschaftsgruppe wussten, wer die dargestellte Person war, und der Ahne selbst, dessen Geist nach seinem Tod in der Figur einen Aufenthaltsort hatte, konnte sich nur in der ihn darstellenden Figur aufhalten. Trotz dieses individuellen Bezugs hat der Künstler aber zugleich ein Idealbild geschaffen, das die Idee des Ahnen verkörpert. Bedeutend war nicht die Physiognomie, die äußere Erscheinung der Person, sondern ihre Position innerhalb des Weltbildes der Hemba. Der Realismus ihrer Kunst hat also zugleich eine tiefe symbolische Dimension. Dies zeigt sich unter anderem an der Betonung des Nabels durch Schmucknarben und die auf ihn weisenden Hände. Nabel und Bauch sind der Sitz der Fruchtbarkeit, die auch bei männlichen Ahnenbildern manchmal an Darstellungen von Schwangerschaft erinnern können. Die Gestaltung des Bauches und die Handhaltung stehen im übertragenen Sinn für Fruchtbarkeit und versinnbildlichen die Kontinuität der Familiengruppe durch die Generationen hinweg.

Verbindet so die Ahnenfigur der Hemba männliche und weibliche Aspekte, so stehen diese in der Darstellung eines Ahnenpaares der Dogon nebeneinander (Abb. S. 126). Die mit Hüftketten und Ringen an

Ohren, Nase und Mund geschmückten Figuren sitzen auf Hockern auf einer gemeinsamen Basis. Ihre stark abstrahierten Körper sind aus pfahlförmigen Elementen zusammengesetzt, die beide Personen in ein Netz horizontaler und vertikaler Linien einbinden und das Paar zu einer Einheit verschmelzen. Der etwas größere Mann mit bärtigem Gesicht blickt geradeaus und lenkt den Blick leicht zur Seite, während die Frau den Blick etwas senkt. In der Durchbrechung der konstruktiven Einheit des Ahnenpaars durch die unterschiedliche Kopfhaltung gelingt dem Künstler zugleich eine persönliche Charakterisierung der beiden Figuren.

Zu den bekanntesten und bedeutendsten Kunstwerken im Zusammenhang mit der Ahnenverehrung in Afrika gehören die Reliquiarfiguren der Fang. Sie gehören zu Behältnissen, in denen die Fang in den Urwaldgebieten des südlichen Kameruns, Äquatorialguineas und Gabuns Gebeine und Schädelknochen von Verstorbenen aufbewahrten. Diese »byeri« genannten Behältnisse mit den aufgesetzten Figuren waren Kraftträger und Schutzgeber der jeweiligen Gemeinschaft. Sie befanden sich sowohl in Familienbesitz als auch im Besitz von Bünden.[17] Die Anzahl der »byeri« erhöhte deren Kraft. Die Figuren auf dem Behälter werden manchmal auch als bildliche Erinnerung an die Toten verstanden, aber vor allem als Wächter der Ahnenreliquien. Zu bestimmten Anlässen, wie etwa der Initiation der jungen Männer, wurden sie aus den Schreinen, in denen sie aufbewahrt wurden, hervorgeholt und namentlich den Initianden vorgestellt.

Formal zeigen die Reliquiarfiguren ein breites Spektrum von eher realistischen bis zu stark abstrahierten Darstellungen. Bei der hier gezeigten Reliquiarfigur (Abb. S. 118) kontrastieren die weichen Formen des Körpers, der Arme und Beine mit dem breiten kastenförmigen Mund mit schematisierten Zähnen. Er springt aus dem nur angedeuteten Gesicht hervor. Diese Betonung unterstreicht die Kraft und Macht des »byeri«.

Eine vergleichbare Funktion wie die Ahnenfiguren aus Afrika hatten die Ahnenbilder aus Nias, einer Insel des indonesischen Archipels (Abb. S. 122, 124). Auch sie werden als Aufenthaltsort des Geistes des Ahnen gedacht, der nach dem Tod in verschiedenen Ritualen vom Körper des Verstorbenen auf die Figur übertragen wird. In der Gestaltung der Figuren findet sich ein breites Spektrum vom Realismus bis zu hoher Abstraktion. Gemeinsames Merkmal sind die vor dem Körper zusammengelegten Hände, in denen sich manchmal ein Behälter für Opfergaben befindet. In der Regel tragen sie eine Krone in Tiara-Form. Diese Krone, ihr Schmuck, aber auch das Sitzen auf einem Hocker kennzeichnen ihren Rang in der stark hierarchischen Gesellschaft der Bewohner von Nias.[18]

Die »Tau-Tau« genannten Ahnenfiguren aus Sulawesi (Abb. S. 132, 134), einer anderen Insel Indonesiens, zeichnen sich in ihrer Gestaltung durch ein höheres Maß an Individualität aus. Der aus Holz geschnitzte, oft aus verschiedenen Teilen zusammengesetzte Körper ist mit Textilien bekleidet. Dieser Naturalismus wird durch farbliche Fassung und eingelegte Augen zusätzlich verstärkt.[19]

Die beiden Masken aus dem Cross-River-Gebiet in Nigeria an der Grenze zu Kamerun entziehen sich einer genauen Einordnung. Sie stehen für das breite künstlerische Spektrum dieses Typs von Maske: Es handelt sich um Kopfaufsatzmasken, die vom menschlichen Gesicht ausgehen und dies entweder naturalistisch darstellen oder durch Abstraktion verwandeln. Die Aufsatzmaske der Boki (Abb. S. 114) ist ein Beispiel für Letzteres. Die Maske der Ejagham ist dagegen von bewegendem Naturalismus. Wahrscheinlich war die Maske ursprünglich mit Haut überzogen. Erhalten ist hier nur der Holzkern, der jedoch die beeindruckende Arbeit des Künstlers offenbart. Die tiefliegenden, leicht schräg gestellten Augen, der gesenkte Blick, die hoch angesetzten Wangenknochen, die fleischige Nase und der breite, leicht geöffnete Mund hinterlassen zumindest beim europäischen Betrachter einen tiefen Eindruck von Distanz, Kraft und verhaltener Aggression. Lange wurden diese Masken als Bilder der Ahnen betrachtet. Nach neueren Untersuchungen ist dies jedoch zweifelhaft.[20]

Ähnlich unklar in ihrer Bedeutung ist auch die menschliche Figur, ein Architekturfragment aus Tiahuanaco, einem »der großen Zeremonialzentren der südlichen Anden. Sie liegt auf der bolivianischen Seite in der Nähe des Titicaca-Sees auf ca. 4000 m Höhe. Um 100 vor Chr. setzt eine starke Bautätigkeit und intensive landwirtschaftliche Nutzung in diesem Gebiet ein, die um 700 nach Chr. ihre größte Ausdehnung hatte.«[21] Die menschliche Figur dieses Reliefs ist reduziert auf den Kopf und die Hände, die je einen Stab halten. Hände und Augen sind durch hervorstehende Rechtecke markiert. Die Stäbe – ebenfalls in streng rechtwinkeligen Formen – geben der ganzen Figur einen festen Rahmen. Gebrochen werden die rechtwinkelig-kubischen Formen lediglich durch die Form der Nase und die Linie des Kinns. Trotz der geringen Größe erreicht der Künstler in seiner Formensprache eine Monumentalität, die typisch für die Kunst und Architektur Tiahuanacos ist.

Der menschliche Körper ist in der Kunst aber auch Modell oder Ausgangspunkt für die Darstellung nichtmenschlicher Wesen, von Geistern oder Göttern. Die alttestamentarische Idee von der Erschaffung des Menschen nach göttlichem Vorbild bei gleichzeitigem Verbot, Gott bildlich darzustellen, hat seine Wirkung nur in der jüdischen Religion und im Islam entfaltet. Die christliche Kunst hat dies nicht befolgt.

Außerhalb der jüdisch-christlichen Tradition wurden göttliche Wesen, aber auch spirituelle Mächte ausgehend vom Menschenbild dargestellt.

Das Figurenpaar der Batak aus Sumatra stellt anders als die oben dargestellten Statuen keine Ahnen dar, sondern ein Schutzgeistpaar, das eine ganze Dorfgemeinschaft beschützte (Abb. S. 149). Ein ritueller Spezialist stellte diese Figuren auf und übertrug auf sie den Geist eines geopferten Kindes, indem er sie mit Substanzen aus der Leiche des Opfers bestrich. Auch hier sind die geschnitzten Körper Behältnisse für den Geist des Opfers, der durch den rituellen Spezialisten in diese Figuren gezwungen dem Schutz der Menschen dient. Die geschwärzten Körper des Figurenpaares sind schmal und langgestreckt, Arme und Brust sind nur reliefartig angedeutet.[22]

Aus den vorspanischen mesoamerikanischen Hochkulturen ist eine Vielzahl von Götterfiguren bekannt. Nicht alle nehmen dabei das Bild des Menschen als Ausgangspunkt wie etwa die Darstellung Quetzalcoatls in dieser Ausstellung (Abb. S. 244). Anderen liegt die menschliche Form mit zugrunde, aber sie benutzen wie bei dem ausgestellten Tlaloc Körper von Schlangen, um daraus ein menschenähnliches Gesicht zu formen. Von rein menschlicher Form ist die Erd- und Muttergöttin der Huaxteken (Abb. S. 142). Der Körper ist abstrahiert, das Gesicht mit dem großen Kopfaufsatz strahlt Distanz und Strenge aus.[23]

Der zerbrochene Pfeil

Macht und Konflikte

In hierarchischen Gesellschaften stehen Kunstwerke oft in unmittelbarem Zusammenhang mit dem Herrschaftssystem: Es sind Objekte, die geschaffen wurden, um die Macht und die Legitimation des Königtums zu versinnbildlichen oder dessen Reichtum zu unterstreichen. Die Variationsbreite in Funktion und Gestaltung entspricht den unterschiedlichen Rollen des Königs und der ihn unterstützend und kontrollierend umgebenden Würdenträger. Sie zeigt aber auch die Unterschiede in der Größe, dem Grad der Zentralisierung und der wirtschaftlichen Macht dieser Königreiche.

Die Gedenkfigur eines Königs der Bamenon aus dem Kameruner Grasland (Abb. S. 154) steht beispielhaft für die unzähligen Darstellungen von Herrschern.

Gedenkfiguren wurden im Kameruner Grasland vor allem für Könige und Königinmütter hergestellt. Obwohl als Darstellung einer bestimmten Person geschnitzt, zielten die Künstler nicht auf individuelle Porträtähnlichkeit im europäischen Sinn ab. Dargestellt ist nicht ein Individuum, das zugleich König ist, sondern der jeweilige König in seiner überindividuellen Rolle innerhalb des politischen Systems. Erkennbar war der König an seinen Insignien, zumeist einer besonderen Kopfbedeckung. Gedenkfiguren wurden im Palast aufbewahrt und von den nachfolgenden Königen nur bei besonderen Zeremonien hervorgeholt. Ihr Auftreten unterstrich die Beziehungen des amtierenden Königs zu seinen Vorgängern und Ahnen und damit seine Legitimität.

Die große auf einem Hocker sitzende Figur – auch dies ein Abzeichen seines königlichen Ranges – trägt eine Königshaube. In der Hand hält sie eine kleine Schale, wahrscheinlich ein Kolanussgefäß. Die aus Holz geschnitzte Figur ist mit Stoff überzogen und vollständig mit Glasperlen und Kaurischnecken bestickt. Während die Kunst des Kameruner Graslandes bekannt ist für seine freien und expressiven Formen, tritt hier die Form zurück zugunsten der farbigen, zum Teil grafisch gestalteten Oberfläche. Der schimmernde Glanz dieser Gedenkfigur hatte repräsentative Bedeutung, er war Ausdruck des Reichtums und der Macht des Königs. Nur ihm war es vorbehalten, mit Glasperlen und Kaurischnecken – relativ seltene und fremde Importmaterialien – überzogene Statuen, Throne und andere Gegenstände des königlichen Palastes zu benutzen.

Glasperlen wurden seit der Antike aus dem Mittelmeerraum, später aus den wichtigen Glasverarbeitungszentren Venedig und Gablonz (Jablonec) in Tschechien, aber auch schon früh – wie die Kaurischnecken – aus dem indischen Raum nach Afrika exportiert.

Dient die Gedenkfigur des Kameruner Königs der Legitimation der Macht des regierenden Herrschers, so stellt die Aufsatzmaske der Yoruba in Nigeria (Abb. S. 156) in narrativer Form die Herrschaft des Königs in ihrer Struktur dar. Um eine alles überragende Figur des Königs zu Pferd unter einem Ehrenschirm reihen sich in drei Registern eine große Zahl von Einzelfiguren. Man erkennt Gefangene und Soldaten mit Schwertern, die die militärische Macht des Königs präsentieren. Bedeutender für die Konstituierung der Macht des Königs sind die Vielzahl von Mutter-Kind-Figuren und Frauen mit Behältern von Zaubermedizin. Die Fähigkeit zur Geburt, und damit zur Fortführung der Verwandtschaftsgruppe in einer reproduktiven Linie, die bei den Ahnen beginnt, zeichnen die Frauen mit einer Macht aus, auf der alles Leben, auch die Macht des Königs, basiert. Der Yoruba-Künstler hat in dem säulenförmigen Aufbau der Maske eine verwirrende Vielfalt von Personen dargestellt. Erst auf den zweiten Blick erkennt man die zentrale, alles überragende Form des Herrschers zu Pferd. Die von außen sichtbaren Teile der Reiterfigur wie etwa der Kopf des Pferdes gleichen sich durch die Kleinteiligkeit ihrer Formen und ihrer farblichen Fassung den Figuren auf den drei Registern an. Diese Camouflage bewirkt das optische Zurücktreten der zentralen Figur, ihre optische Integration in die Welt der sie umgebenden kleineren Figuren. Dieses Bild macht die gegenseitige Abhängigkeit des Königs mit seiner alles überragenden Größe und der ihn umgebenden Figuren deutlich.

Die Kunst hierarchischer Gesellschaften kennt aber nicht nur die Verbildlichung von Macht in der Darstellung der Herrscher. Symbole der Macht, die entweder repräsentativ oder aber zugleich selbst krafterfüllte Objekte sein können, spielen in vielen Gesellschaften ebenso eine Rolle.

Das wichtigste Symbol königlicher Macht der Luba in der Demokratischen Republik Kongo und zugleich der Ort, in dem diese spirituelle Macht präsent ist, sind die Bogenhalter. Sie können aus Holz geschnitzt und mit weiblichen Ahnenfiguren verziert sein, sie können aber auch aus Eisen geschmiedet sein (Abb. S. 158). Bogenhalter gehen in ihrer Gestaltung von der Form eines bei der Jagd benutzten Geräts aus, an dem Bogen und Pfeile – bereit für die schnelle Nutzung – aufgehängt waren. Die Künstler, die die eisernen Bogenhalter schmiedeten, kombinierten diese Grundform mit abstrahierten Bildern von Pfeilen, Ambossen, Axtklingen und »lukasa«-Brettern, die eine Form der Kartografie des historischen Gedächtnisses darstellten, und schufen damit einen Gegenstand, der als wichtigste und machtvollste Materialisierung der Macht der Luba-Herrscher angesehen wurde. Das Material – Eisen – und seine Herstellung – Schmelzen und Schmieden – wurden als Formen und Prozesse der Transformation gesehen, die metaphorisch für die Konstitution der Macht der Herrscher stehen. Die Künstler vollzogen also nicht nur einen vom Figurativen ausgehenden Abstraktionsprozess, sie schufen einen Gegenstand, der als Abstraktion und zugleich als Materialisierung von Macht zu sehen ist. Ihre Macht erlaubte die öffentliche Zurschaustellung in nur wenigen zeremoniellen Zusammenhängen wie der Inthronisation des Königs. Ansonsten wurden sie in speziellen Schreinen abgeschieden von der Öffentlichkeit unter der Aufsicht der Hauptfrau des Königs aufbewahrt.

Machtvolle, mit Kraft gefüllte Objekte waren auch die Osun-Stäbe aus dem Königreich Benin in Nigeria (Abb. S. 160, 162), die in Schreinen des Gottes Osun aufbewahrt wurden. Ihre Macht wurde von rituellen Spezialisten für das Orakel für Heilungen und vor allem als Mittel gegen Hexerei, eine allumfassende Bedrohung, eingesetzt.[24]

Mehr repräsentativ als Zeichen königlicher Macht ist die große Schlitztrommel aus Bansoa im Kameruner Grasland zu sehen (Abb. S. 224). Auf der aufrecht stehenden Trommel, deren Körper mit menschlichen Figuren und Krokodilen verziert ist, thront in imposanter Höhe die Figur eines Königs. Seine Macht wird durch zwei abgeschlagene Köpfe verbildlicht, einer zwischen seinen Füßen, ein anderer in seiner linken Hand, in der rechten hielt die Figur ursprünglich ein Haumesser. Schlitztrommeln wie diese wurden für einen bestimmten König geschnitzt. Nach seinem Tod wurden sie nicht mehr benutzt.[25]

Auch Angriffs- und Verteidigungswaffen sind nicht nur reale Werkzeuge politischer Macht. Sie können zugleich Kunstwerke sein, die den Status der Teilhaber der Macht anzeigen.

Die außergewöhnliche Form der Wurfmesser (Abb. S. 174) ist typisch für die Zande-Region im nordöstlichen Kongogebiet. Ihre Form geht weder auf ergonomische Notwendigkeiten zurück noch ist sie bildhaft. Die Schmiede schufen eine freie Form, die den europäischen Betrachter an Zeichen denken lässt und Künstler wie Klee inspiriert hat. Vielleicht war die Rotation des Messers beim Werfen Ausgangspunkt für die Gestaltung ihrer fließenden, bewegten Form. Die Grenze zwischen ungegenständlicher, künstlerischer Form und herausragendem Design verwischt hier. Solche Wurfmesser waren auch im Bewusstsein der Zande besondere Gegenstände. Zumeist im Besitz des Herrschers wurden sie nur im Kriegsfall als Waffen verteilt oder als prestigeträchtiges Geschenk weitergegeben.

Mit dem individuellen Prestige und Status ihres Besitzers in enger Beziehung steht auch eine dolchähnliche Waffe von den indonesischen Inseln Java und Bali: der Kris oder Keris (Abb. S. 164, 166). Die flammenförmigen Klingen sind kunstvoll aus Eisen und Nickel geschmiedet und je nach Status des Besitzers zum Teil mit Gold verziert. Die geschwungenen Griffe aus Holz sind überzogen mit feingeschnitzten Ornamenten. Zusammen mit dem oberen Teil der Scheide bilden die Griffe eine komplexe, asymmetrische, fließende Form. Figural gestaltete Kris-Griffe aus Gold und verziert mit Edel- und Halbedelsteinen waren zumeist in fürstlichem Besitz und markierten den obersten Rang im indonesischen Gesellschaftsgefüge. Krise sind aber mehr als nur höchst kunstvoll gestaltete Waffen. Sie sind beseelte Gegenstände, deren spirituelle Kraft in enger Beziehung zu seinem Besitzer steht. Sie schützt ihn, erwartet aber auch Respekt und rituelle Opfer. Diese Vorstellung verbindet vorhinduistische und mit hinduistischen Ideen und wurde selbst in die islamische Kultur Javas integriert.[26] So findet man in den Goldverzierungen auf den Klingen hinduistische Embleme, aber auch florale Motive, die auf die islamische Tradition zurückgehen. Die drei figuralen Krisgriffe aus dem hinduistischen Bali (Abb. S. 168) stellen dämonische Wesen dar, die den Kris und seinen Besitzer vor negativen Kräften schützen.

Anders als in der modernen Kunst ist die Darstellung von Macht und Konflikt in der alten Kunst zumeist affirmativ. Selbst wenn kriegerische Szenen oder deren Folgen dargestellt werden, so verstehen sie sich nicht als Kritik an Herrschaft oder Gewalt wie etwa die Kongo-Serie von Guy Tillim (Abb. S. 127, 130), sondern beziehen sich auf den notwendigen Kampf zwischen Gutem und Bösem. Im indo-asiatischen Raum sind es die dramatischen Ereignisse zwischen Göttern, Halbgöttern, Menschen und Dämonen, wie sie im

Ramayana und Mahabharata beschrieben wurden. Künstlerischen Ausdruck finden diese Epen im Maskentanz (Abb. S. 194), in den Aufführungen des Wayang Golek (Abb. S. 192), aber auch in der Malerei. Das Gemälde aus Bali aus der ersten Hälfte des 19. Jahrhunderts zeigt eine solche Kampfszene aus dem Ramayana. Rama, eine Inkarnation des Gottes Vishnu, bekämpft darin das Böse in Gestalt Ravanas, des dämonischen Herrschers Lankas. Die Entführung seiner Frau Sita (in Bali: Sinta) durch Ravana löst die dramatische Handlung aus. Mithilfe der Affenarmee Hanumans erobert Rama Lanka, tötet Ravana und befreit Sinta.[27] Das Gemälde zeigt eine Szene aus der Schlacht von Lanka, in der Kumbhakarna, der Bruder Ravanas, getötet wird. Links sieht man Rama mit dem Bogen, in der Mitte oben Kumbhakarna. Unterhalb verdoppelt sich diese Szene: Der getroffene Kumbhakarna wird von Hanuman bedroht. Abgesondert hinter angedeuteten Bergen sieht man Ravana, der über den Tod seines Bruders informiert wird und als Ausdruck der Trauer seine rechte Hand an das Kinn führt.[28] Kumbhakarna steht zwischen den Parteien. Er hatte Sitas Entführung durch Ravana kritisiert und ihn vor dem Kampf gegen Rama gewarnt; dennoch hatte er sich der Eroberung Lankas durch Rama widersetzt.

Literatur: »Azteken«, Ausst.-Kat. Kunst- und Ausstellungshalle der Bundesrepublik Deutschland und Staatliche Museen zu Berlin, Ethnologisches Museum, Köln 2003. **/** Paula Girshick Ben-Amos, »The Art of Benin«, London 1995. **/** Erna Beumers und Hans-Joachim Koloss (Hg.), »Kings of Africa. Art and Authority in Central Africa«, Foundation Kings of Africa, Utrecht 1992. **/** Gottfried Boehm, »Wie Bilder Sinn erzeugen. Die Macht des Zeigens«, Berlin 2007. **/** Jean M. Borgatti und Richard Brilliant, »Likeness and beyond. Portraits from Africa and the world«, The Center for African Art, New York 1990. **/** Jean-Paul Colleyn (Hg.), »Bamana. Afrikanische Kunst aus Mali«, Museum Rietberg, Zürich 2001. **/** Beatriz de la Fuente, »Meisterwerke vorspanischer Kunst aus Mexiko«, in: »Die Sammlung vorspanischer Kulturen aus Mexiko im Museum für Völkerkunde«, hrsg. von den Staatlichen Museen zu Berlin, Stiftung Preußischer Kulturbesitz, Veröffentlichung des Museums für Völkerkunde Berlin, Neue Folge 57, Berlin 1993. **/** Dieter Eisleb, »Alt-Amerika. Führer durch die Ausstellung der Abteilung Amerikanische Archäologie«, hrsg. vom Museum für Völkerkunde, Berlin 1974. **/** Jerome Feldman, »Nias and its traditional sculpture«, in: »Nias. Tribal Treasures«, hrsg. von Volkenkundig Museum Nusantara, Delft 1990, S. 21–43. **/** Iris Hahner-Herzog u. a., »Das zweite Gesicht. Afrikanische Masken aus der Sammlung Barbier-Mueller«, Genf und München 1997. **/** »Indonesian Primitive Art. Indonesian, Malaysia, The Philippines«, hrsg. vom Dallas Art Museum, Text von Jean Paul Barbier, Dallas 1984. **/** Paola Ivanov, »Konzept der Ausstellung ›Benin – 600 Jahre höfische Kunst in Nigeria‹«, unveröffentlichtes Manuskript, Berlin 2008. **/** Fritz Jacobi und Peter Junge (Hg.), »Weltsprache Abstraktion. Gestalt, Magie, Zeichen«, hrsg. von den Staatlichen Museen zu Berlin, Berlin 2006. **/** Peter Junge, »Arte da Africa«, hrsg. vom Centro Cultural Banco do Brasil, Rio de Janeiro 2003. **/** Peter Junge und Paola Ivanov, »Kunst aus Afrika«, Köln 2005. **/** Hans-Joachim Koloss (Hg.), »Afrika – Kunst und Kultur«, München 1999. **/** Ders, »Traditional Institutions in Kembong (Cameroon)«, Berlin 2008. **/** Wibke Lobo, in: Fritz Jacobi und Peter Junge (Hg.), »Weltsprache Abstraktion«, hrsg. von den Staatlichen Museen zu Berlin, Berlin 2006, S. 33. **/** Sally Price, »Primitive art in civilized places«, Chicago und London 1989. **/** »Ramayana«, dt. Übersetzung von Claudia Schmölders, Köln 1983. **/** Achim Sibeth, »Batak. Kunst aus Sumatra«, hrsg. vom Museum für Völkerkunde, Frankfurt a. M. 2000. **/** Wolfgang Spielmann, »Der javanische Keris. Funktion und sozio-religiöse Symbolik«, Bonn 1991. **/** Dietrich Wildung (Hg.), »Ägypten 2000 v. Chr. Die Geburt des Individuums«, München 2000. **/** Frank Willett, »Ife«, in: Hans-Joachim Koloss (Hg.), »Afrika – Kunst und Kultur«, München 1999, S. 32–40.

Anmerkungen: 1 Vgl. Ivanov 2008. **2** Vgl. Boehm 2007, S. 159ff. **3** Vgl. Beumers, Koloss 1992, S. 305. **4** Vgl. Colleyn 2001. **5** Ivanov, Junge 2005, S. 143. **6** Jacobi, Junge 2006, S. 9. **7** Vgl. Hahner-Herzog 1997, S. 25–26. **8** Richard Haas, in: Jacobi, Junge 2006, S. 19. **9** Vgl. Colleyn 2001. **10** Vgl. Eisleb 1974, S. 81/82; Maria Gaida, in: Azteken 2003, S. 427. **11** Vgl. Wildung 2000. **12** Vgl. Borgatti, Brilliant 1990. **13** Vgl. Ivanov, Junge 2005, S. 92. **14** Vgl. Jacobi, Junge 2006, S. 33. **15** Vgl. Azteken 2003, S. 60, 411/412. **16** Vgl. Willett 1999, S. 32ff. **17** Vgl. Ivanov, Junge 2005, S. 106-111. **18** Feldman 1990, S. 21ff. **19** Vgl. Indonesian primtive art 1984, S. 108. **20** Vgl. Koloss 2008, Kap. 4.3. **21** Manuela Fischer, in: Jacobi, Junge 2006, S. 47. **22** Sibeth 2000, S. 88. **23** Vgl. Eisleb 1974, S. 67; de la Fuente 1993, S. 61. **24** Ben-Amos 1995, S. 73f. **25** Vgl. Koloss 1999, S. 212. **26** Spielmann 1991. **27** Vgl. Ramayana 1983. **28** Adrian Vickers, pers. Kom.

Nach der Sintflut

Natur und Landschaft

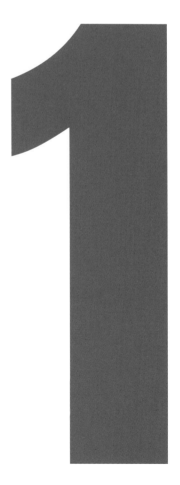

Franz Ackermann
»Terminal Tropical«, 2008
Installation mit Malerei / Installation with paintings

kple-kple-Maske (Wesen aus der Wildnis) /
Kple-kple-mask (Being from the wilderness)
Elfenbeinküste / Ivory Coast, Baule
Mitte 20. Jahrhundert / Middle of the 20th century
Holz / Wood, H 96 cm
III C 40174

siehe Seite / see page: 64

Thomas Struth
»Paradise 30 – Peru«, 2005
C-Print, 171 x 225 cm

Buschgeistmaske / Mask of a bush spirit
Papua-Neuguinea / Papua New Guinea, Maprik, Moe
Mitte 20. Jahrhundert / Middle of the 20th century
Holz, Pflanzenfasern / Wood, plant fibre, H 53 cm
VI 48613

Buschgeistmaske / Mask of a bush spirit
Papua-Neuguinea /
Papua New Guinea, Maprik, Bobmagum
Mitte 20. Jahrhundert / Middle of the 20th century
Pflanzenfasern / Plant fibres, H 44 cm
VI 55248

68

Thomas Struth
»Paradise 32 – Peru«, 2005
C-Print, 136 x 163 cm

Kuhmaske / Cow mask
Indien / India, Kerala
20. Jahrhundert / 20th century
Holz / Wood, L 169 cm
I C 44108

Julian Rosefeldt
»Requiem«, 2007
Filminstallation (Loop 12 Min.) /
4-screen film installation (loop 12 min)
Koproduktion Goethe-Institut Rio de Janeiro / São Paulo
und der Künstler /
Coproduced by Goethe-Institute Rio de Janeiro / São Paulo
and the artist

siehe Seite / see page: 71

72

Architekturteil mit Darstellung von Singa /
House adornment with depiction of Singa
Indonesien / Indonesia, Sumatra, Batak
1. Hälfte 20. Jahrhundert /
First half of the 20th century
Holz / Wood, H 118 cm
I C 44396

Antilopenmaske mit Zügen
eines menschlichen Gesichts /
Antelope mask with human facial features
Guinea, Baga
Um 1900 / Ca. 1900
Holz / Wood, H 189 cm
III C 30683

74

siehe Seite / see page: 71

Figur eines Jagdgeistes / Spirit of the hunt
Papua-Neuguinea, Oberlauf des Korewori /
New Guinea, upper reaches of the Korewori river
Mitte 20. Jahrhundert / Middle of the 20th century
Holz / Wood, H 228 cm
VI 51635

Caio Reisewitz
»Goiânia Golf Club«, 2007
C-Print, 180 x 240 cm
Courtesy: Galeria Brito Cimino, São Paulo

→
Regengott Tlaloc / The rain god Tlaloc
Mexiko, Azteken / Mexico, Aztecs
Mitte 14. Jahrhundert bis 1521 /
Middle of the 14th century until 1521
Stein / Stone, H 40 cm
IV Ca 3721

Fiona Tan
»Regen« / "Rain", 2001
Videoinstallation / Video installation
Courtesy: Frith Street Gallery, London

Hans-Christian Schink
»Iguaçu 1«, 2007
C-Print
178 x 211 cm
Courtesy: Galerie Kicken Berlin /
Galerie Rothamel Erfurt & Frankfurt a. M.

Candida Höfer
»Zoologische Gärten, Rotterdam II« /
"Zoo Series, Rotterdam II", 1992
C-Print, 26 x 47 cm

Candida Höfer
»Zoologische Gärten, Hamburg I« /
"Zoo Series, Hamburg I", 1990
C-Print, 26 x 47 cm

Candida Höfer
»Zoologische Gärten, Washington DC IV« /
"Zoo Series, Washington DC IV", 1992
C-Print, 26 x 47 cm

Candida Höfer
»Zoologische Gärten, Hannover V« /
"Zoo Series, Hannover V", 1992
C-Print, 26 x 47 cm

Candida Höfer
»Zoologische Gärten, Berlin II« /
"Zoo Series, Berlin II", 1992
C-Print, 26 x 47 cm

→
Caio Reisewitz
»Palmengarten III (Frankfurt/M)«, 2007
C-Print, 153 x 123 cm
Courtesy: Galeria Brito Cimino, São Paulo

Schmetterlingsmaske / Butterfly mask
Brasilien, Rio Aiary, Káua-Indianer / Brazil, Rio Aiary, Káua Indians
Ende 19. Jahrhundert / End of the 19th century
Rindenstoff mit Bastbehang / Bark cloth with bast fringes, H 153 cm
V B 6011

Hans-Christian Schink
»Phu Dien«, 2005
C-Print, 178 x 211 cm
Courtesy: Galerie Kicken Berlin /
Galerie Rothamel Erfurt & Frankfurt a. M.

Gesichtsmaske / Mask
Liberia, Mano oder Dan / Mano or Dan
Anfang 20. Jahrhundert / Beginning of the 20th century
Holz, Eisen / Wood, iron, H 26 cm
III C 36678

Thronhocker eines Königs mit der Darstellung eines Leoparden
und eines Elefanten / Royal stool with images of a leopard and an elephant
Kamerun / Cameroon, Nso
19. Jahrhundert / 19th century
Holz, Zinn / Wood, tin, H 43,5 cm
III C 23814

Hans-Christian Schink
»Ninh Binh 4«, 2005
C-Print, 178 x 211 cm
Courtesy: Galerie Kicken Berlin /
Galerie Rothamel Erfurt & Frankfurt a. M.

Caio Reisewitz
»Santuario San Pedro Claver IV«, 2007
C-Print, 221 x 180 cm
Courtesy Galeria Brito Cimino, São Paulo

Tyiwara-Maske / Tyiwara mask
Mali, Bamanan
Um 1900 / Ca. 1900
Holz / Wood, L 64 cm
III C 26258

Jungle Shop

M. Dion 07

Mark Dion
»Jungle Shop«, 2008
Installation

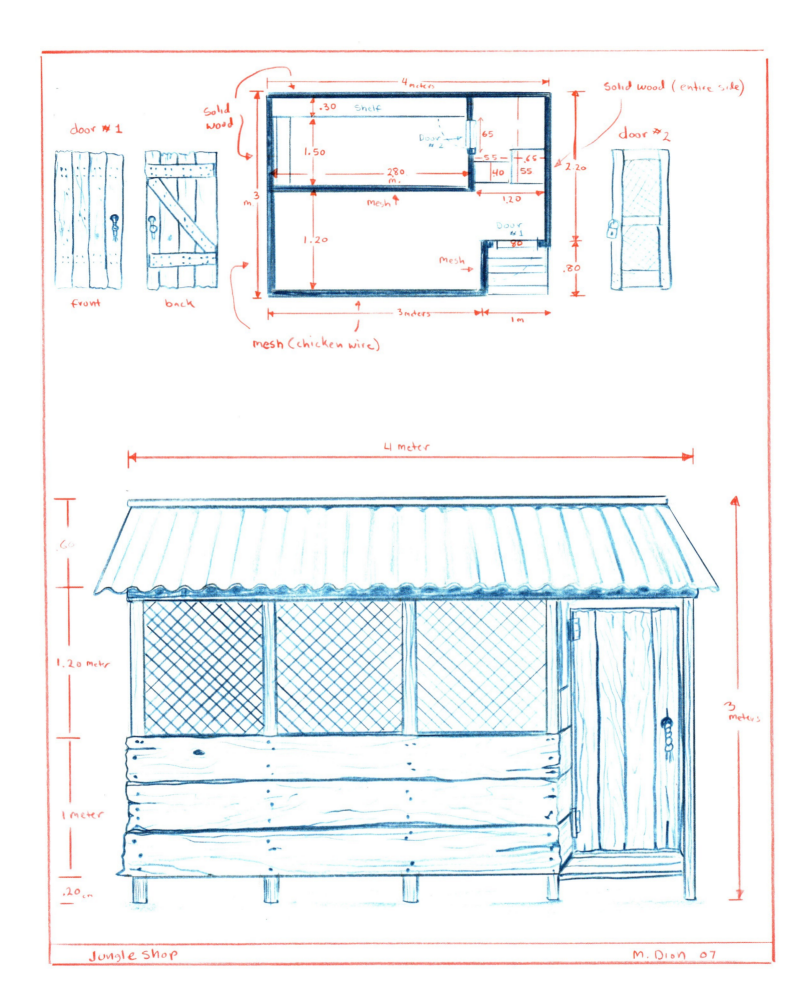

door #1

front   back

Solid wood

4 meters

.30   Shelf

Solid wood (entire side)

1.50

65

Door #2

.55

door #2

280 m.

.40   55

2.20

3 m.

1.20

1.20

Mesh

Door #1

mesh

.80

.80

Mesh

mesh (chicken wire)

3 meters

1m

4 meter

.60

1.20 meter

3 meters

1 meter

.20 cm

Das kurze Leben

Menschenbilder, Porträts, Ahnen

Porträtfigur von Zan, einer Frau des
Häuptlings Krai / Portrait figure of Zan,
one of the wives of chief Krai
Liberia, Kran
Um 1930 / Ca. 1930
Gebeiztes Holz, geflochtenes Raphia,
Baumwolle, Aluminium / Stained wood,
plaited raphia, cotton, aluminium,
H 56 cm
III C 35833

406 a.

Eingeborene der Wásan I (Anchorites In).

Schild in Form eines menschlichen Körpers /
Anthropomorphic shield
Philippinen / Philippines, Luzon, Bontoc
Ende 19. Jahrhundert / End of the 19th century
Holz, Rotang, Ruß / Wood, rattan, soot, H 133 cm
I C 12888

Pieter Hugo
»Wild Honey Collectors, Techiman District, Ghana«, 2005
Fotografie (Serie) / Photograph (Series), 112 x 112 cm
Courtesy: Michael Stevenson Gallery, Kapstadt / Cape Town

Schild in Form eines menschlichen Körpers /
Anthropomorphic shield
Philippinen / Philippines, Luzon, Ibilaos
Ende 19. Jahrhundert / End of the 19th century
Holz, Rotang, Ruß / Wood, rattan, soot, H 127 cm
I C 27051

106

siehe Seite / see page: 105

Malangan
Papua-Neuguinea, Neuirland /
Papua New Guinea, New Ireland
Um 1900 / Ca. 1900
Farbig gefasstes Holz /
Painted wood, H 255 cm
VI 34459

Walmor Corrêa
»Ipupiara«,,2005
Acryl auf Leinwand / Acrylic on canvas
135 x 190 cm
Courtesy: Galeria Laura Marsiaj,
Rio de Janeiro

IPUPIARA

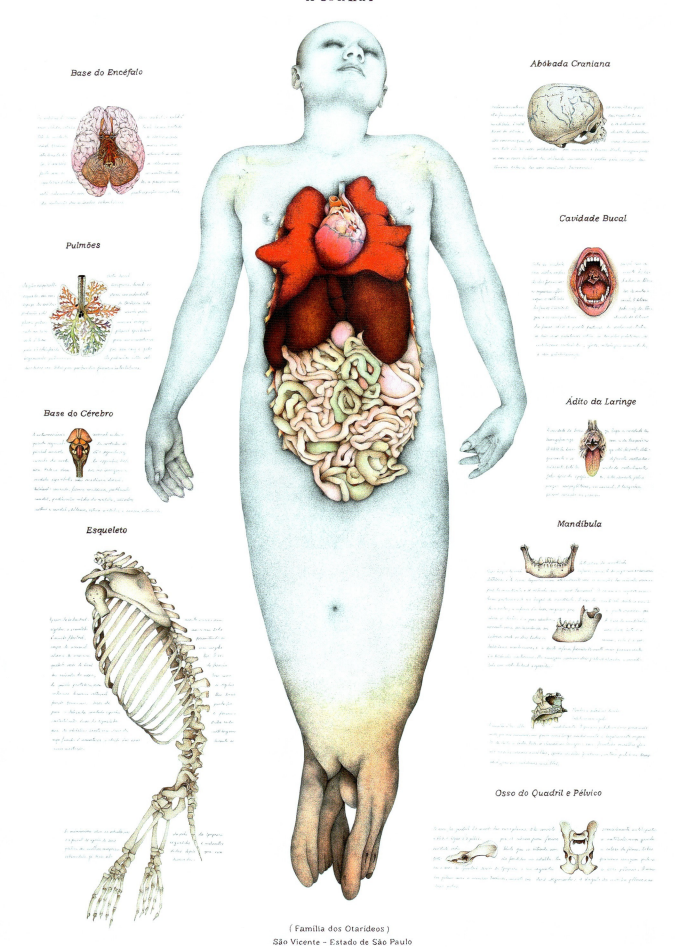

Base do Encéfalo

Pulmões

Base do Cérebro

Esqueleto

Abóbada Craniana

Cavidade Bucal

Ádito da Laringe

Mandíbula

Osso do Quadril e Pélvico

(Família dos Otarídeos)
São Vicente - Estado de São Paulo

Malangan
Papua-Neuguinea, Neuirland /
Papua New Guinea, New Ireland
Um 1900 / Ca. 1900
Farbig gefasstes Holz / Painted wood
H 127 cm
VI Nls 3495

→
Walmor Corrêa
»Ondina«, 2005
Acryl auf Leinwand / Acrylic on canvas
135 x 190 cm
Courtesy: Galeria Laura Marsiaj,
Rio de Janeiro

110

ONDINA

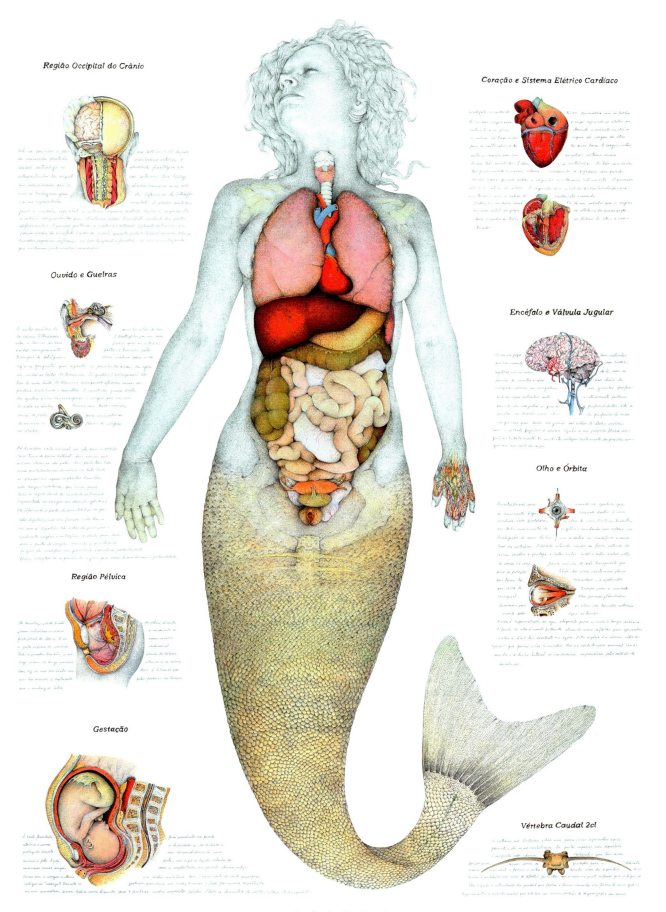

Região Occipital do Crânio

Ouvido e Guelras

Região Pélvica

Gestação

Coração e Sistema Elétrico Cardíaco

Encéfalo e Válvula Jugular

Olho e Órbita

Vértebra Caudal 2cl

(Família dos Sirenídeos)
Vitória da Conquista – Estado da Bahia

Menschlicher Kopf / Human head
Nigeria, Ife
12.–15. Jahrhundert / 12th–15th century
Terrakotta / Terracotta, H 19 cm
III C 27530

Männlicher Kopf / Male head
Mexiko, Azteken / Mexico, Aztecs
Mitte 14. Jahrhundert bis 1521 /
Middle of the 14th century until 1521
Stein / Stone, H 15 cm
IV Ca 393

Dennis Nona
»Yarwarr«, 2007
Linolschnitt / Linocut
120 x 610 cm
Courtesy The Australian Art Print Network

Aufsatzmaske / Mask
Nigeria, Boki
Um 1900 / Ca. 1900
Holz, Pflanzenfaser / Wood, plant fibre
H 24 cm
III C 20415

Maske / Mask
Nigeria, Ejagham
19. Jahrhundert / 19th century
Holz / Wood, H 26 cm
III C 12606

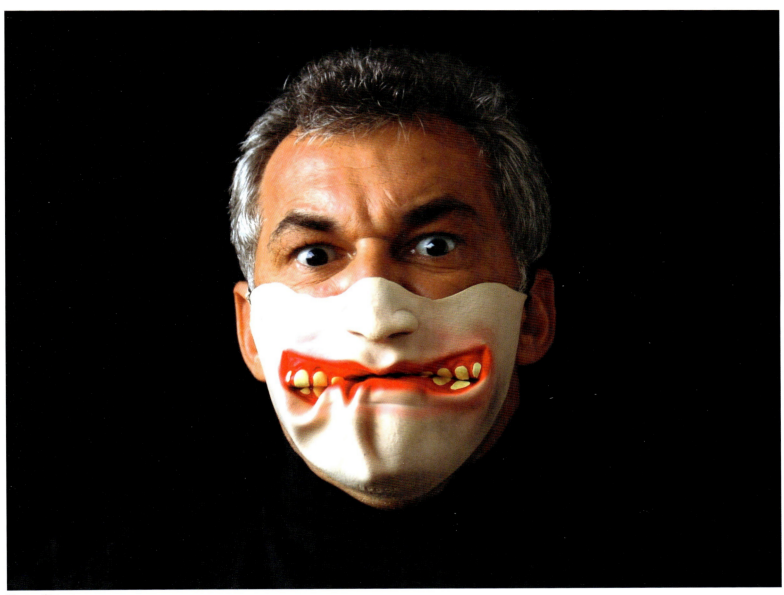

Marcos Chaves
»Maske« / "Mask", 2005
Videoinstallation / Video installation
Courtesy: Galeria Laura Marsiaj, Rio de Janeiro

Reliquiarfigur »byeri« / Relic figure "byeri"
Gabun, Fang Betsi
19. Jahrhundert / 19th century
Holz / Wood, H 73 cm
III C 05936a

Architekturelement in Form einer menschlichen Figur /
Anthropomorphic architectural element
Bolivien / Bolivia, Tiwanaku
Um 700 / Ca. 700 AD
Stein / Stone, H 44 cm
V A 10881

Caio Reisewitz
»Rufo«, 2003
C-Print
180 x 240 cm
Courtesy: Galeria Brito Cimino, São Paulo

←
Ahnenfigur / Ancestral figure
Demokratische Republik Kongo, Hemba /
Democratic Republic of Congo, Hemba
19. Jahrhundert / 19th century
Holz / Wood, H 79,5 cm
III C 14965

Ahnenfigur / Ancestral figure
Indonesien / Indonesia, Nias
Ende 19. Jahrhundert /
End of the 19th century
Holz / Wood, H 70,5 cm
I C 31256

→
Sandra Gamarra Heshiki
»El que no tiene que inga
tiene de mandinga«, 2007
Öl auf Leinwand / Oil on canvas
195 x 135 cm
Courtesy: Galeria
Eduardo Leme, São Paulo

Sandra Gamarra Heshiki
»El que no tiene que inga tiene
de mandinga«, 2007
Öl auf Leinwand / Oil on canvas
195 x 135 cm
Courtesy: Galeria
Eduardo Leme, São Paulo

Ahnenfigur / Ancestral figure
Indonesien / Indonesia, Nias
19. Jahrhundert / 19th century
Holz, Stoff / Wood, cloth, H 51,5 cm
I C 10649

Guy Tillim
»Election in Kinshasa«, 2006
Fotografie (Serie) / Photograph (Series)
100 x 120 cm
Courtesy: Michael Stevenson Gallery,
Kapstadt / Cape Town

←
Ahnenpaar / Ancestral couple
Mali, Dogon
19. Jahrhundert / 19th century
Holz, Metall, Kaurischnecken /
Wood, metal, cowries, H 63,5 cm
III C 26145

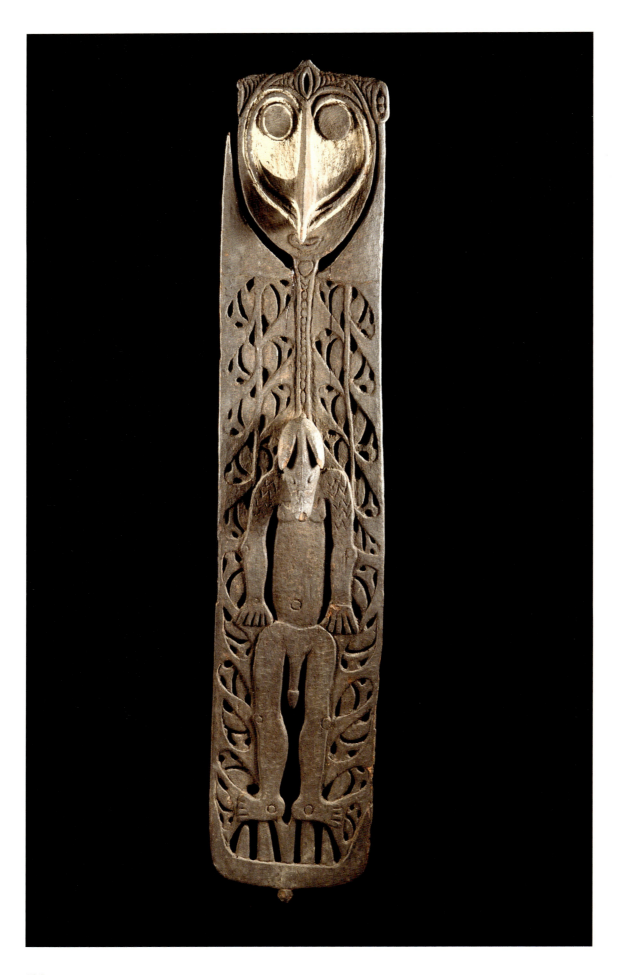

Women and Children, Island of Angail, German New Guinea

Fernando Bryce
»Frauen und Kinder, Insel Angail, Deutsch
Neu Guinea« / "Women and Children, Island of
Angail, German New Guinea", 2007
Zeichnung / Drawing
Courtesy: Galerie Barbara Thumm, Berlin

←
Zierbrett / Decorated Board
Papua-Neuguinea / Papua New Guinea, Sawos
Ende 19. Jahrhundert / End of the 19th century
Holz / Wood, H 180 cm
VI 47989

Guy Tillim
»Election in Kinshasa«, 2006
Fotografie (Serie) / Photograph (Series)
100 x 120 cm
Courtesy: Michael Stevenson Gallery,
Kapstadt / Cape Town

Ahnenfigur / Ancestral figure
Kamerun / Cameroon, Kundu
19. Jahrhundert / 19th century
Holz / Wood, H 172 cm
III C 10026

David Zink Yi
»Abakuá«, 2006
Videoinstallation / Video installation
Courtesy: Galerie Johann König, Berlin

←
Weibliche Ahnenfigur / Female ancestral figure
Indonesien / Indonesia, Sulawesi, Toraja
20. Jahrhundert / 20th century
Holz, Stoff / Wood, cloth, H 105 cm
I C 48105

siehe Seite / see page: 133

←
Männliche Ahnenfigur / Male ancestral figure
Indonesien / Indonesia, Sulawesi, Toraja
20. Jahrhundert / 20th century
Holz, Stoff, Metall / Wood, cloth, metal, H 150,5 cm
I C 48108

Architekturteil mit Ahnenbild /
Architectural element with depiction of an ancestor
Papua-Neuguinea, Nordost-Sepik /
Papua New Guinea, Northeast Sepik
19. Jahrhundert / 19th century
Holz / Wood, H 191 cm
VI 21308

Uli-Figur / Uli figure
Papua-Neuguinea, Neuirland /
Papua New Guinea, New Ireland
Um 1900 / Ca. 1900
Holz, Muschelschale /
Wood, shells, H 117
VI 27291

Kopf einer Buddhafigur / Head of a Buddha statue
Thailand, Ayutthaya
14./15. Jahrhundert / 14th/15th century
Bronze / bronze, H 55,5 cm
© Staatliche Museen zu Berlin – Stiftung Preußischer Kulturbesitz –
Museum für Asiatische Kunst / Museum of Asian Art, National Museums in Berlin
MIK II 1017a,b

Kopf einer Buddhafigur / Head of a Buddha statue
Indonesien, Borobudur (Zentraljava) / Indonesia, Borobudur (Central Java)
8. Jahrhundert / 8th century AD
Andesit / Andesite, H 35 cm
© Staatliche Museen zu Berlin – Stiftung Preußischer Kulturbesitz –
Museum für Asiatische Kunst / Museum of Asian Art, National Museums in Berlin
MIK II 156

Sherman Ong
»The Circle«, 2005
Videostill (Loop 13 Min.) /
Video still (loop 13 min.)

siehe Seite / see page: 141

←
Erd- und Muttergöttin / Earth and Mother goddess
Mexiko, Huaxteken / Mexico, Huaxtecs
900–1200 n. Chr. / 900–1200 AD
Stein / Stone, H 146 cm
IV Ca 44311

Opferpfahl »sapundu« mit Darstellung eines Schutzgeistes /
Sacrificial pole "sapundu" with the depiction of a guardian spirit
Indonesien, Zentral-Borneo / Indonesia, Central Borneo
2. Hälfte 19. Jahrhundert / Second half of the 19th century
Holz / Wood, H 328 cm
I C 10172

Hauspfosten mit Darstellung eines Schutzgeistes /
House post with the depiction of a guardian spirit
Taiwan, Paiwan
1. Hälfte 20. Jahrhundert / First half of the 20th century
Holz / Wood, H 281 cm
I C 45268

siehe Seite / see page: 147

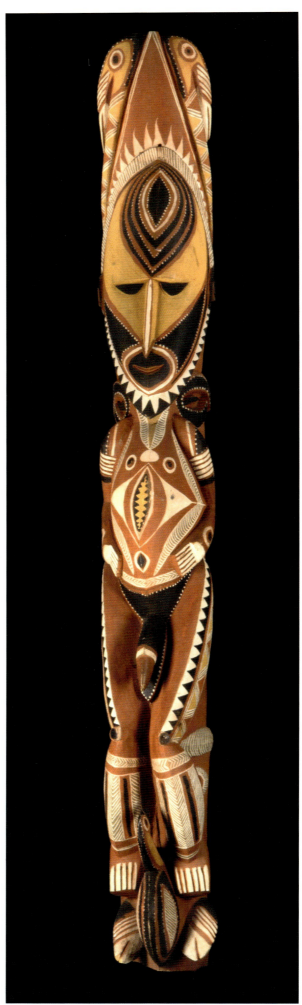

Kultfigur / Cult figure
Papua-Neuguinea / Papua New Guinea, Kwoma
1. Hälfte 20. Jahrhundert /
First half of the 20th century
Holz / Wood, H 240 cm
V I 49680

Kultfigur / Cult figure
Papua-Neuguinea, Maprik-Gebiet, Abelam /
Papua New Guinea, Maprik region, Abelam
Mitte 20. Jahrhundert / Middle of the 20th century
Farbig gefasstes Holz / Painted wood, H 293 cm
VI 48564

Maurício Dias & Walter Riedweg
»Câmera Foliã«, 2003
Videoinstallation / Video installation

Vong Phaophanit
»All That's Solid Melts into Air«
2005/2006
Videoinstallation /
Video installation

Schutzgeistfiguren (pangulubalang) /
Guardian spirits (pangulubalang)
Indonesien / Indonesia, Sumatra, Batak
20. Jahrhundert / 20th century
Holz / Wood, H 101,5 cm, 103 cm
I C 43720, I C 43719

Der zerbrochene Pfeil

Macht und Konflikte

Gemälde mit Szenen aus dem Ramayana (»Der Tod Kumbhakarnas«) /
Painting with scenes from the Ramayana ("The death of Kumbhakarnas")
Indonesien, Bali (Kassumba-Tempel) / Indonesia, Bali (Temple of Kassumba)
1. Hälfte 19. Jahrhundert / First half of the 19th century
Tempera auf Baumwolle / Tempera on cotton, L 237 cm
I C 876 c

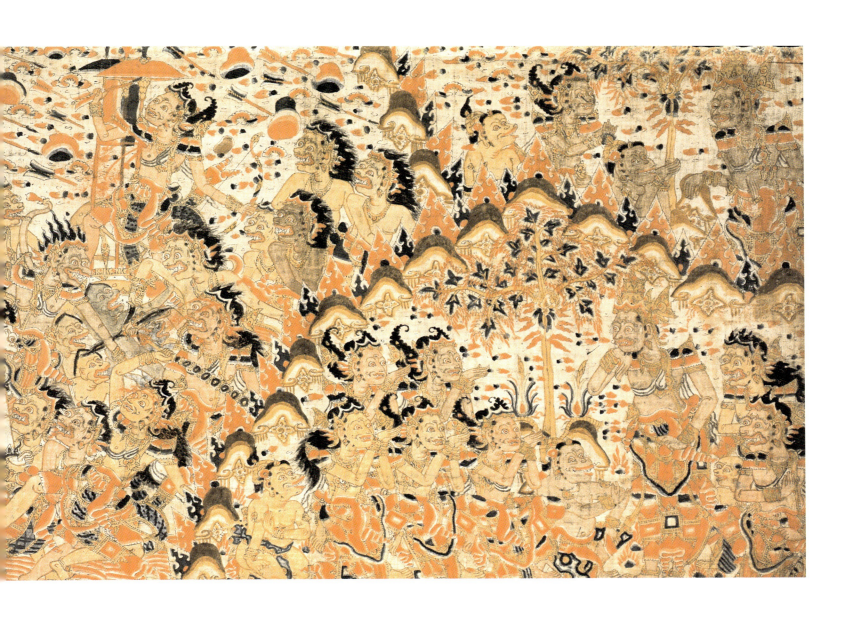

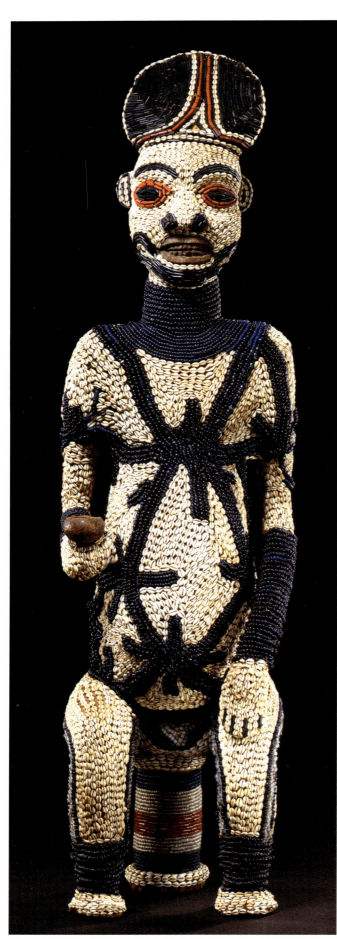

Figur eines Königs / Commemorative statue of a king
Kamerun / Cameroon, Bamenon
2. Hälfte 19. Jahrhundert / Second half of the 19th century
Holz, Stoff, Glasperlen, Kaurischnecken /
Wood, cloth, glass beads, cowries
H 195 cm
III C 21040

Sherman Ong
»Dürre« / "Drought", 2005
Videostill / Video still

Epa-Maske / Epa mask
Nigeria, Yoruba
Frühes 20. Jahrhundert / Early 20th century
Holz / Wood, H 142 cm
III C 42691

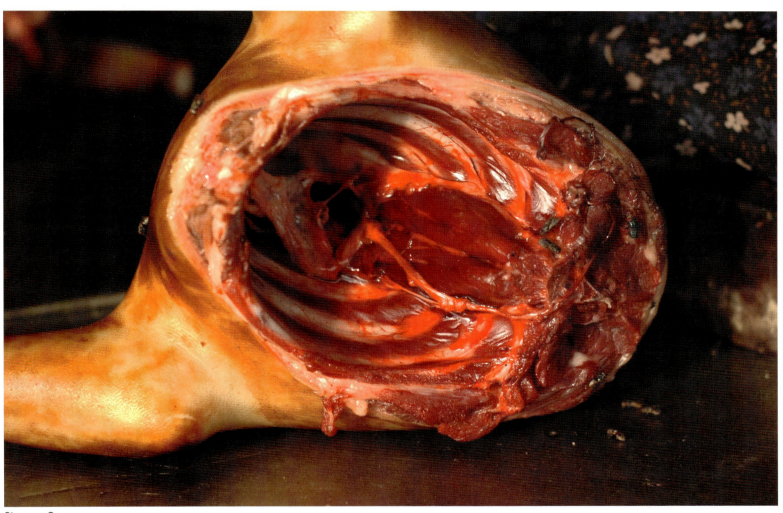

Sherman Ong
»Fleisch« / "Meat", 2005
Fotografie / Photograph

Candida Höfer
»In ethnographischen Sammlungen,
Rijksmuseum voor Volkenkunde Leiden VII« /
"Ethnographic Collections Series,
Rijksmuseum voor Volkenkunde Leiden VII"
2003
C-Print, 85 x 85 cm

Bogenhalter / Bowstand
Demokratische Republik Kongo /
Democratic Republic of Congo, Luba
19. Jahrhundert / 19th century
Eisen / Iron
H 91 cm
III E 19592

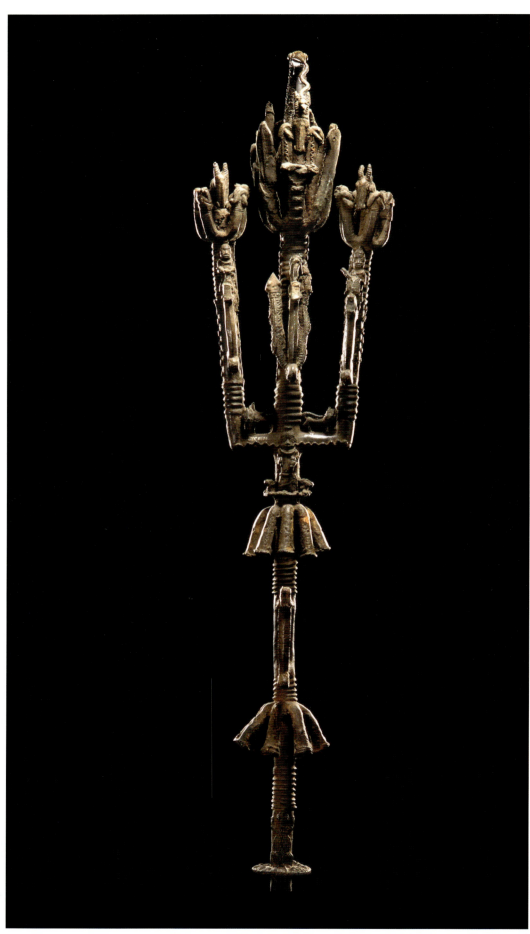

Osunstab / Osun staff
Nigeria, Königreich Benin /
Kingdom of Benin
18./19. Jahrhundert / 18th/19th century
Eisen / Iron, H 178 cm
III C 8506

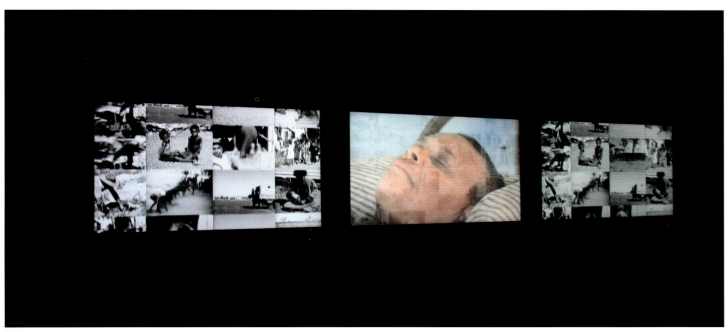

REA
»maang«, 2006/2007
Videoinstallation / Video installation

Osunstab / Osun staff
Nigeria, Königreich Benin /
Kingdom of Benin
18./19. Jahrhundert / 18th/19th century
Eisen / Iron, H 170 cm
III C 8508

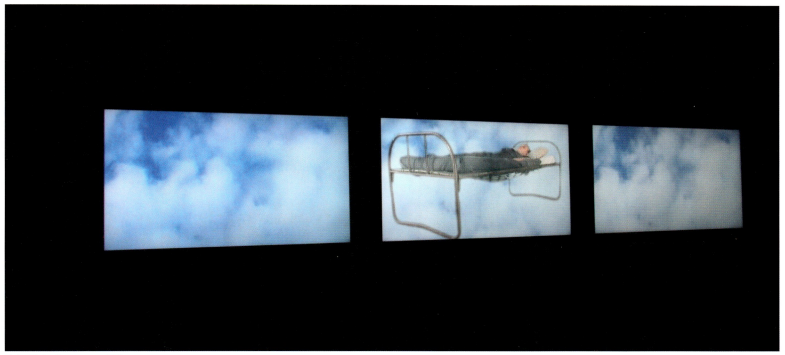

siehe Seite / see page: 161

Kris mit Scheide / Kris with sheath
Indonesien, Java oder Madura /
Indonesia, Java or Madura
Ende 19. Jahrhundert / End of 19th century
Eisen, Nickel, Gold, Silber, Diamanten, Holz /
Iron, nickel, gold, silver, diamonds, wood
H 48 cm
I C 34020 a, b

Candida Höfer
»In ethnographischen Sammlungen,
Völkerkundemuseum der Universität Zürich III« /
"Ethnographic Collections Series,
Ethnological Museum Zurich University III"
2003
C-Print, 152 x 196 cm

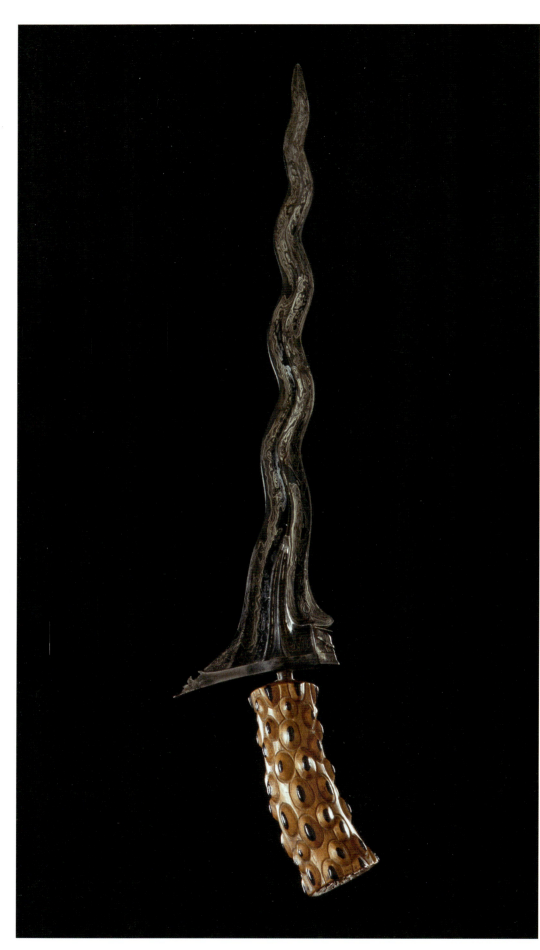

Kris
Indonesien / Indonesia, Bali
Erste Hälfte 19. Jahrhundert /
First half of the 19th century
Eisen, Nickel, Holz / Iron, nickel, wood
H 48,5
I C 298

166

Candida Höfer
»In ethnographischen Sammlungen, M. V. Lomonosova, St. Petersburg« /
"Ethnographic Collections Series, M. V. Lomonosova, St. Petersburg"
1992
C-Print, 85 x 85 cm

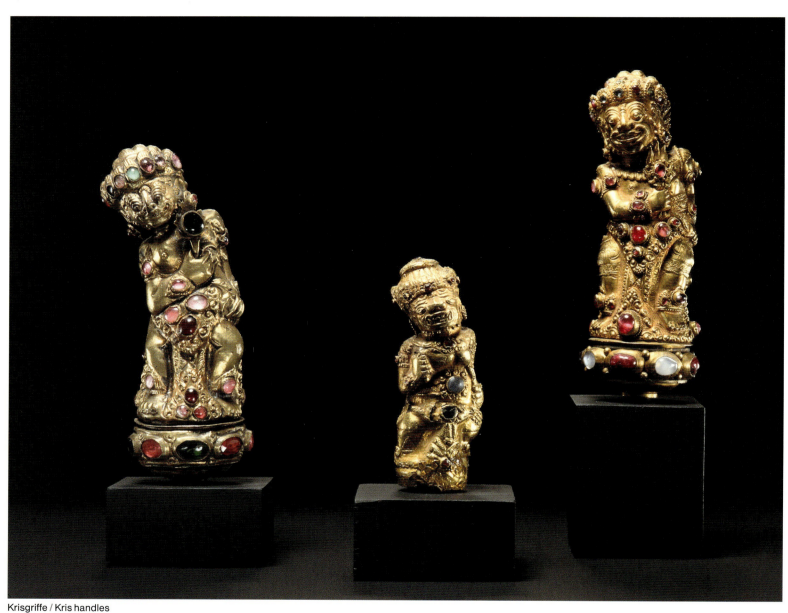

Krisgriffe / Kris handles
Indonesien / Indonesia, Bali
19. Jahrhundert / 19th century
Goldblech, Edelsteine / Sheet gold, gemstones, semi-precious stones
H 14 cm, 9,2 cm, 13,2 cm
© Staatliche Museen zu Berlin – Stiftung Preußischer Kulturbesitz –
Museum für Asiatische Kunst / Museum of Asian Art, National Museums in Berlin
MIK II 712, MIK II 713, MIK II 714

Candida Höfer
»In ethnographischen Sammlungen, Ethnologisches Museum, Berlin« /
"Ethnographic Collections Series, Ethnological Museum, Berlin III"
2003
C-Print, 85 x 85 cm

Tanzschild / Ceremonial shield
Indonesien / Indonesia, Wetar
19. Jahrhundert / 19th century
Holz, Haut, Haar / Wood, hide, hair
H 43 cm
I C 19114

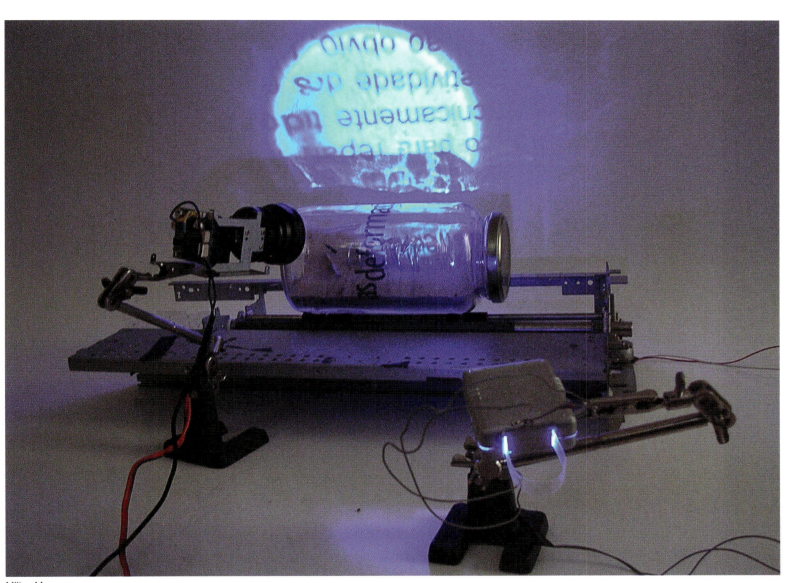

Milton Marques
»28.06.1852«, 2007
Videoinstallation / Video installation

Königliche Signaltrommel / Royal drum
Kamerun / Cameroon, Bansoa
19. Jahrhundert / 19th century
Holz / Wood, H 355 cm
III C 21107

172

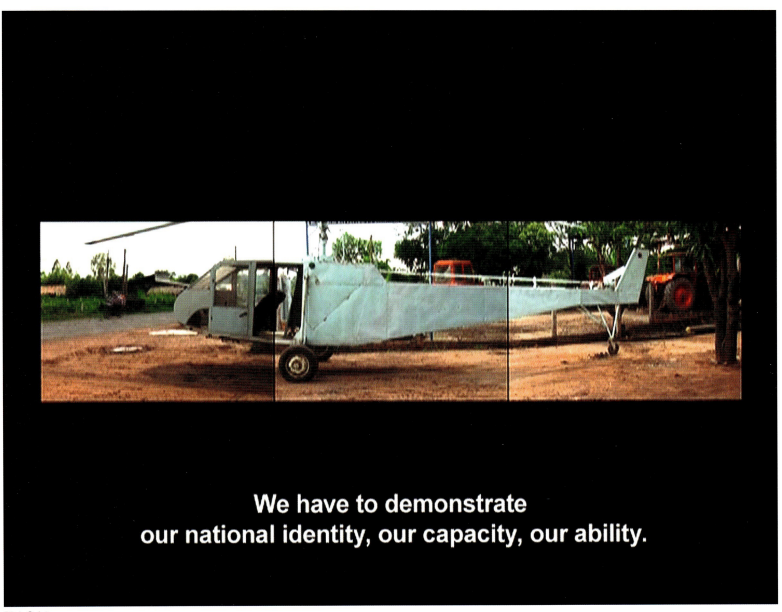

Dinh Q. Lê
»The farmers and the helicopters«, 2006
Videoinstallation / Video installation

Wurfmesser / Throwing knife
Dem. Rep. Kongo / Democratic Republic of Congo, Zande
19. Jahrhundert / 19th century
Eisen / Iron, H 46 cm
III C 21225

174

siehe Seite / see page: 173

Candida Höfer
»In ethnographischen Sammlungen, Pitt Rivers Museum, Oxford III« /
"Ethnographic Collections Series, Pitt Rivers Museum, Oxford III", 2004
C-Print, 85 x 85 cm

←
Lanze mit Scheide / Lance with sheath
Indonesien / Indonesia, Java
19. Jahrhundert / 19th century
Holz, Eisen, Messing / Wood, iron, brass,
L 186 cm
I C 34135 a, b

Schild / Shield
Papua-Neuguinea / Papua New Guinea, Asmat, Naneu
20. Jahrhundert / 20th century
Holz / Wood, H 189 cm
VI 50404

391.

samoanerinnen

Die Farben der Vögel

Farben und Abstraktion der Tropen

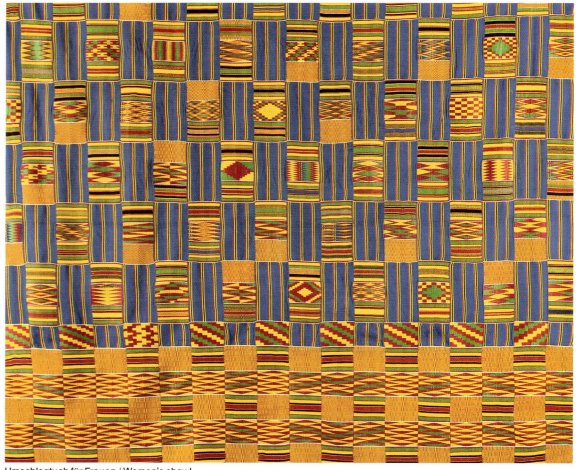

Umschlagtuch für Frauen / Women's shawl
Ghana, Ashanti
20. Jahrhundert / 20th century
Seide / Silk, L 253 cm
III C 40743

Theo Eshetu
»Trip to Mount Zuqualla«, 2005
Videoinstallation / Video installation

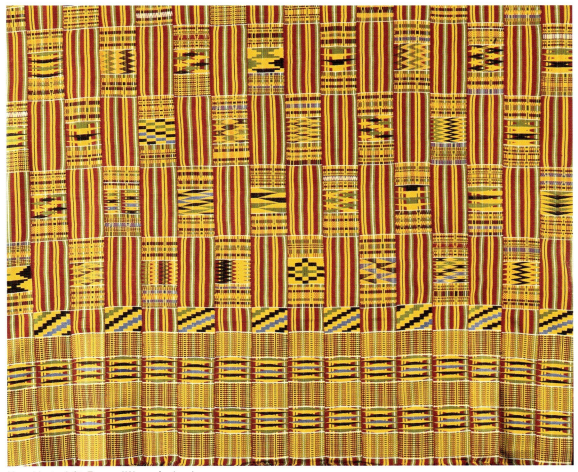

Umschlagtuch für Frauen / Women's shawl
Ghana, Ashanti
20. Jahrhundert / 20th century
Seide / Silk, L 256 cm
III C 41263

Kopf- und Nackenschmuck / Head and neck ornament
Brasilien / Brazil, Rigbatsa
Ende 20. Jahrhundert / End of the 20th century
Hokko- und Arafedern, Baumwolle, Menschenhaar /
Macaw and curassow feathers, cotton, human hair
H 87 cm
V B 18851

Maurício Dias & Walter Riedweg
»Candomblé«, 2007
Fotografie (Serie) / Photograph (Series)
90 x 110 cm
Courtesy: Galeria Vermelho, São Paulo

Kopf- und Nackenschmuck /
Head and neck ornament
»Wazpala«
Brasilien / Brazil, Rigbatsa
Ende 20. Jahrhundert / End of the 20th century
Rohr, Arafedern und andere Federn /
Reed, feathers of macaw and other birds
H 67 cm
V B 18853

siehe Seite / see page: 185

Hüftschurz / Hip adornment
Peru, Chanchamayo, Kampa-Gebiet /
Peru, Chanchamayo, Kampa region
Mitte 19. Jahrhundert / Middle of the 19th century
Agave-Gewebe, Tukanfedern, Menschenhaare, Knochen, Samen /
Agave fibre, toucan feathers, human hair, bone, seeds
H 56 cm
V A 3324

siehe Seite / see page: 185

Halsanhänger mit Knochenpfeife / Necklace with bone pipe
Brasilien / Brazil, Urubu-Ka'apor
Ende 20. Jahrhundert / End of the 20th century
Ara-, Rotbrustfischer- und Kotingafedern, Knochen, Pflanzenfasern /
Macaw, ringed kingfisher and cotinga feathers, bone, plant fibre
L 52 cm
V B 14503

190

siehe Seite / see page: 185

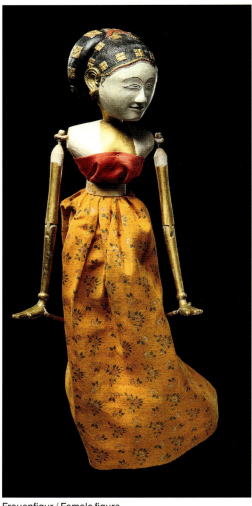

»Semar«
Holz, Bambus, Baumwolle /
Wood, bamboo, cotton, H 63 cm
I C 26850

»Ariya Djajasena«
Holz, Bambus, Baumwolle /
Wood, bamboo, cotton, H 82 cm
I C 26815

Frauenfigur / Female figure
Holz, Bambus, Baumwolle /
Wood, bamboo, cotton, H 43 cm
I C 1125

Stabpuppen aus dem Wayang Golek /
Puppets for the Wayang Golek
Indonesien / Indonesia, Java
2. Hälfte 19. Jahrhundert /
Second half of the 19th century

»Paksi troedjoen sajseta«
Holz, Bambus, Baumwolle /
Wood, bamboo, cotton, H 70 cm
I C 26830

»Gatotkatja«
Holz, Bambus, Baumwolle, Metallfäden, Filz /
Wood, bamboo, cotton, metal threads, felt, H 69 cm
I C 26842

»Rama (Phra Ram)«
Gefasstes Papiermaché, Leder,
Spiegel, Holz, Vergoldung /
Gilded paper-mâché, leather,
pieces of mirror, wood
H 32,3 cm
I C 13999 a,b

»Ravana (Thotsakan)«
Gefasstes Papiermaché, Leder,
Holz, Perlmutt, Spiegel, Vergoldung /
Gilded paper-mâché, leather,
wood, mother-of-pearl, pieces of mirror
H 70,5 cm
I C 14008 a–d

»Garuda (Khrut)«
Thailand
Gefasstes Pappmaché, Spiegelglas, Leder /
Paper-mâché, pieces of mirror, leather
H 55 cm
I C 14009

Kopfmasken für das Khon-Theater /
Masks for the Khon theatre
Thailand
2. Hälfte 19. Jahrhundert /
Second half of the 19th century

194

Sherman Ong
»Neubeginn« / "New Beginning", 2005
Videostill / Video still

Teufels-Maske / Devil mask
Bemaltes und lackiertes Holz /
Painted and varnished wood, H 46,5 cm
I C 14879

Der zweite König / The Second King
Bemaltes und lackiertes Holz /
Painted and varnished wood, H 55 cm
I C 14884

Der todbringende Dämon Marurakshaya /
The death-bringing demon Marurakshaya
Bemaltes und lackiertes Holz /
Painted and varnished wood, H 50,5 cm
I C 10037 a

Masken / Masks
Sri Lanka (Ceylon)
19. Jahrhundert / 19th century

196

Kragen von Hmong-Jacken / Collars of Hmong coats
Thailand, »Goldenes Dreieck« / "Golden Triangle", Hmong
3. Viertel 20. Jahrhundert / Third quarter of the 20th century
Applikationen und Stickerei auf Baumwolle /
Application and embroidery on cotton

Frauenkleidung der Akha / Women's dress of the Akha
Thailand, »Goldenes Dreieck« / "Golden Triangle", Akha
2. Hälfte 20. Jahrhundert / Second half of the 20th century

Jacke / Coat
Baumwolle, Plastikknöpfe und Muscheln /
Cotton, plastic buttons and shells, L 70 cm
I C 46096

Gürtel / Belt
Gewebtes Band aus Baumwolle
mit Kaurischnecken / Woven Band
from cotton with cowries, L 81 cm
I C 46128

Rock / Skirt
Plissiertes Leinwandgewebe
aus Baumwolle / Pleated cotton
L 35 cm
I C 46132

Gamaschen Gaiters / Spats
Baumwolle mit Stickerei /
Cotton with embroidery, H 33 cm
I C 46139

Kopfbedeckung einer Phami-Akha-Frau /
Headdress of a Phami-Akha woman
Thailand, Chiang Rai
2. Hälfte 20. Jahrhundert / Second half of the 20th century
Bambus, Baumwolle, Silber, Glasperlen, Plastik /
Bamboo, silver, cotton, glass beads, plastic
H 23,5 cm
I C 46256

Huipil
Guatemala, Sacatepequez, San Antonio Aguas
Calientes, Cakchiquel-Maya
2. Hälfte 20. Jahrhundert /
Second half of the 20th century
Baumwolle mit broschierten Mustern /
Cotton with brocaded patterns
H 70 cm
IV Ca 50227

Gürtel / Belt
Guatemala
2. Hälfte 20. Jahrhundert /
Second half of the 20th century
Baumwoll-Seidenbrokat /
Cotton-silk brocade
L 238 cm
IV Ca 44317

Rock / Skirt
Guatemala, Sacatepequez, San Antonio Aguas
Calientes, Cakchiquel-Maya
2. Hälfte 20. Jahrhundert /
Second half of the 20th century
Baumwolle und Wolle /
Cotton and wool
L 400 cm
IV Ca 50228

Haarband / Hair-band
Guatemala, Totonicapan,
Quiché-Maya
20. Jahrhundert / 20th century
Baumwolle / Cotton
L 228 cm
IV Ca 47342

Haarband / Hair-band
Guatemala, Totonicapán,
Quiché-Maya
20. Jahrhundert / 20th century
Baumwolle und Seide /
Cotton and silk
L 310 cm
IV Ca 50295

Haarband / Hair-band
Guatemala, Nebaj,
Santa Cruz del Quiché,
Quiché-Maya
20. Jahrhundert / 20th century
Baumwolle / Cotton
L 265 cm
IV Ca 47979

Haarband / Hair-band
Guatemala, Totonicapan,
Nejapa, Quiché-Maya
2. Hälfte 20. Jahrhundert /
Second half of the 20th century
Baumwolle und Seide / Cotton and silk
L 330 cm
IV Ca 50292

Huipil
Guatemala, Sacatepequez, San Antonio Aguas Calientes, Cakchiquel-Maya
20. Jahrhundert / 20th century
Brokat aus Baumwolle und Seide / Cotton-silk brocade, H 57 cm
IV Ca 45141

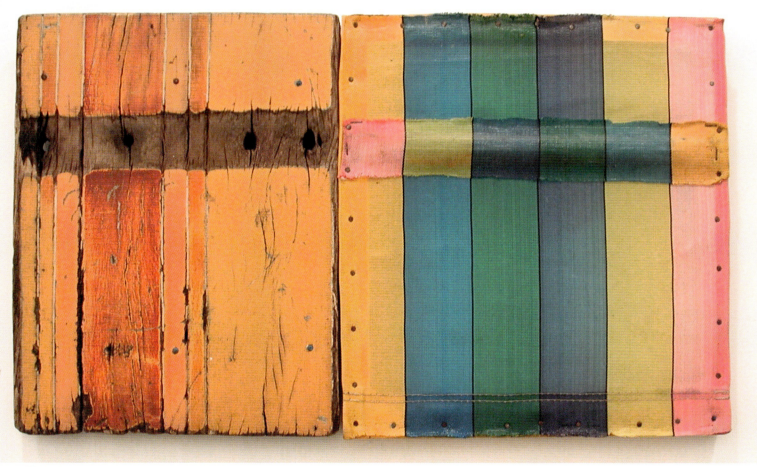

Marcone Moreira
»Similares«, 2004
Bemaltes Holz und Nylon / Painted wood and nylon
Sammlung / Collection Luis Chrysostomo

Choli (kleine Bluse) / Choli (women's blouse)
Indien / India
1. Hälfte 20. Jahrhundert / First half of the 20th century
Seide mit Stickerei / Silk with embroidery
B / W 85 cm
I C 41893

Rock / Skirt
Indien / India
2. Hälfte 20. Jahrhundert / Second half of the 20th century
Satin mit Stickerei / Satin with embroidery
L 81 cm
I C 47842

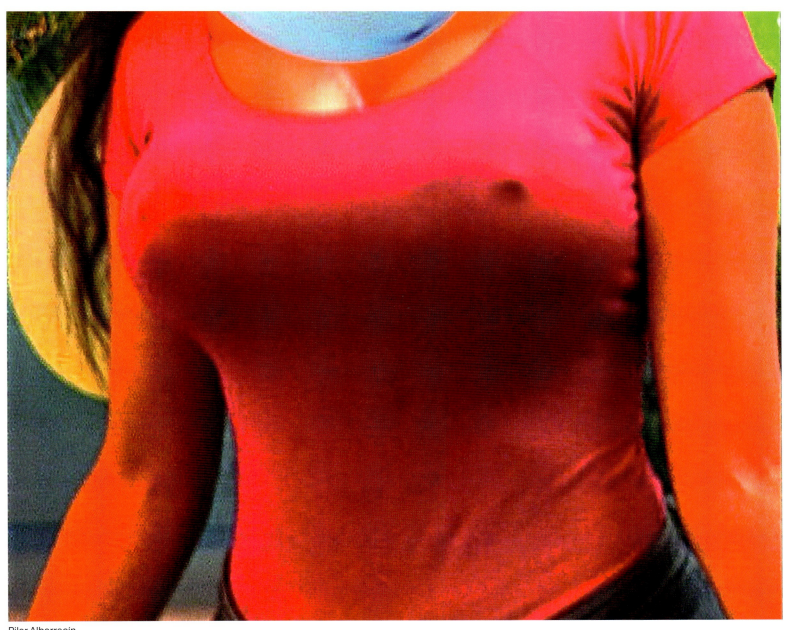

Pilar Albarracín
»Furor latino«, 2003
Videoinstallation / Video installation

Mola Bluse / Mola blouse
Panama, Cuna
20. Jahrhundert / 20th century
Applikationen und Stickerei auf Baumwolle /
Appliqué and embroidery on cotton, H 55,5 cm
V B 16068

Mola
Panama, San Blas, Cuna
2. Hälfte 20. Jahrhundert / Second half of the 20th century
Applikationen und Stickerei auf Baumwolle /
Appliqué and embroidery on cotton, H 38,5 cm
V B 16351

Marcone Moreira
Ohne Titel, aus der Serie »Vestígios« /
Untitled, from the series "Vestígios"
2006/2007
Fotografie / Photograph

←
Giebel / Gable
Nordost-Neuguinea, Maprik-Gebiet, Abelam /
Papua New Guinea, Maprik region, Abelam
Mitte 20. Jahrhundert / Middle of the 20th century
Bemalte Sagoblattscheiden /
Painted sheaths of sago palm leafs, H 398 cm
VI 48570

Tongefäß / Vessel
Brasilien / Brazil, Mato Grosso, Kadiweu
Anfang 21. Jahrhundert / Beginning of the 21st century
Polychrom bemalter Ton / Painted clay, H 23,5 cm
V B 18956

Tongefäß / Vessel
Nordost-Neuguinea, Maprik-Gebiet /
Northeast Papua New Guinea, Maprik region
2. Hälfte 20. Jahrhundert / Second half of the 20th century
Polychrom bemalte Keramik / Painted clay, H 18,5 cm
VI 55077

Steigbügelgefäß / Stirrup vessel
Peru, Nazca
0–700 n. Chr. / AD
Polychrom bemalte Keramik / Painted clay, H 21 cm
V A 61650

Tongefäß / Vessel
Peru, Shipibo
Ende 20. Jahrhundert / End of the 20th century
Polychrom bemalter Ton / Painted clay, H 15 cm
V B 18846

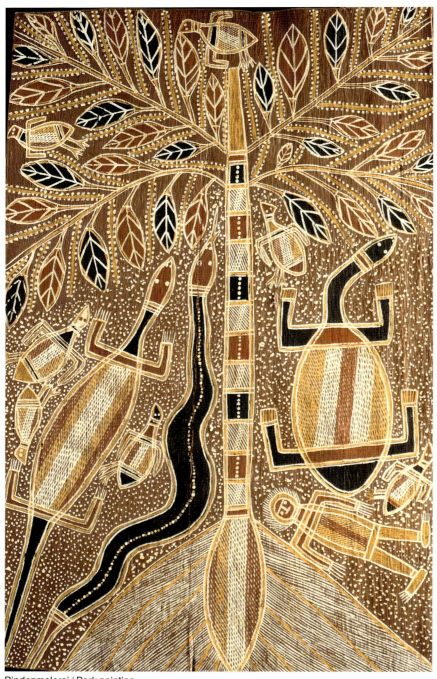

Rindenmalerei / Bark painting
Australien, Nordterritorium, Arnhem-Land /
Australia, Northern Territory, Arnhem Land
2. Hälfte 20. Jahrhundert / Second half of the 20th century
Bemalte Rinde / Painted bark, H 76,5 cm
VI 46945

Rindenmalerei / Bark painting
Nordost-Neuguinea, Unter-Sepik, Yuat-Gebiet /
Northeast Papua New Guinea, lower Sepik, Yuat region
Um 1900 / Around 1900
Bemalte Palmblattscheiden /
Painted sheaths of sago palm leafs, H 76,5 cm
VI 49413

212

Beatriz Milhazes
»O Besouro«, 2003
Acryl auf Leinwand / Acrylic on canvas
218 x 189 cm
Sammlung Rudolf und Ute Scharpff, Stuttgart /
Collection Rudolf and Ute Scharpff, Stuttgart

Unku / Uncu
Peru, Pachacamac
1450–1530 (Inka / Inca)
Baumwolle und Kameliden-Wolle /
Cotton, camelid wool, H 96 cm
V A 62696

Unku / Uncu
Peru
1000–1200 n. Chr. / AD
Baumwolle mit aufgenähten Federschnüren /
Cotton with sewed feather strings, H 103 cm
V A 21540

Beatriz Milhazes
»Sampa«, 2005/2006
Acryl auf Leinwand / Acrylic on canvas
217 x 168 cm
Sammlung Rudolf und Ute Scharpff, Stuttgart /
Collection Rudolf and Ute Scharpff, Stuttgart

Unku / Uncu
Peru, Ancon
500–800 n. Chr. (Huari) / AD (Wari)
Kameliden-Wolle / Camelid wool, H 104 cm
V A 7468

Unku / Uncu
Peru, Wari
500–800 n. Chr (Huari) / AD (Wari)
Kameliden-Wolle / Camelid wool, H 105 cm
V A 64374

Umschlagtuch für die Braut (odhani) /
Wedding shawl (odhani)
Indien / India
2. Hälfte 20. Jahrhundert /
Second half of the 20th century
Seide mit Metallfäden bestickt /
Silk with metal thread, B / W 119 cm
I C 47977

Rock / Skirt
Indien / India
Ende 19. Jahrhundert / Anfang 20. Jahrhundert /
End of the 19th century / Beginning of the 20th century
Seide mit Metallfäden bestickt /
Silk with metal thread, L 96 cm
I C 47978

Daspu
»Vestido de Noiva«
(Hochzeitskleid / Bridal Gown), 2006
Stoff, Latex, Schleier und Kondome /
Fabric, latex, veil and condoms
Sammlung der Prostituiertenkooperative Daspu /
Collection Cooperative of Prostitutes Daspu,
Rio de Janeiro

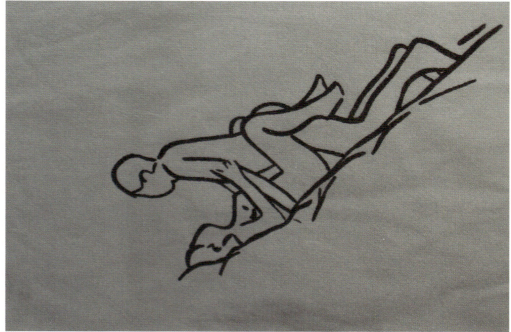

Das verbotene Lachen

Klänge und Musik der Tropen

Schalenspießlaute / Lute
Thailand, Chieng Mai
2. Hälfte 20. Jahrhundert / Second half of the 20th century
Kokosnussschale, Holz, Muschelschale, Bambus, Haar, Schnur /
Coconut shell, wood, conch, bamboo, hair, cord, H 70 cm
VII c 668 a,b

→
Paulo Nenflídio
»Telembauzim«, 2007
Holz und Walkie-Talkie /
Wood and walkie-talkie

Schlitztrommel / Slit drum
Papua Neuguinea, Mittlerer Sepik /
Papua New Guinea, Middle Sepik
Mitte 20. Jahrhundert / Middle of the 20th century
Holz / Wood, L 142 cm
VI 54975

→
Gongspiel / Gong chime
Thailand
20. Jahrhundert / 20th century
Bemaltes und vergoldetes Holz, Metall, Bein /
Painted and gilded wood, metal, bone
H 122 cm
VII c 647

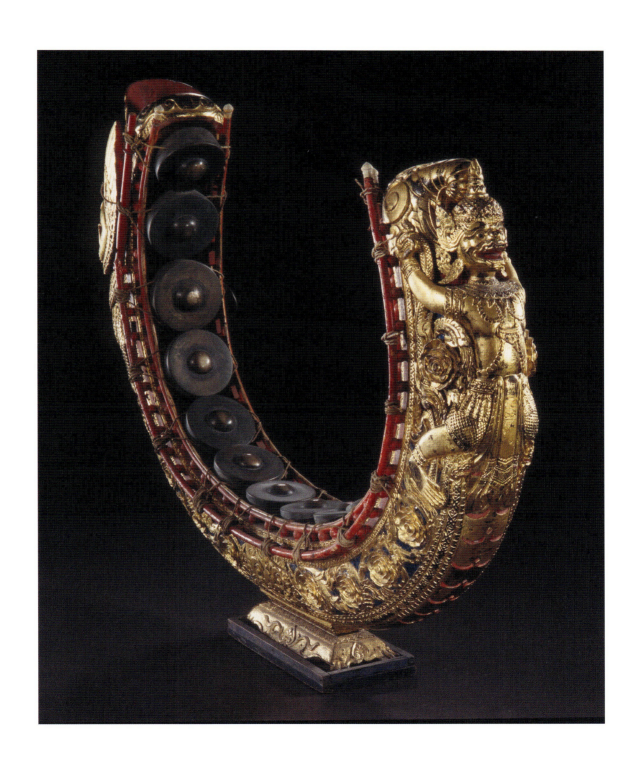

Tropischer Barock

ATAHUALLPA, INCA XIIII.

YAHUAR-HUACCAC, INCA VII.

Candida Höfer
»Catedral Basílica de Salvador Bahia«, 2005
C-Print, 180 x 217 cm

Porträt des Pizarro /
Portrait of Pizarro
Peru
Vermutlich 19. Jahrhundert / Probably 19th century
Öl auf Leinwand / Oil on canvas, H 67,3 cm
V A 66709

Porträt der Mama Ocllo Huacco /
Portrait of Mama Ocllo Huacco
Peru
Vermutlich 19. Jahrhundert / Probably 19th century
Öl auf Leinwand / Oil on canvas, H 67,3 cm
V A 66708

Seite / page: 228

Porträt des Atahuallpa /
Portrait of Atahuallpa
Peru
Vermutlich 19. Jahrhundert / Probably 19th century
Öl auf Leinwand / Oil on canvas, H 67,3 cm
V A 66707

Seite / page: 229

Porträt des Yahuar-Huaccac /
Portrait of Yahuar-Huaccac
Peru
Vermutlich 19. Jahrhundert / Probably 19th century
Öl auf Leinwand / Oil on canvas, H 67,3 cm
V A 66700

Altardecke / Altar cloth
Peru
Spätes 17. Jahrhundert / frühes 18. Jahrhundert /
Late 17th century / early 18th century
Wolle / Wool, H 68,5 cm
V A 64827

Candida Höfer
»Igreja de São Francisco de Assis,
Salvador Bahia III«, 2005
C-Print, 180 x 307 cm

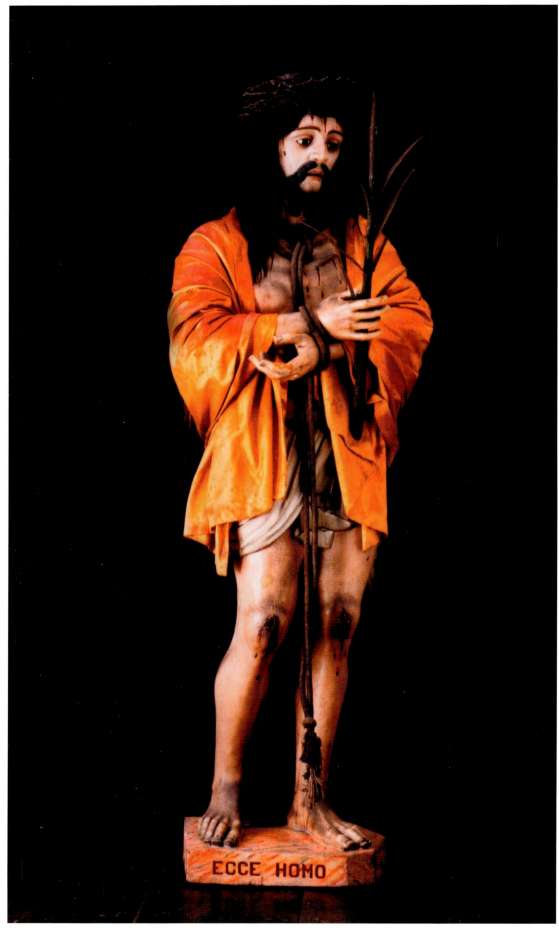

Caio Reisewitz
»Cristo«, 2005
C-Print, 180 x 120 cm
Courtesy: Galeria Brito Cimino, São Paulo

Fray Vincente de Valverde
Peru
Vermutlich 19. Jahrhundert / Probably 19th century
Ölgemälde / Oil paiting, H 97,5 cm
VIII E 2648

Das städtische Drama

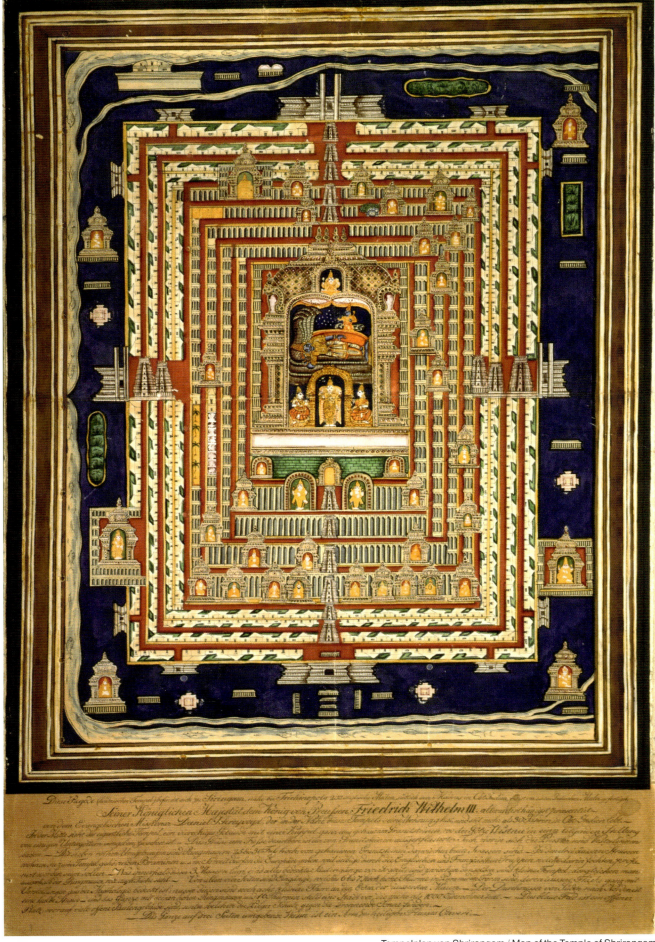

Hans-Christian Schink
»Bayon (Kambodscha / Cambodia)«, 2007
C-Print, 220 x 180 cm
Courtesy Galerie Kicken Berlin /
Galerie Rothamel Erfurt & Frankfurt a. M.

Hans-Christian Schink
»Machu Picchu 2 (Peru)«, 2004
C-Print, 183 x 216 cm
Courtesy: Galerie Kicken Berlin /
Galerie Rothamel Erfurt & Frankfurt a. M.

Hans-Christian Schink
»Machu Picchu 1 (Peru)«, 2004
C-Print, 183 x 216 cm
Courtesy: Galerie Kicken Berlin /
Galerie Rothamel Erfurt & Frankfurt a. M.

Skulptur des Gottes Quetzalcoatl /
Sculpture of the god Quetzalcoatl
Mexiko, Azteken / Mexico, Aztecs
Mitte 14. Jahrhundert bis 1521 /
Middle of the 14th century until 1521
Stein / Stone, H 25 cm
IV Ca 46166

Edward Burtynsky
»Santa Laura 1«, 2007
C-Print, 98 x 123 cm

Edward Burtynsky
»Santa Laura 4«, 2007
C-Print, 98 x 123 cm

Edward Burtynsky
»Santa Laura 3«, 2007
C-Print, 98 x 123 cm

Türsturz »Gefangennahme eines Adeligen durch den Herrscher
von Yaxchilan in Begleitung seines Statthalters von La Pasadita« /
Lintel "Capture of a noble ruler by the king
 from Yaxchilan attended by his governor in La Pasadita"
Guatemala, La Pasadita, Maya
759 n. Chr. / AD
Kalkstein / Limestone, H 95 cm
IV Ca 45530

Edward Burtynsky
»Humberstone 1«, 2007
C-Print, 98 x 123 cm

Mauro Restiffe
»Taipei 1–11, Stair 1«, 2007
Fotografie / Photograph, 90 x 133 cm
Courtesy: Casa Triângulo, São Paulo

Mauro Restiffe
»Taipei 1–11, Stair 2«, 2007
Fotografie / Photograph, 90 x 133 cm
Courtesy: Casa Triângulo, São Paulo

Roberto Cabot
»Aleph III – Tropenvision« /
"Aleph III – Vision of the Tropics", 2008
Webcams und Projektion / Webcams and projection

Alexander Apostol
»Avenida Libertador«, 2006
Videoinstallation / Video installation

255

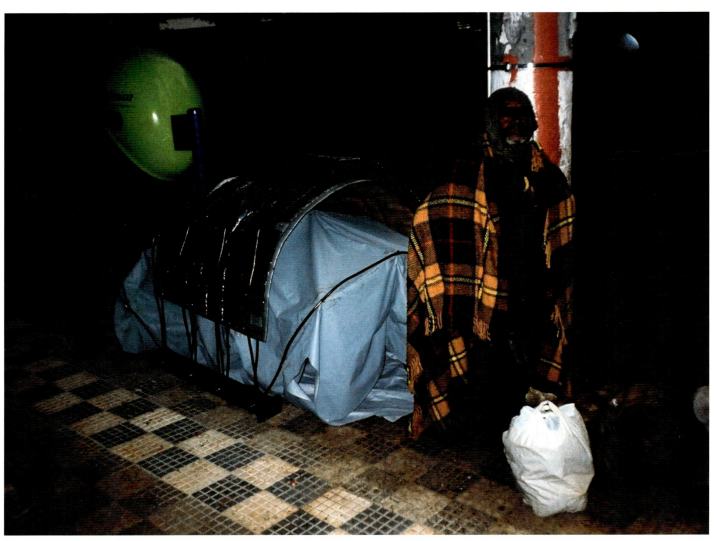
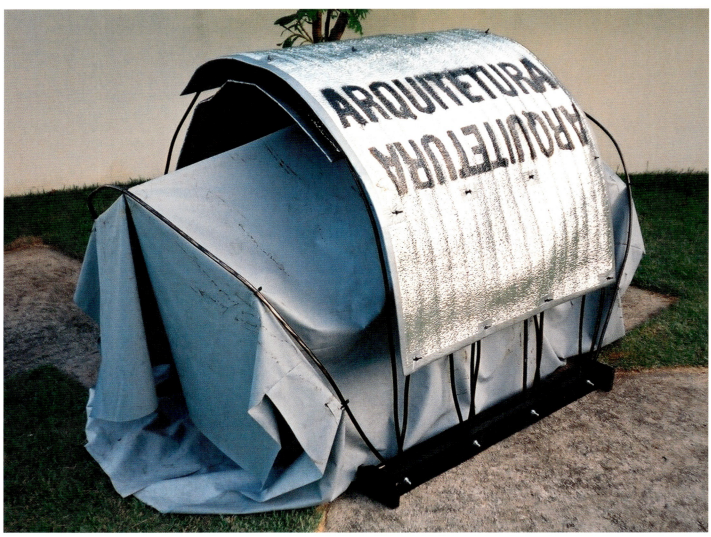

Adriano Domingues
»Abrigo/Manifesto«, 2008
Skulptur / Sculpture

257

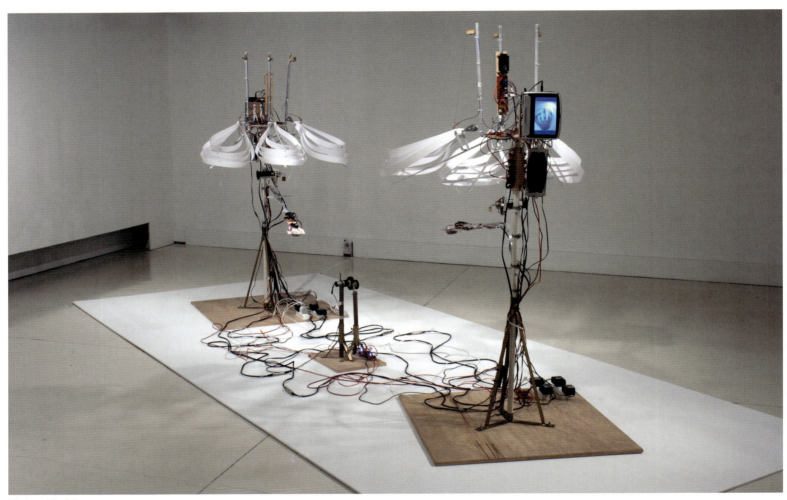

Mariana Manhães
»Centripetas«, 2007
Installation

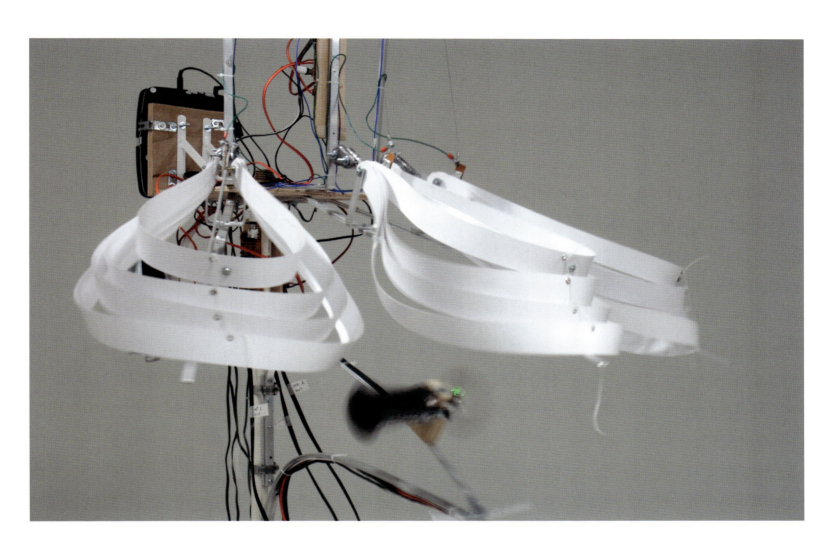

Jitish Kallat
»Artist making local call«, 2005
Fotografie / Photograph, 250 x 1005 cm

260

Wandgemäldefragment / Fragment of a mural
Mexiko / Mexico, Teotihuacan
Zwischen 650 und 750 n. Chr. /
Between 650 and 750 AD
Polychrome Malerei auf Stuck /
Painting on stucco, H 66 cm
IV Ca 46106

Navin Rawanchaikul
»Lost in the City«, 2007
Installation, 200 x 1624 cm

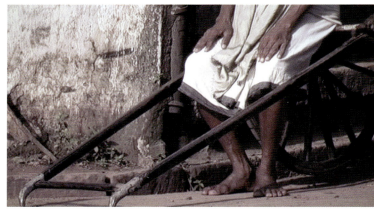

Marcel Odenbach
»Disturbed Places«, 2007
Video (34 Min.) / Video installation (34 min.)
Bearbeitung / Editing: Heike Mutter
Musik / Music: Ricky Ojijo
Fotografie / Photography: Ranu Ghosh, M. Odenbach
Besetzung / Casting: Anindya Banerjee
Produktion / Production: Goethe Institut

Himmelserscheinungen in Architektur und Kunst des tropischen Mesoamerika

Anthony F. Aveni

Versuchen Sie einmal folgendes Experiment: Gehen Sie bei klarer Luft in offenes Gelände unter einem tief-schwarzen Himmel voller Sterne, einzig begrenzt durch einen fernen Horizont. Wenn Sie dort länger als zehn oder fünfzehn Minuten stehen, werden Sie sehen, wie sich die Gestirne bewegen. Mond, Sonne und Sterne ziehen alle in der gleichen Richtung und durchwandern dabei im Verlaufe eines Tages einen kom-pletten Kreis am Himmel. In den nördlichen gemäßigten Breiten sieht man dabei die Sterne im Osten erst nach oben und dann zu einer Seite gleiten (nämlich nach rechts), während diejenigen im Westen sich ab-wärts bewegen, ebenfalls nach rechts. (In den südlichen gemäßigten Breiten verlaufen diese Bewegungen nach links.) Die Sterne im nördlichen Abschnitt des Himmels umkreisen den unbeweglichen Polarstern, der hoch oben am Firmament steht. Wie die Spitzen zahlloser Zeiger einer kosmischen Uhr bewegen sie sich unablässig im Kreis, während die Sternenkonstellationen im Süden kuppelförmige Bögen zeichnen, die al-le auf einen imaginären Punkt weit unterhalb des Horizonts ausgerichtet sind. Betrachtet man die täglichen Bewegungen am Himmel jedoch von tropischen Breitengraden aus, so stellen sie sich dort viel symmetri-scher dar. Die Gestirne steigen mehr oder weniger gerade im Osten auf, wandern über den höchsten Punkt des Himmelsgewölbes und tauchen dann geradewegs in den westlichen Horizont hinab. Wenn man gen Norden schaut, sieht man die Sterne bei ihrer täglichen Umkreisung des Polarsterns, der hier aber viel nä-her am Horizont steht. Wenn man sich jetzt umdreht und einen Blick nach Süden wirft, stellt man fest, dass die Bewegungen am Himmel dort nahezu identisch mit denen sind, die man in der anderen Richtung sieht. Es gibt dort sozusagen eine ganz auf das Individuum bezogene Symmetrie, die nur Menschen wahrneh-men, die den Himmel in den Tropen beobachten: Es ist, als sei man selbst (und nicht ein entfernter Punkt am Firmament) der Mittelpunkt, um den alle Himmelskörper kreisen. Diese Symmetrie des Himmels hat be-stimmte kulturelle Auswirkungen, die in den menschlichen Gesellschaften der Tropen künstlerischen Aus-druck finden.[1]

Denjenigen von uns, die außerhalb des Tropengürtels leben, erschließt sich nur schwer die entscheiden-de Rolle des Scheitelpunktes am Himmel – des Zenits. Die Azteken beispielsweise, die sich im 14. Jahr-hundert n. Chr. auf 19,5° nördlicher Breite im Hochtal von Mexiko niederließen, machten die Plejaden zu einem zentralen Gegenstand ihrer Himmelsverehrung und bildeten diesen Sternenhaufen häufig in ihren Bilderhandschriften ab (Abb. 1, S. 276). Ein spanischer Chronist berichtet, dass sie den Beginn eines 52-jährigen religiösen Zyklus mit einem Ritual begingen, das »Jahre-Verknüpfen« genannt wurde. Priester stiegen zum Gipfel eines ganz bestimmten Berges – des »Sternenhügels« – empor, der sich ein wenig außerhalb der aztekischen Hauptstadt Tenochtitlan befand. Dort sichteten sie die Plejaden, wenn diese um Mitternacht den Zenit passierten. Waren die Plejaden am Scheitelpunkt des Firmaments vorbeigewan-dert, so berichteten dies die Priester, wie der Chronist schreibt, »der angespannt wartenden Menschen-menge, als Zeichen, dass die Welt nicht der Zerstörung anheimfallen und dass der Menschheit eine neu-es Zeitalter gewährt würde«.[2] Dieser Brauch geht möglicherweise auf Teotihuacan zurück, das fast ein Jahrtausend vor Tenochtitlan existiert hatte.

Von allen präkolumbischen Städten der Neuen Welt war Teotihuacan wahrscheinlich die großartigste. Die Azteken des 15. Jahrhunderts bezeichneten es als Wohnstätte ihrer Götter, als den Ort, wo einst die Zeit begonnen hatte. Teotihuacan wurde im 3. Jahrhundert v. Chr. erbaut und war einst eine Vielvölkerstadt vol-ler Wohnkomplexe, die ethnische »Barrios« (Viertel) bildeten, erkennbar an stilistisch unterschiedlicher Keramik, deren Überreste Archäologen noch heute in diversen Stadtteilen finden. Als die Stadt um 600 n. Chr. ziemlich plötzlich und aus ungeklärten Gründen verlassen wurde, zählte ihre Bevölkerung möglicher-weise mehr als 100.000 Menschen. Die gewaltige Sonnenpyramide, deren Grundfläche an der Basis 222 x 225 Meter misst, ist so breit wie die größte Pyramide Ägyptens und ungefähr zwei Drittel so hoch (Abb. 2, S. 276). Sie steht an der schnurgeraden Straße der Toten, die zur Mondpyramide führt. Diese wiederum bildet den nördlichen Endpunkt der Straße und ist so gelegen, dass sie im Kleinen den Umriss des imposanten Berges Cerro Gordo nachzeichnet, an dessen Fuß sie erbaut wurde. (All diese Bezeichnungen sind spätere Erfindungen. Niemand weiß, wie die Bewohner Teotihuacans ihre Stadt nannten, geschweige denn, welche Namen sie den Gebäuden darin gaben.)

Die Metropole orientierte sich nicht an der Lage des Geländes, auf dem sie angelegt wurde, sondern an einer Achse, die um 15,5° von den geografischen Himmelsrichtungen abweicht. (Diese Achse ist auf Abb. 2 erkennbar.) Von einem praktischen Standpunkt aus gesehen erforderte es erheblich mehr Arbeitsaufwand, sich an die verdrehte Ausrichtung Teotihuacans zu halten, als sich beim Bau der Stadt einfach von den landschaftlichen Gegebenheiten lenken zu lassen. Aber die Erbauer Teotihuacans haben sich offenbar aus übergeordneten kosmologischen oder geometrischen Erwägungen heraus für diese Art der Stadtanlage entschieden – ein irrationales Prinzip, lautete einst das Urteil des Archäologen René Millon.

Ein Paar in Stein gehauener Symbole ist noch heute Ausdruck der verschobenen Ausrichtung Teotihuacans. Jedes ist etwa einen halben Meter breit und besteht aus sauber gemeißelten Löchern von je einem Zentimeter Durchmesser. Eine der Petroglyphen befindet sich im Stuckfußboden eines Gebäudes in Teotihuacan, das in der Nähe der Ost-West-Achse der Stadt liegt, die andere auf einem flachen Felsen einen Kilometer westlich davon. Die Löcher sind so angeordnet, dass sie zwei konzentrische Kreise um ein Kreuz bilden. Die Symbole sehen ein wenig aus wie Miniatur-Zielmarkierungen für Fallschirmspringer (Abb. 3, S. 276). Interessanterweise liegen diese beiden in Stein gemeißelten Kreuz-im-Kreis-Markierungen genau an der Ost-West-Achse Teotihuacans. Vielleicht wurden sie von den Stadtplanern als Vermessungspunkte dort angebracht, als Teil eines ausgeklügelten Planes, die Ost-West-Achse präzise im rechten Winkel zur verschobenen Nord-Süd-Achse auszurichten, die dem Rasterplan der Stadt zugrunde lag.

Aber warum drehte man den Grundrissplan der Stadt so, dass er um 15,5° von den geografischen Himmelsrichtungen abwich? Wenn man sich ansieht, was sich am Ende der von den Stadtachsen gebildeten Sichtlinien am Himmel abspielt, so stößt man auf die Plejaden.

Dieser auffällige Sternenhaufen liegt in dem Sternbild, das wir als Stier bezeichnen, und berührte den westlichen Horizont an der verschobenen Ost-West-Achse Teotihuacans genau zu der Zeit, als der größte Teil der riesigen Stadt erbaut wurde. (Durch die sogenannte Präzession der Äquinoxien – die langsame Taumelbewegung der Erdachse beim Durchlauf unseres Planeten durch die Sternbilder – gehen sie allerdings inzwischen an einer anderen Stelle unter als damals.) Außerdem durchwanderten die Plejaden zur damaligen Zeit über Teotihuacan den Zenit. Noch wichtiger ist aber, dass die Plejaden, nachdem sie im Frühjahr vom Himmel verschwanden und mehrere Wochen lang dem Blick entzogen waren, an genau dem gleichen Tag wieder erschienen, an dem die Sonne den Zenit durchlief – ein Ereignis, das in vielen Teilen Mesoamerikas als Neujahr begangen wurde. Außerdem markiert die Achse Teotihuacans auch die Stelle, an der die Sonne 20 Tage vor dem ersten ihrer beiden jährlichen Zenitdurchgänge sowie 40 Tage nach der Frühlings-Tagundnachtgleiche unterging. Der Grundrissplan von Teotihuacan richtet sich daher sowohl räumlich als auch zeitlich nach der Symmetrie des Himmels. Die fünfte Himmelsrichtung – der Zenit – markiert anhand der Position von Sonne und Sternen den Beginn des neuen Jahres und der Horizont unterteilt das Jahr in vigesimale (auf der Zahl 20 basierende) Zeitabschnitte, die bekanntermaßen in ganz Mesoamerika die Grundlage des Zählsystems bilden. Der »20-Tages-Marker« vor dem Datum, an dem die Sonne den Zenit durchläuft (29. April), kündigt außerdem den Beginn der Regenzeit in den Hochlandgebieten Mexikos an.

Alta Vista wiederum ist eine präkolumbische Siedlung, die einige Meilen südlich des Wendekreises des Krebses in einem breiten Tal liegt. Was Verteidigung oder natürliche Umwelt angeht, bietet ihre Lage keinerlei erkennbare Vorteile (der nächste Wasservorrat befindet sich ein gutes Stück entfernt in Richtung Osten). So stellt sich die Frage, warum Menschen überhaupt an diesem Ort gesiedelt haben. Man fand dort Unmengen von Tonwaren, deren Stil nach Teotihuacan wies; die Archäologen untersuchten die Stilsequenz der ausgegrabenen Keramiken und konnten dadurch nachweisen, dass Alta Vista ein Außenposten Teotihuacans aus der Zeit zwischen 450 und 650 n. Chr. ist.[3] Teotihuacan liegt übrigens mehr als 600 Kilometer entfernt südöstlich – ein Fußweg von über einem Monat durch unwegsames Gelände.

Die Ecken des größten Gebäudes von Alta Vista, der Säulenhalle – benannt nach den 28 runden Pfeilern, die einst ein Dach stützten – sind exakt nach den Himmelsrichtungen ausgelegt (Abb. 4, S. 276). Dieser Säulenbau wird außen von einer ausgeklügelten Struktur aus Mauerwerk eingerahmt; die Archäologen haben sie »Labyrinth« getauft, weil sie so viele Biegen und Kehren enthält.[4] Aus dem Labyrinth führt in Richtung Osten ein etwa einen Meter breiter Pfad. Steht man an dessen Ausgang, so blickt man genau gen Osten auf den hervorstechendsten geografischen Orientierungspunkt dieser Gegend – einen sehr spitz zulaufenden Gipfel namens Picacho Pelón, der etwa zehn Kilometer entfernt am Horizont emporragt. (Dieser Gipfel ist auf Abb. 4 zu sehen, wo eine Ecke der Säulenhalle auf ihn zuläuft.) Einheimische erzählten den Archäologen, ihre Vorfahren hätten den Picacho verehrt, weil ihr kostbares blaues Wasser (an seinem Fuß entspringt eine natürliche Quelle) und ihr wertvoller blauer Stein – der Türkis aus der Esmeralda-Mine im Picacho – von diesem Berg stammten. Das in der Nähe gelegene Dorf heißt Chalchihuites, was in der dortigen Nahua-Sprache »blauer Stein« bedeutet. Von dieser Stelle aus gesehen geht die Sonne an den Tagundnachtgleichen genau über der Spitze des Picacho auf.

Dreizehn Kilometer südwestlich der Ruinen von Alta Vista liegt der Cerro El Chapin, ein etwa hundert Meter hoher und knapp vierhundert Meter langer Tafelberg. Auf der nach Osten gelegenen Anhöhe dieses Plateaus befindet sich eine flache, unbewachsene Felsfläche, in die ein besonders schönes Kreuz-im-Kreis-Symbol im Teotihuacan-Stil eingemeißelt ist. Die Achse der Petroglyphe lenkt den Blick des Betrachters auf den Picacho. Zugleich bildet sie eine Sichtlinie zu dem Punkt, an dem genau über der Spitze des Picacho zur Sommersonnwende die Sonne aufgeht. Wenn die Sonne dann über dem Gipfel emporsteigt, durchflutet ihr Licht das Tal und kündigt damit den längsten Tag der Jahreszeit an – den Tag des Zenitdurchgangs am Wendekreis des Krebses, an dem die Mittagssonne keine Schatten wirft.

Fügt man die einzelnen Teile dieses tropischen Architektur-Puzzles aus präkolumbischer Zeit zusammen, so ergibt sich folgendes Bild: Alta Vista war ein Außenposten Teotihuacans, der damals einflussreichsten Stadt des frühen Mesoamerika. Alta Vista wurde bewusst an einer unscheinbaren, entlegenen Stelle nahe dem Wendekreis des Krebses gebaut und mit großer Sorgfalt angelegt: Der Haupttempel ist nach den Himmelsrichtungen ausgerichtet. Ein Zeremonialpfad führte aus dem Tempel hinaus in Richtung eines sehr wichtigen Gipfels – eines Türkis und Wasser spendenden Berges, der genau im Osten liegt und zugleich der Ort ist, an dem die Sonne während ihrer Reise durch die Jahreszeiten auf halbem Wege aufgeht, nämlich zur Zeit der Äquinoktien. Ein in den Fels gemeißeltes Kreuz-im-Kreis-Symbol auf einem Hügel mit Blick auf Alta Vista ist ebenfalls auf diesen Gipfel im Osten ausgerichtet, mit einem Unterschied: Von diesem Symbol aus gesehen geht die Sonne zur Juni-Sonnenwende über dem Gipfel des Picacho auf. Dabei markiert sie (räumlich) den äußersten nördlichen Punkt am Horizont, den sie während ihrer jährlichen Wanderung durchläuft, und (zeitlich) zugleich den Tag, an dem sie zur Mittagszeit den Zenit erreicht, das einzige Mal im Jahr, an dem die Sonne einen Augenblick der Schattenlosigkeit erzeugt. Diese Naturerscheinung findet sich auf keinem anderen Breitengrad der nördlichen Hemisphäre. Außerdem hatte wohl auch die zahlenmäßige Anordnung der Elemente, aus denen sich das Kreuz-im-Kreis-Symbol zusammensetzt, kalendarische Bedeutung: Sie sind als Vielfaches der Zahl Fünf, in Zwanzigern, ausgelegt und bilden eine Gesamtheit von 260, ein Bezug auf den wichtigsten Zyklus im mesoamerikanischen Kalendersystem, den die Azteken »tonalpohualli« und die Maya »tzolkin« nannten, »Zählung der Tage«. Daher diente dieser Vermessungspunkt möglicherweise auch als Zählvorrichtung.

Man kann sich Teotihuacan und Alta Vista als Kosmogramme vorstellen, die mesoamerikanische Vorstellungen von Himmel und Erde in den Tropen widerspiegeln. Der Tempel liegt im Mittelpunkt der Koordinaten, wobei seine Ecken die vier Himmelsrichtungen abstecken. Um ihn herum bewegt sich der Tag in Gestalt der Sonne. Als Richtungsgeberin der Zeit passiert sie in regelmäßigen Zeitabständen den Leben spendenden Berg. Man muss sich das Können und die Geduld vergegenwärtigen, derer es bedurfte, um das Alta-Vista-Kosmogramm zu konzipieren und zu bauen. Zwei Horizonte, Landschaftserhebungen unterschiedlicher Höhe, galt es zu berücksichtigen, die von zwei kilometerweit auseinanderliegenden Beobachtungspunkten zu sehen waren. Einer davon, auf dem Chapin, war auf die Sonnwende ausgerichtet, der andere, in Alta Vista, auf die Tagundnachtgleiche – und beide Naturereignisse erschienen über demselben Berg. Aber diese doppelte Ausrichtung war offenbar technisch so ausgeführt, dass sie perfekt funktionierte (Abb. 5, S. 276).

Für die Planung des Alta-Vista-Kosmogramms am Wendekreis der Krebses brauchte man zwar ein hohes Maß an organisatorischen Fähigkeiten und viel Geduld bei der Himmelsbeobachtung, aber kein ausgeklügeltes technisches Instrumentarium. Die Architekten, die Teotihuacan nach kosmischen Gesichtspunkten planen und bauen konnten, waren zweifellos auch in der Lage, die astronomischen Anordnungen zu entwerfen und auszuführen, die sich an diesem einzigartigen Ort am Wendekreis des Krebses finden.

Die plausibelste Schlussfolgerung hinsichtlich der in Fels gemeißelten Markierungen am Wendekreis ist, dass diese Petroglyphen mit Raum – dem Abstecken wichtiger Himmelsrichtungen – und Zeit – dem Zählen der Zeitrunden, aus denen der Kalender besteht – zusammenhängen. Das ganze Vorhaben diente offenbar dem Versuch, Zeit und Raum, die Alta Vista umgeben, abzubilden. Durch seine spezielle Ausrichtung fügte sich Alta Vista in dieses System ein. Auch der Berg mit seinen kostbaren Rohstoffen erhält in diesem Plan den ihm angemessenen Platz. Im Zyklus der Jahreszeiten markiert er am Horizont den Punkt in der Mitte und einen der Endpunkte. Es ist gut denkbar, dass auch der zweite Endpunkt, die Sonnwende im Dezember, markiert wurde (Abb. 5, S. 276, in der Karte als gepunktete Linie eingezeichnet), aber um dies nachzuweisen, müsste man Dutzende von Quadratkilometern in unwegsamem Gelände durchkämmen. Der heilige Berg, der den Menschen seine lebenswichtigen Stoffe schenkt, ist doppelt markiert und dadurch fest mit dem Weg verknüpft, den die Zeit nimmt. Und schließlich wird die Zählung der Zeit auch noch im Kleinen festgehalten, im Umriss der in den Fels gehauenen Kreuze sowie entlang deren Achsen.

Das Muster auf Abbildung 6 (S. 277) stammt aus Teotihuacan und ist in den Boden eines Gebäudes nahe der Struktur geritzt, in der sich der oben erwähnte eingemeißelte Kreuz-im-Kreis-Markierungspunkt befindet. Es ist vierteilig und unterscheidet sich nur geringfügig von dem anderen Symbol, vor allem in seinem Umriss, der wie ein Eisernes Kreuz oder ein Templerkreuz aussieht. Es besteht aus 260 Punkten, genau wie das in den Fels gehauene Kreuz-im-Kreis-Symbol am Wendekreis. Aber dieses archäologische Zeugnis weist aufschlussreiche Parallelen zu Darstellungen in mesoamerikanischen Bilderhandschriften auf, über deren Funktion und Bedeutung Interpretationen vorliegen.

Der Codex Fejérváry-Mayer ist ein bebildertes, leporelloartig gefaltetes Buch aus Leder und entstand um das 12. Jahrhundert n. Chr. Er stammt aus Zentralmexiko und wurde nach einem europäischen Adligen benannt, in dessen Hände er gelangte, nachdem die meisten indigenen Dokumente vernichtet worden waren, weil sie nach Ansicht spanischer Geistlicher der Bekehrung der einheimischen Bevölkerung im Wege standen.

Seite eins dieser Bilderhandschrift zeigt eine Karte des Universums, die Zeit und Raum verbindet (Abb. 7, S. 277). Zu sehen ist ein kreuzförmiges Abbild des Raumes, in dem sich alles an seinem passenden Platz befindet: Jedes Weltviertel, dargestellt durch einen Schenkel des Kreuzes, enthält die ihm zugehörigen Pflanzen, Vögel, Farben sowie die Gottheiten, die der jeweiligen Himmelsrichtung zugeordnet sind. Sogar Teile des menschlichen Körpers erhalten hierbei eine räumliche Verortung: Wenn man den Lauf der Blutströme zu den vier Ecken des Universums verfolgt, sieht man, dass sie in menschlichen Körperteilen enden – hier ein Kopf, dort eine Hand oder ein Fuß. Die Vorstellung, dass Körperteile mit Bereichen des Himmels in Verbindung stehen, kommt wahrscheinlich jedem bekannt vor, der sich in mittelalterlicher Astrologie auskennt. Diese assoziative Denkweise unterscheidet sich sehr von westlichen Vorstellungen über Ursache und Wirkung. Es liegt ihr eine metaphorische Logik zugrunde; so wird beispielsweise die Jugend als Frühling des Lebens gesehen, das Alter als dessen Winter, und dergleichen.

Die Sonnenscheibe steigt im östlichen Schenkel des Kreuzes empor (der sich, wie auf mittelalterlichen Karten aus Europa, oben im Bild befindet). Im Westen (unten) sperrt der Tod seinen Schlund auf und wartet darauf, am Ende des Tages die sterbende Sonne zu verschlingen. Nach den Glaubensvorstellungen im Hochland von Mexiko konnte die Sonne nur durch menschliches Zutun wiedergeboren werden, vor allem durch das nährende Blut von Opfern, die man ihr darbrachte. Der Zusammenhang zwischen Opfer und Sonnenaufgang erklärt wahrscheinlich auch, warum die einzelnen Teile der Welt mit dem Schöpfergott, der mit Speer und »atlatl« (Speerschleuder) bewaffnet im Zentrum der Karte zu sehen ist, durch Blutströme verbunden sind. Seite eins des Codex Fejérváry-Mayer funktioniert aber auch als Zeitmesser. Jedes der 20 Rahmenfelder, von denen die Haupt- und Nebenhimmelsrichtungen eingefasst sind, enthält 13 Punkte. Zählt man jeden Punkt als einen Tag, so kann man sich entgegen dem Uhrzeigersinn auf eine 260 Tage lange Reise um den äußeren Rand des Universums begeben. Diese Zählung ist identisch mit derjenigen auf der Templerkreuz-Petroglyphe in Teotihuacan und der Petroglyphe aus Alta Vista.

Über den Ursprung des 260-tägigen Zyklus, der sich nur in den Kulturen des alten Mesoamerika findet, diskutieren die Fachleute seit langem. Zunächst einmal ist 260 13 mal 20 und 20 die Anzahl der menschlichen Finger und Zehen. Aus 13 Himmeln wiederum bestand die mesoamerikanische Oberwelt. Ungefähr 260 Tage dauerte aber auch die landwirtschaftliche Saison im Hochland des südlichen Guatemala, wo dieser Kalender wahrscheinlich seinen Ursprung hat. Dort nennen indigene Bevölkerungsgruppen diesen Zeitzyklus noch heute das »Maisjahr«. Außerdem rechnen Ureinwohnerinnen der Region noch heute 260 Tage als Schwangerschaftsdauer zwischen Empfängnis und Geburt.

Auch Himmelsphänomene sind mit dem 260-tägigen Kalender verknüpft. So ist die Venus durchschnittlich etwa 260 Tage als Morgen- und die gleiche Anzahl von Tagen als Abendstern sichtbar. Bei den Bewohnern des zentralen Hochlandes hieß dieser Stern »Quetzalcoatl«, der gefiederte Schlangengott der Schöpfungskraft; die Maya von Yucatan nannten ihn »Kukulcan«. Außerdem fügte sich das Eklipsen-Halbjahr (173,5 Tage), ein Grundzeitraum, den die Kalenderpriester für die Voraussage von Mondfinsternissen kennen mussten, im Verhältnis 3 : 2 in den 260-tägigen Zyklus ein. Wenn man also die Tageszeichen und -zahlen auf einer imaginären Kreisscheibe mit 260 Tagen verwendet, um Eklipsen-Voraussagen zu erstellen, dann lässt sich Finsternissen, die tatsächlich beobachtet worden sind, der gleiche allgemeine Satz von Tageszeichen und -zahlen zuordnen. Diese Kalenderdaten liegen bei aufeinanderfolgenden Durchgängen entlang der Scheibe eine 2/3-Umdrehung voneinander entfernt.

Eine weitere mögliche astronomische Erklärung für den Ursprung des 260-Tages-Zyklus hängt mit dem nördlichen Wendekreis zusammen. In den südlichen Tropenregionen Mexikos und Mittelamerikas unterteilt das Datum, an dem die Sonne den Zenit durchquert, das 365-tägige Jahr in zwei ungleiche Zeitabschnitte, von denen einer 260, der andere 105 Tage dauert. Wenn nämlich die tropische Mittagssonne den Zenit passiert hat, bleibt sie während des kürzeren Zeitabschnitts am nördlichen Teil des Himmels. Durchläuft sie zum zweiten Mal den Scheitelpunkt, bleibt sie für die restliche Zeit des Jahres im Süden. Die tropische Zenitsonne erscheint so als logische, deutlich ins Auge fallende Grundlage dafür, das aus zwei Jahreszeiten bestehende Jahr zu unterteilen.

Maßgeblich für die Entdeckung vereinheitlichender Prinzipien wie des Drehimpulses oder der Gravitationskonstante durch die modernen Naturwissenschaften war die Erkenntnis, dass diese Erscheinungen in der realen Welt in ganz vielzähliger, unterschiedlicher Weise sichtbar werden. Vielleicht hat ja auch ein scharfsinniger Tropenbewohner, der während des ersten Jahrtausends v. Chr. lebte, festgestellt, dass die Reifezyklen von Menschen und Mais und die Zyklen bestimmter Himmelskörper sich alle in einer einzigen Zahl ausdrücken ließen – 260.

Das Kosmogramm auf Seite eins des Codex Fejérváry-Mayer ist eine wahre Goldgrube für Informationen darüber, wie man sich im alten Mesoamerika heiligen Raum und heilige Zeit vorstellte. Lässt man den Blick entgegen dem Uhrzeigersinn von einer Spitze der blütenblattähnlichen Nebenhimmelsrichtungen zur nächsten wandern und hält dabei viermal inne, so gelangt man bei jedem dieser Zwischenstopps zu aufeinanderfolgenden Neujahrstagen. Die Reise durch die Zeit führt auf dieser farbenprächtigen exotischen Landkarte also nicht nur durch den heiligen »tonalpohualli«, sondern man folgt auch dem jährlichen Lauf der Sonne – die Karte vereint den 260-tägigen Zyklus von Landwirtschaft und Fruchtbarkeit und den 365-tägigen Zyklus der Jahreszeiten.

Dreizehn Umrundungen des tropischen Kosmogramms ergeben 52 Jahre (und zugleich 73 vollständige Zyklen von 260 Tagen). Diesen langen Zeitraum, zur damaligen Zeit im Aztekenreich fast so lang wie ein Menschenalter, nannten die Azteken das »Jahre-Verknüpfen«. Ein spanischer Chronist zitiert, was ihm ein aztekischer Informant über die Zeremonie des Jahre-Verknüpfens erzählte: »Überall im Land löschten sie die Feuer, warfen die Bildnisse ihrer Götter ins Wasser, und auch die Herdsteine warfen sie fort … Und überall fegten sie alles sauber«.[5] Die Vollendung der Kalenderrunde bedeutete, dass die Zeit sich erneuern würde – der Zyklus wiederholte sich, und die Plejaden bestimmten dabei den richtigen Anfangspunkt. (Man erinnere sich an die Bedeutung der im Zenit stehenden Plejaden als Zeichen für das Ende einer Zeitperiode.) Der aztekische Brauch erinnert an die guten Vorsätze, die wir in unserer Kultur zu Neujahr fassen; wir streifen unsere alten Fehler ab und nehmen uns einen Neubeginn vor. Dadurch markieren auch wir den Anfang eines neuen Zeitzyklus.

Das Templerkreuz-Muster findet sich auch in weiteren altmexikanischen Manuskripten; so enthält beispielsweise der Madrider Codex, eine Maya-Handschrift aus dem 15. Jahrhundert, ein nahezu identisches Motiv. In anderen Fällen symbolisiert das Kreuz offenbar die Vollendung eines Zyklus. Eine sehr anschauliche Darstellung hiervon findet sich im Codex Borbonicus, der aus der Zeit unmittelbar vor Ankunft der Spanier stammt. Dort erscheint das Symbol am Eingang eines Tempels, in dem gerade die Neufeuerzeremonie, die am Ende eines 52-Jahres-Zyklus steht, begangen wird (Abb. 8, S. 277). Im Zentrum des Symbols sind die Götter der vier Himmelsrichtungen versammelt, und ihre Augenpartie schmückt das gleiche Zeichen. Jeder von ihnen trägt ein Rohrbündel, das die Jahre symbolisiert; gleich werden sie diese Bündel in das Feuer auf dem Altar des Tempels werfen. Der Altar ist mit einem Kreis/Stufen-Motiv verziert, das sich in der Architektur Teotihuacans findet. Auch eine Maya-Glyphe, nämlich die für den 20-Jahres-Zyklus »katun«, hat die Form eines Malteserkreuzes. »Katun« bedeutet übersetzt »es ist vollendet«. Ein ähnliches Symbol steht auch für »Blume«, das letzte der 20 Tageszeichen im aztekischen Kalender.

Ein Plan der aztekischen Hauptstadt (Abb. 9, S. 277) ähnelt Seite eins des Codex Fejérváry-Mayer in Vielem, obwohl der Stadtplan erst nach der spanischen Eroberung entstanden ist. Auch auf ihm findet sich der viergeteilte Aufbau, der aztekischen Vorstellungen vom Kosmos zugrunde lag. Diese indigene Karte zeigt auch die an Venedig erinnernde Lage Tenochtitlans inmitten eines Sees. Ähnlich wie das Blut im Codex Fejérváry-Mayer entspringen vier Wasserströme aus dem Zentrum der Stadt, in dem ein Adler auf einem Kaktus sitzt – noch heute das mexikanische Nationalsymbol. Auch Menschen sind auf der Karte zu sehen; sie stellen die Ahnherren des späteren Aztekenreiches dar. Und wie Seite eins des Codex ist der aztekische Stadtplan von Zeit eingerahmt: An seinen Rändern befinden sich, basierend auf dem 260-Tages-System, die Zeichen auf einander folgender Neujahrstage, die am Beginn jedes Jahres im 52-jährigen Erneuerungszyklus stehen. Ganz offensichtlich ist auf dieser Landkarte mehr als nur Hoheitsgebiet eingezeichnet.

Um geheiligten Raum und geheiligte Zeit zu erdenken und auszudrücken, bedarf es in sämtlichen Kulturen eines scharfen Blickes und eines scharfen Verstandes. Es ist eine große Herausforderung, in einem von Menschenhand geschaffenen Umfeld ein Abbild der Natur zu schaffen, das den Ansprüchen aller genügt, die an der Beeinflussung des Kosmos teilhaben möchten. Die Entdeckungen, Erfindungen und künstlerischen Ausdrucksformen, die im Vorangegangenen erörtert wurden, sind zum einen geniale Leistungen. Vor allem aber gehen sie alle auf Erscheinungen zurück, die nur am tropischen Firmament zu sehen sind, wo aufmerksame Beobachter sie wahrgenommen haben.

Literatur: Anthony F. Aveni und Gary Urton (Hg.), »Ethnoastronomy and Archaeoastronomy in the American Tropics«, in: »Annals of NY Academy of Sciences«, Nr. 385, 1982. **/** Anthony F. Aveni, Horst Hartung und J. Charles Kelley, »Alta Vista (Chalchihuites), Astronomical Implications of a Mesoamerican Outpost at the Tropic of Cancer«, in: »American Antiquity«, Nr. 47, 1982, S. 316–335. **/** »Codex Mendoza«, Bodleian Library, Oxford, MS Arch. Seld. A.i. (HMAI Census Nr. 196). **/** »Codex Borbonicus«, Bibliothèque nationale, Paris, in: »Codices Selecti«, Bd. XLIV, Graz 1974. **/** »Codex Fejérváry-Mayer«, Free Public Museum, Liverpool, 12014/M (HMAI Census Nr. 118), in: »Codices Selecti« Bd. XXVI, Graz 1971. **/** J. Charles Kelley, »Alta Vista, Chalchihuites«, in: »Las Fronteras de Mesoamerica. XIV Mesa Redonda«, Tegucigalpa, 23-28.6.1975, Sociedad Mexicana de Antropología 1, 1976, S. 21–40. **/** René Millon, »Urbanization at Teotihuacan«, 2 Bde, Austin 1973. **/** Bernardino de Sahagún, »Florentine Codex: General History of Things of New Spain 4«, übersetzt von A. J. O. Anderson and C. E. Dibble, in: »Monographs of SAR«, Santa Fe und Ogden 1957 (1585). **/** Ders., »Primeros Memoriales«, Faksimile-Edition mit Fotos von F. Anders, Norman 1993 (1561).

Anmerkungen: 1 Beispiele hierfür finden sich in Aveni, Urton 1982. **2** Sahagún 1957 (1585), S. 143. **3** Vgl. Kelley 1976. **4** Aveni, Hartung, Kelley 1982. **5** Sahagún 1957 (1585), S. 143.

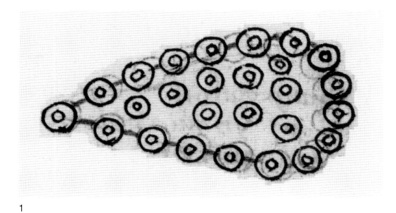

1

2

3

4

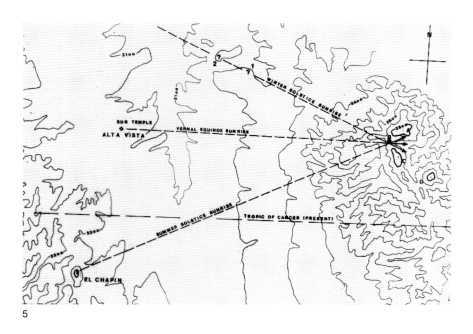

5

1 Die Azteken nannten die Plejaden »miec«, »Die Vielen«. Diese Sternenkonstellation war für sie aufgrund ihrer zentralen Rolle als Zeitmesser am tropischen Firmament wichtig. (Sahagún 1993 (1561), f282r, © Patrimonio National) **2** Blick auf die Sonnenpyramide in Teotihuacan, der größten Stadt Mesoamerikas, von der Spitze der Mondpyramide aus gesehen. Sie ist gen Süden ausgerichtet und an einer Stelle erbaut, wo sie den Umriss des in einiger Entfernung gelegenen Cerro Patlachique nachzeichnet. Die Straße der Toten (rechts) weicht um 15,5 Grad von der geografischen Nord-Süd-Achse ab. (Foto: A. F. Aveni) **3** In Stein gemeißelte Petrogpyphen wie diese, die ein Kreuz-im-Kreis-Motiv zeigen, dienten möglicherweise als Vermessungspunkte beim Entwurf des Rasterplanes von Teotihuacan, dessen Ausrichtung von der geographischen Nord-Süd-Achse abweicht. (Foto: A. F. Aveni) **4** Die Säulenhalle in Alta Vista, einem wichtigen Zeremonialzentrum nahe dem Wendekreis des Krebses. (Foto: A. F. Aveni) **5** Karte der Umgebung von Alta Vista. Sie zeigt die doppelte Ausrichtung auf den gleichen Berggipfel. Der gepunktete Pfeil oben auf der Karte zeigt eine hypothetische (unbelegte) dritte Sichtlinie. (Karte: A. F. Aveni)

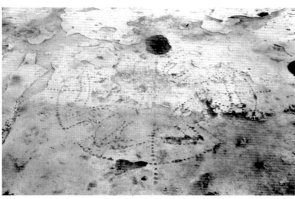

6

7

9

6 Diese Petroglyphe in Form eines Templerkreuzes ist in den Boden eines Gebäudes eingemeißelt, das in der Nähe eines der Vermessungspunkte in Teotihuacan liegt. (Foto: A. F. Aveni) **7** Kosmogramm auf Seite eins des Codex Fejérváry-Mayer, einer präkolumbischen Bilderhandschrift. (© National Museums Liverpool, courtesy of National Museums Liverpool, M12014) **8** Templerkreuz-Muster auf einem Tempel, Codex Borbonicus, S. 34. Die Szene kündigt eine Neufeuerzeremonie an. Aus den vier Himmelsrichtungen bringen Personen Röhrichtbündel, um das Feuer zu nähren. Man beachte die Symbole, die ihre Gesichter schmücken (vgl. Abb. 7). (Zeichnung: Renate Sander) **9** Diese aztekische Darstellung aus dem nach der spanischen Eroberung entstandenen Codex Mendoza zeigt die Hauptstadt Tenochtitlan und den Kosmos. (Bodleian Library, University of Oxford, Codex Mendoza, M.S. Arch. Seld. A.1, fol. 2r)

8

Sakrale und höfische Kunst der vorspanischen Metropolen in Zentralamerika

Maria Gaida

Als die Spanier im Jahr 1519 an der Golfküste anlandeten, gehörte Tenochtitlan mit mehr als 200.000 Einwohnern zu den größten Städten der Welt. Durch die Eroberung 1521 erlosch der Glanz der damaligen Aztekenhauptstadt. Die wohlhabende Metropole wurde von der neuen Macht aus der Alten Welt übernommen und zerstört. Die Spanier ließen auf den Ruinen eine neue Stadt entstehen, eine Stadt, die das kulturelle Erbe der Azteken unter sich begrub: Mexiko-Tenochtitlan, heute einfach Mexiko-City genannt, die Hauptstadt des modernen Mexiko. Sie ist bekanntlich noch immer eine der größten Städte der Welt.

Erst im frühen 14. Jahrhundert hatten die Azteken ihre Hauptstadt Tenochtitlan gegründet. Zuvor waren sie lediglich einer von mehreren rivalisierenden Stämmen im Hochtal von Mexiko gewesen, die als Jäger und Sammler umherzogen. Um 1430 schlossen sich die Azteken mit zwei strategisch günstig gelegenen Ortschaften zusammen und bildeten eine Allianz, die sowohl eine gemeinsame politische Strategie verfolgte als auch die militärischen Kräfte bündelte. So gelang es dem Dreibund, Provinzen vom Atlantik bis zum Pazifik tributpflichtig zu machen und wertvolle Ressourcen an Rohstoffen und Arbeitskräften zu kontrollieren.

Physisches und metaphorisches Zentrum der aztekischen Welt war der »Templo Mayor« (spanisch für Haupttempel). Als Schlüssel zur Lokalisierung dieses in vorspanischer Zeit geheiligten Bezirkes erwies sich 1978 die überraschende Entdeckung einer monumentalen runden Steinskulptur (323 x 308 cm) mit dem Relief der Göttin Coyolxauhqui, der Halbschwester des aztekischen Stammesgottes Huitzilopochtli. Daraufhin initiierte Grabungsprojekte, die bis heute andauern, brachten weitere sensationelle Funde ans Licht. Erst 2006 wurde mitten in Mexiko-City ein gigantischer Monolith (357 x 400 cm) mit dem Relief der Erdgöttin Tlaltecuhtli in situ geborgen. Das breite Spektrum künstlerischen Schaffens lässt sich an der großen Anzahl an herausragenden Kunstwerken ablesen, darunter auch solche, die einst aus allen Teilen des aztekischen Machtbereichs an die Herrscherhäuser und in den geheiligten Bezirk des »Templo Mayor« gelangt sind. Dort konzentrierte sich die politische, religiöse und künstlerische Elite des Imperiums.

Die Künstler der aztekischen Metropole Tenochtitlan – Architekten, Bildhauer, Goldschmiede, Federkünstler, Wand- und Buchmaler – ließen sich von den Nachbarvölkern inspirieren und beriefen sich auf das kulturelle Erbe ihrer Vorläufer, gleichwohl brachten sie in kreativer Weiterentwicklung ihren eigenen Kunststil hervor.

Den größten kulturellen Einfluss übte die bereits untergegangene Stadt Teotihuacan im Nordosten der aztekischen Hauptstadt aus. »Ort, wo man zum Gott wird« bedeutet übersetzt der Name dieser Ruinenstätte, die die Azteken als mythischen Ursprungsort ihrer eigenen Götter wählten, wo die Fünfte Sonne, die gegenwärtige Weltschöpfung, geschaffen wurde.

In den farbenprächtigen Wandmalereien von Techinantitla, einem Elitebezirk innerhalb von Teotihuacan, manifestiert sich die Ästhetik und Virtuosität der unbekannten Künstler. Das Fresko aus dem 7./8. Jahrhundert steht für die »Große Göttin« (Abb. S. 262/263), die wahrscheinlich zu jener Zeit als eine Hauptgottheit verehrt wurde. Die Klauen und die floralen Motive in dem Fluss ihrer sich gabelnden Zunge versinnbildlichen – ganz im Sinne des dualistischen Prinzips im vorspanischen Mexiko – ihre grimmigen und ihre wohlwollenden Aspekte.

Im ersten nachchristlichen Jahrtausend war Teotihuacan mit ihrer beeindruckenden Stadtanlage, ihren riesigen Pyramiden, prunkvollen Palästen, Wandmalereien und monumentalen Skulpturen die dominierende Metropole und religiöser, kultureller sowie ökonomischer Mittelpunkt der zentralmexikanischen Region.

Die Azteken präsentierten sich darüber hinaus als legitime Erben der sagenhaften und bewunderten Tolteken, die sie als die Erfinder aller Künste und der Schrift verehrten. Mit sicherem Gespür verstanden sie es, die Kunstäußerungen und religiösen Konzepte der Vorläuferkulturen aufzugreifen und zu einem immer komplexeren Kunststil mit einer bis ins Detail bedeutungstragenden Ikonografie weiterzuentwickeln.

Durch das Band der alles beherrschenden Religion waren die Menschen mit der natürlichen und übernatürlichen Welt in einer unauflöslichen Beziehung verbunden. Die künstlerische Umsetzung dieses Konzeptes bedingt den hohen Abstraktionsgrad zahlreicher aztekischer Kunstwerke.

Die Bekehrung der Indianer zum christlichen Glauben diente den spanischen Missionaren als Rechtfertigung für die Verbrennung ganzer Bibliotheken mit rituellen Büchern, für die Zerstörung sakraler Architektur und die Vernichtung von Abbildern der Gottheiten. Die erhaltenen Steinskulpturen wirken meist stilisiert und statisch. Individualisierende Porträts finden sich kaum, dafür häufig Idealbilder. Die klaren, standardisierten Formen aus dem Zentrum des aztekischen Reiches demonstrieren Präsenz, Macht und Ordnung, gleichzeitig reflektieren sie das Streben nach einer harmonischen Existenz, die wie das kosmische Gleichgewicht für den Fortbestand des Lebens und des Universums selbst notwendig war.

Die Religion der Azteken basierte auf einem zyklischen Zeitverständnis und dem Prinzip des Dualismus: Werden und Vergehen, Tag und Nacht, Himmel und Erde sind solch widerstreitende Paare, in denen sich die Erkenntnis der unauflöslichen gegenseitigen Abhängigkeit dieser komplementären Gegensätze manifestiert. Sehr anschaulich verwirklichten die bildhauernden Künstler dieses Prinzip etwa in den Skulpturen des Quetzalcoatl, einem der wichtigsten zentralmexikanischen Götter. Er war Schöpfergott, Gott des Morgensterns, Urpriester und Kulturbringer zugleich. Sein Name (quetzal = Quetzalvogel; coatl = Schlange) vereint die komplementären Gegensätze von Himmel und Erde ebenso wie seine Gestalt, die »Feder-Schlange« (Abb. S. 244).

Genau genommen handelt es sich um die Skulptur einer gefiederten Klapperschlange – deutlich zu erkennen an der Schwanzrassel. Die Darstellung der zusammengerollten Schlange ist ausgesprochen naturalistisch; gleichwohl erfährt die realistische Anmutung Brüche durch die Attribute des Vogels, den Schnabel und das Gefieder, das die Schuppen des Reptils ersetzt. Als Metapher für den Adler, die Sonne, gleichzeitig für die Schlange, das Irdische, folgt diese Skulptur dem abstrakten Grundprinzip der aztekischen Kunst, die sich hier sehr realistisch zeigt.

Wenngleich das breite Spektrum künstlerischen Schaffens wie alle Lebensbereiche von der Religion durchdrungen war, schätzten die Azteken-Herrscher auch im profanen Leben den Luxus. Kostbare Statussymbole, prächtige Federkronen, feinste Textilien, Gegenstände aus Edelsteinen oder filigraner Goldschmuck dokumentierten den Reichtum und Prunk des Lebens am Hofe.

Fast hedonistische Bilder vermitteln auch einige Vasenmalereien mit Palastszenen aus den Stadtstaaten der Maya im südlichen Mesoamerika etwa 600/700 Jahre früher. Die Zeit, die etwa zusammenfällt mit dem Untergang der vorher erwähnten Metropole Teotihuacan in Zentralmexiko, gilt als Beginn der späten Maya-Klassik (550-900 n. Chr.). In dieser Phase erreichte die Kultur ihren Höhepunkt bezogen auf die Bevölkerungsdichte, soziale Komplexität, künstlerische Ausdruckskraft und intellektuellen Glanzleistungen. Zahlreiche konkurrierende dynastische Königtümer bildeten in der Spätklassik die zentralen politischen Einheiten im südlichen Maya-Tiefland.

Hochaufragende Tempelpyramiden und monumentale Regierungsgebäude bestimmten das Bild in den Zentren der Stadtstaaten, ebenso wie öffentliche Plätze und die luxuriösen Paläste des Königshofes. Die adlige Führungselite wusste ihren Status stets durch zur Schau getragene Herrschaftsinsignien und Machtsymbole hervorzuheben. Darüber hinaus vergegenwärtigten überall im Palastbereich Hieroglypheninschriften und detailreiche szenische Bildreliefs die göttliche Abstammung der Könige und glorifizierten deren persönliche Leistungen. Da die Inschriften ein zentrales Merkmal der höfischen Kunst waren, genossen die schriftkundigen Vasenmaler und Bildhauer des Maya-Adels hohes Ansehen. Bei Festbanketten für diplomatische Delegationen etwa servierte das Personal Speisen auf feinstem Tafelgeschirr aus renommierten Töpferwerkstätten. Die Fürsten widmeten ihre Zeit am Hofe neben den politischen und administrativen Aktivitäten allerdings vornehmlich zeremoniellen Handlungen, die u. a. der Visionssuche dienten.

Nicht anders als bei den Völkern der Alten Welt war auch das politische Geschehen der klassischen Maya von dem Bestreben nach Machterhalt und regionaler Expansion geprägt. Gleichwohl vollbrachten die Gott-Könige ihre Taten stets in Besinnung auf das kosmische Weltbild, das einer heiligen, durch den Kalender vorgegebenen Ordnung folgte. Die immense Bedeutung der Kriegführung und die Unterwerfung ebenbürtiger Gegner manifestieren sich in den Reliefs zahlreicher monolithischer Stelen oder auf Türstürzen im Palastbereich.

Das Bild einer Unterwerfung auf dem Lintel von La Pasadita (Abb. S. 248) wird dominiert von König Yaxun B'alam IV aus Yaxchilan, der im Jahr 752 den Thron bestieg und bis etwa 768 regierte. Das Wechselspiel zwischen Frontal- und Profilansicht ist kennzeichnend für den Stil der Künstler am Hofe von Yaxchilan. Der König präsentiert sich mit prächtigem Federkopfputz und einem Kriegsornat aus kostbaren Grünsteinperlen. Zu seinen Füßen kauert ein Gefangener, entblößt, mit Strick um den Hals, in einer Demutsgeste den linken Arm zur rechten Schulter führend. Des Königs Statthalter in La Pasadita begleitet die Szene. Das Relief lässt nicht zuletzt wegen der Frontaldarstellung des Yaxchilan-Herrschers und seiner Erwähnung im Haupttext keinen Zweifel daran, dass dieser die politisch maßgebliche Figur ist.

Die Hieroglypheninschrift beginnt mit dem Datum 9. Juni 759 n. Chr. Im Text erfährt der schriftkundige Betrachter, dass es sich bei dem Gefangenen um den adeligen »Herrscher von Kin« handelt. In den folgenden Hieroglyphen wird König Yaxun B'alam als Kriegsherr verewigt: »Es ist das Werk des drei K'atun alten Königs Yaxun B'alam, der zwanzig Gefangene gemacht hat, dem göttlichen König von ?, dem göttlichen König von Pa'Chan (Yaxchilan)«. Der Gefangene auf dem flachen Kalksteinrelief scheint seinen Bezwinger um Gnade anzuflehen, drohte dem Besiegten doch das Schicksal des Opfertodes.

Kriege, Opferrituale und die Konfrontation mit dem Tod waren allgegenwärtig. Auch die Kunstschaffenden griffen den Tod als Aspekt des Lebens auf. Polychrome oder beritzte Keramiken, die man in Gräbern fand, sind wahrscheinlich eigens für die Reise nach dem Tod produziert worden; viele zeigen Szenen, die sich auf die jenseitige Welt beziehen. Teil des Totenkultes für verstorbene Könige war die üppige Ausstattung mit Jadeschmuck und Masken aus Jademosaik, die dem gottgleichen Herrscher auf das Gesicht gelegt wurden. Die Symbolkraft der glänzend grün schimmernden Jade berührte auch die Vorstellungen vom Jenseits. Durch die Assoziation mit frischem Grün, dem sprießenden Mais, gedachte man des Abstieges des Maisgottes bzw. der göttlichen Heldenzwillinge Junajpu und Xb'alanke in die Unterwelt (Xib'alb'a), wo der Sieg über die dunklen Kräfte von Xib'alb'a zur Wiederauferstehung führte.

In den komplexen urbanen Gesellschaften des vorspanischen Zentralamerika genossen die Künstler im Umkreis der herrschenden Adelsfamilien höchstes Ansehen. Umso erstaunlicher ist, dass es offenbar weitgehend unüblich war, die Kunstwerke zu signieren. Vereinzelte individualisierte und namentlich bekannte Meister oder Werkstätten der klassischen Maya sind uns inzwischen zwar bekannt. Bis auf diese wenigen Ausnahmen sind die Urheber der monumentalen, repräsentativen Kunst in den Machtzentren aber ebenso anonym geblieben wie die Künstler in der Peripherie.

Literatur: Kathleen Berrin (Hg.), »Feathered Serpents and Flowering Trees. Reconstructing the Murals of Teotihuacán«, San Francisco 1988. **/** Markus Eberl, »Tod und Seelenvorstellungen«, in: »Maya – Gottkönige im Regenwald«, hrsg. von Nikolai Grube, Köln 2000, S. 310–319. **/** Maria Gaida, »Azteken«, in: »MuseumsJournal«, 16. Jg., Nr. 11, 2003, S. 52–56. **/** Nikolai Grube und Maria Gaida, »Die Maya. Schrift und Kunst«, Köln 2006. **/** Nikolai Grube und Simon Martin, »Chronicle of the Maya Kings and Queens«, London 2000. **/** López Luján und Eduardo Matos Moctezuma, »La diosa Tlaltecuhtli de la Casa de las Ajaracas y el rey Ahítzotl«, in: »Arqueología mexicana«, Bd. XIV, Nr. 83, 2007. **/** Simon Martin und Mary Miller, »Courtly Art of the Ancient Maya«, London 2004. **/** Henry B. Nicholson, »Art of Aztec Mexico. Treasures of Tenochtitlan.« Washington DC 1983.

Südseekunst – Vielfalt und Farbigkeit

Markus Schindlbeck

Wenn wir von Südseekunst sprechen, so kategorisieren wir äußerst unterschiedliche Kunstwerke nach einer geografischen Herkunft, die sowohl zeitlich als auch räumlich sehr weit auseinander liegende Kulturen einschließt. Dieses einen großen Teil der Erdhalbkugel einnehmende ozeanische Gebiet geriet erstmals in das Blickfeld der Europäer, nachdem der Spanier Vasco Nuñnez de Balboa 1513 den Isthmus von Panama durchquert hatte und den vor ihm im Süden liegenden weiten Ozean »Mar del Sur« (»Südsee«) nannte. Es sollte jedoch noch Jahrhunderte dauern, bis aus den sporadischen Begegnungen zu Wasser und zu Lande eine genauere Kenntnis entstand. In dieser frühen Zeit der Entdeckungen traten jedoch schon zahlreiche von den Europäern ausgelöste Veränderungen ein, deren Ausmaße erst in den letzten Jahrzehnten wissenschaftlich erfasst wurden.

Die Beschäftigung mit den Kunstwerken der Kulturen aus Ozeanien beginnt mit den Reisen von James Cook am Ende des 18. Jahrhunderts, die nicht nur die Kunde von neu entdeckten Inseln nach Europa brachten, sondern auch zahlreiche Gegenstände, die heute zu den größten Kostbarkeiten in den Museen zählen. Die Reisen von Dumont d'Urville und anderen zu Beginn des 19. Jahrhunderts lösten jedoch erst eine wissenschaftliche Beschäftigung mit den Kunstformen aus, wie wir es dem ersten »Handbuch der Kunstgeschichte« 1842 entnehmen können, in dem Franz Kugler über die »Denkmäler auf den Inseln des Großen Ozeans« schreibt. Kugler kannte Adelbert von Chamisso, der den Kapitän Krusenstern auf einer Weltumseglung auf der Suche nach der nordwestlichen Durchfahrt an der Behringstraße begleitet hatte und 1816 bis 1817 nach den Marshall-Inseln und nach Hawaii gelangt war. Dumont d'Urville hatte 1831 eine Klassifikation der Inseln Ozeaniens in drei Gebiete – in Melanesien, Polynesien und Mikronesien – vorgegeben, die sich lange als Ordnungsschema, besonders auch für die materielle Kultur, erhalten hat, und besonders für die Museumssammlungen, aber auch für Publikationen, Ausstellungen und andere Präsentationen entscheidend war. Diese drei Gebiete – wobei wir den großen Kontinent Australien einmal außer Acht lassen – haben eine sehr unterschiedliche Rezeption erfahren. Die Inseln östlich der Philippinen, die als Mikronesien zusammengefasst werden, haben in den Sammlungen und auch Ausstellungen eine viel geringere Beachtung gefunden als jene von Polynesien, die oft mit der Südsee insgesamt gleichgesetzt werden. Mit den großen Inselgruppen von Hawai'i und Neuseeland reicht die Ausdehnung Polynesiens auch weit über das tropische Gebiet hinaus. Polynesien wurde durch die frühen Entdeckungsfahrten und durch die Missionierung, aber auch wegen der leichteren Zugänglichkeit dem westlich-europäischen Einfluss schon bald unterworfen, noch bevor die Kunstwerke von Europäern im größeren Umfang beschrieben, dokumentiert oder auch für Museen gesammelt worden waren. Der Zeitpunkt der ersten Entdeckung und Beschreibung von Polynesien, besonders im Zusammenhang mit den Reisen von James Cook, fällt in die europäische Phase der Aufklärung und hat ganz wesentlich das westliche Verständnis dieser Kulturen, aber auch die Einordnung und Wertschätzung der Kunstwerke Polynesiens geprägt. Wie anders verlief die Auseinandersetzung mit der Inselwelt Melanesiens, bei der das Innere mancher großen Insel wie Neuguinea erst im 20. Jahrhundert erkundet wurde. Hier treffen die Phasen des Imperialismus, Kolonialismus und Evolutionismus zusammen mit der näheren Beschäftigung zu Kunst und Kultur. Während sowohl von kultureller, historischer als auch linguistischer Seite für Polynesien eine größere Einheitlichkeit immer noch gesehen wird, ist in letzter Zeit für die Nützlichkeit des Terminus Melanesien Zweifel angemeldet worden, weil er so unterschiedliche Kulturen und Kunstformen umfasst. Kunst aus Melanesien, das sich anders als Polynesien mit den Inseln von Neuguinea, dem Bismarck-Archipel, den Salomonen, Neuen Hebriden (Vanuatu) und Neukaledonien ganz innerhalb des tropischen Gürtels befindet, wurde immer als reichhaltig und bunt, vital, mit maßlos übertreibenden Formen beschrieben und in Gegensatz gestellt zu Polynesien, dessen Kunst als nüchtern, formal und geordnet galt.[1]

Doch dieses äußere Erscheinungsbild trügt, vor allem weil es einseitig bestimmt wird durch die wesentlich umfangreicheren Sammlungen Melanesiens in den Museen, die ja meistens zur Zeit der größten Sammlungsaktivitäten am Ende des 19. und zu Beginn des 20. Jahrhunderts zustande kamen, aber auch durch das erwachte Interesse europäischer Künstler der Moderne, die glaubten, eine besondere Sicht auf die Kunstwerke gefunden zu haben. Denn auch die Schnitzwerke Polynesiens waren geschmückt von sehr farbigen Blütenkränzen, bedruckten farbigen Rindenbaststoffen oder auch Federn. Die in der Ausstellung präsentierte Auswahl folgt den hier genannten Bedingungen, sodass im Folgenden vor allem Kunst aus Melanesien behandelt wird.

Insgesamt ist häufig das im Museum erhaltene Kunstwerk nur noch ein Teil des ursprünglichen Ensembles. Den meisten Stülpmasken, wie z. B. jenen der Abelam, fehlen die Behänge, die den Tänzer verhüllten. Dennoch waren diese meist frisch gebrochenen Pflanzenfasern mit ihrem leuchtenden hellen Grün ein wichtiger Aspekt des Maskenauftrittes. Ein solcher Pflanzenfaserschmuck, geknüpft an die Enden von Schlitztrommeln, gab ebenfalls diesen oft unbemalten großen Schnitzereien einen eigenen Farbton. Hinzu kommen Federn und Blattschmuck bei vielen geschnitzten Figuren, die leider im Zuge des Transportes oder bei den zahlreichen Umsortierungen in Museen abgefallen und verloren gegangen sind.

Ebenso wie dem Schnitzen und Bemalen wird gerade der Herstellung von Schmuck aus verschiedenen Pflanzenteilen große Aufmerksamkeit gewidmet. Die Vorbereitungszeit für Rituale dauert oft länger als das Ritual selbst, und daher sind die während dieser Zeit stattfindenden Arbeiten für eine Gemeinschaft von besonderer Bedeutung. Das Schmücken der Gegenstände beinhaltet oft eine Reaktivierung der spirituellen Substanz, die in Gegenständen lokalisiert wird. Gegenstände, die im Verborgenen aufbewahrt werden, holt man hervor, um sie bei Festen der Öffentlichkeit neu zu präsentieren. In diesem Zusammenhang werden Gegenstände übermalt bzw. die Farben werden aufgefrischt. So geschah es z. B. bei den Uli-Figuren von Neuirland, die bei Totenfeiern aufgestellt wurden (Abb. S. 137). Leider wissen wir nur wenig über die Häufigkeit einer solchen Wiederverwendung. Nachgewiesen ist die wiederholte Bemalung von übermodellierten Schädeln am Mittelsepik in Neuguinea, die bei verschiedenen Festen auf Figuren montiert der Öffentlichkeit, d. h. den Nicht-Initiierten, gezeigt wurden. In diesem Zusammenhang wird deutlich, wie das Herstellen einer Schnitzerei von dem Bemalen unterschieden wird. Es sind zwei verschiedene Vorgänge, die manchmal auch von verschiedenen Personen ausgeführt werden. Die Behandlung eines Kunstwerkes, wie das Bemalen oder Schmücken, beinhaltet dann auch eine »Belebung« des Gegenstandes, ähnlich dem Herbeirufen von Ahnengeistern, die sich z. B. in Musikinstrumenten niederlassen sollen, und deren Klang dann die Stimme jener Geister repräsentiert. Das Bemalen eines Gegenstandes kann daher deutlich mehr sein als nur eine ästhetische Gestaltung, die es immer auch ist. Hier ist zu erwähnen das Bestreichen von Schnitzereien mit Blut, wie es mit den Jagdhelfer-Figuren vom Korewori-Gebiet geschah (Abb. S. 76),[2] aber auch mit anderen Objekten wie Pfosten von Männerhäusern am Mittelsepik, bevor man auf die Kopfjagd zog. Die Bemalung erhält auf diese Weise eine magische Bedeutung.

Auch wenn die Kunst Melanesiens, in der die Welt der Masken (Abb. S. 67, 68) eine große Rolle spielt, insgesamt durch ihr farbiges Erscheinungsbild sich leicht zu erschließen scheint, so ist sie jedoch viel mehr als nur Buntheit. Die Maskenauftritte, die ja meistens von musikalischen Klängen begleitet werden, wie Trommeln, Flöten und Gesang, sind wesentlich bestimmt durch ihre Bewegung. Gerade diese choreografischen Elemente, die überraschenden Vor- und Rückwärtsbewegungen, das Auf- und Abwippen, die Drehung und viele andere Bewegungselemente verleihen diesen Masken eine Bedeutung, die wir ihnen in der statischen Haltung von Vitrinen-Exponaten nicht mehr geben können. Hinzu kommen Geräusche wie das Rascheln der Pflanzenfaserbehänge oder das Klappern des Schnecken- und Muschelschalen-Schmuckes, die integraler Bestandteil dieser Kunstwerke sind. Ozeanien, das in voreuropäischer Zeit kein Metall kannte, ist in seiner materiellen Ausstattung ganz auf die organischen Materialien wie Holz und Pflanzenfasern oder auf Materialien aus Conchylien und Stein ausgerichtet. Vor allem die frischen Blätter, deren aromatische Düfte über dem Feuer noch verstärkt werden können, verleihen den Kunstwerken einen spezifischen Geruch, der ebenso wie Anblick und Klang Teil des Gesamteindruckes ist. Dieser umfassende Eindruck, der von einem Kunstwerk ausgeht, wird dann mit einer magischen Beziehung gleichgesetzt, die zwischen dem Objekt und dem Betrachter entsteht. So war es nicht erlaubt, den Blick jederzeit auf bestimmte Masken zu richten. Einzelne Schnitzereien, wie jene aus den Kulthäusern des Maprik-Gebietes, wurden nur zu bestimmten Initiationen den Novizen gezeigt, in die Dunkelheit getaucht und nur von Fackelfeuer erhellt. Kunstwerke in Verbindung mit Initiationen erhalten hier den Aspekt des Schauers vor dem Numinosen. Eng verbunden damit kann aber auch der Anteil der Unterhaltung sein. Feste mit Kunstwerken dienen dazu, der Gemeinschaft eine Abwechslung im oft einseitigen Alltag zu geben, der geprägt ist durch die meist mühsame Arbeit der Nahrungsgewinnung. Der Anblick der Schnitzerei, Maske oder Bemalung enthält nach einheimischer Sicht häufig eine erotische Komponente, und daher werden, dieser Erklärung folgend, Beziehungen zwischen Männern und Frauen gerade bei Festen geknüpft.

Die Betonung auf organische Materialien in der Südseekunst, und hier besonders auf Pflanzenteile, schließt mit ein, dass zahlreiche Kunstwerke sehr vergänglich sind, ja ihre Vergänglichkeit ist Charakteristikum des Kunstwerkes.[3] Dies ist häufig beschrieben worden für die »Malagan« genannten Kunstwerke aus Nord-Neuirland, aus dem weichen Holz des Alstonia-Baumes geschnitzt, oder auch als Flechtwerke, die nach ihrer Verwendung bei Toten-Erinnerungsfeiern im Wald dem Verfall preisgegeben oder sogar aktiv zerstört werden.

Es gibt jedoch auch Kunstwerke, die für Rituale zusammengesetzt wurden aus verschiedenen Pflanzen- und Conchylien-Teilen, und die nur für Stunden erhalten blieben. Ein weiterer Teil der melanesischen Kunstform sind Nahrungsmittel, die mit Federn und Blüten geschmückt ähnlich präsentiert werden und Glanz und Prestige ihrer Besitzer verbreiten wie die von Sammlern und Museen bevorzugten Schnitzereien. Diese Kunst ist nie in die Museen gelangt und ist auch in Bildbänden wenig dokumentiert worden. Dagegen haben Europäer mehr Interesse gezeigt für die künstlerische Gestaltung des menschlichen Körpers, vor allem für Tatauierung, Narbenmuster und Körperbemalung. Der Körper als Kunstwerk kam dem exotisierenden Blick des 19. Jahrhunderts, vor dem Hintergrund viktorianischer und wilhelminischer Moralvorstellungen, besonders entgegen und erlebt gerade deshalb in der gegenwärtigen Fokussierung auf den menschlichen Körper eine ungeahnte Revitalisierung, vor allem bei der Tatauierung. Ein Männerkopfschmuck aus dem Hochland von Neuguinea ist in dieser Weise in seiner Komposition ein vergängliches Kunstwerk, wenn es auch in seinen Einzelteilen, wie z. B. den kostbaren Federn, sorgfältig aufbewahrt wird.

Die Dichotomie von Alltag und Ritual, von profan und sakral, durchzieht seit dem 19. Jahrhundert die Darstellungen von Südseekunst. Allzu häufig und schnell wurden manche Gegenstände als kultisch bezeichnet. Die Fixierung westlicher Erklärungsmodelle auf eine angeblich besonders magische Weltsicht erschwert heute noch die Vermittlung eines rationalen Verständnisses nicht-europäischer Kulturen. Ein Beispiel dafür können die Zierbretter der Sawos sein. So wurde ihnen eine angebliche Rolle im Rahmen der Initiation zugewiesen,[4] die sie jedoch nie hatten. Sie wurden in den Wohnhäusern aufbewahrt und dienten als Aufhängehaken für besonderen Schmuck. Auch die Dichotomie von Wohnhaus und Kult- bzw. Männerhaus ist nur bedingt gültig, da zahlreiche »Klanheiligtümer« auch in Wohnhäusern aufbewahrt werden konnten. Die Abgrenzung von profan und sakral ist daher in vielen Situationen durchbrochen, und manche Gegenstände, die in den Museumssammlungen heute aufbewahrt werden und deren Geschichte man zu wenig kennt, können einen kultischen Aspekt haben; oft sind es unverzierte Objekte. Die Fokussierung der Sammler auf verzierte Gegenstände hat das Bild von traditionellen Kulturen verschoben. Dennoch ist festzuhalten, dass die als herausragende Kunstwerke heute bezeichneten Schnitzereien in den meisten Fällen eine kultische Bedeutung hatten und nur vor diesem Hintergrund zu verstehen sind, wie die »Mindjama«-Schnitzereien der Kwoma, die anlässlich von Initiationen an »Altären« aus Yamsknollen aufgestellt wurden.[5] Diese kultische Bedeutung wurde durch die Farbgebung verstärkt. Schon den ersten Reisenden in der Südsee, so auch den Teilnehmern der Fahrten von James Cook, fiel die Vorliebe für rote Federn auf. Ihre Kostbarkeit drückt sich in den prestigereichen Federmänteln von Hawai'i ebenso aus wie in dem sogenannten Federgeld von Santa Cruz. Während der flüchtigen Kontakte im 19. Jahrhundert, vor allem von Boot zu Boot, war rotes Tuch eines der begehrtesten Handelsartikel in Melanesien, und noch in den letzten Jahrzehnten waren rote Etiketten von Fischkonserven ein beliebtes Schmuckelement in Neuguinea. Vermutlich täuscht hier jedoch die Farbe rot ein Erklärungsmodell vor, das andere Vorstellungen verdeckt. Die Wirkung der Farben wird in den genauer dokumentierten Fällen auf die bei der Herstellung der Farben benutzten Substanzen und auf das rituelle Verhalten der Maler zurückgeführt, und nicht allein auf die Farbsymbolik. Teilweise ist es erst das Zusammenspiel von verschiedenen Farben, wie Weiß und Rot, das den Malereien wie denjenigen der Abelam-Giebelwände ihre besondere transzendente Bedeutung gibt.[6] (Abb. S. 208) Daher reicht auch die Farbe Rot allein nicht aus, um eine magische Wirkung auf den Betrachter auszulösen, genauso wenig wie eine Schnitzerei oder Maske, die vorher nicht belebt worden ist, oder ein Zauberspruch, bei dem nicht die entsprechenden Pflanzenteile genutzt werden. Die Wirkungskraft dieser Kunstwerke beruht daher auf einer Vielzahl von Faktoren, die wir in unseren begrenzten Inszenierungen von Exponaten nur andeuten können.

Literatur: Brigitta Hauser-Schäublin, »Sammeln verboten, oder: vergängliche Kunst«, in: Suzanne Greub (Hg.), »Ausdruck und Ornament. Kunst am Sepik. Bildwerke einer alten Tropenkultur in Papua-Neuguinea«, Basel 1985, S. 27–31. **/** Dies., »Weiss in einem Meer von Rot. Die bemalte Giebelwand des Abelam-Kulthauses«, in: Anna Schmid und Alexander Brust (Hg.), »Rot. Wenn Farbe zur Täterin wird«, Basel 2007, S. 190–194. **/** Adrienne L. Kaeppler, Christian Kaufmann und Douglas Newton, »Ozeanien, Kunst und Kultur«, Freiburg/Basel/Wien 1994. **/** Christian Kaufmann, »Über Kunst und Kult bei den Kwoma und Nukuma (Nord-Neuguinea)«, in: »Verhandlungen der Naturforschenden Gesellschaft in Basel«, 79, 1968, 1, S. 63–112. **/** Christian Kaufmann, »Korewori – Magische Kunst aus dem Regenwald«, hrsg. vom Museum der Kulturen Basel, Basel 2003. **/** Heinz Kelm, »Kunst vom Sepik I.«, Veröffentlichungen des Museums für Völkerkunde Berlin, Neue Folge 10, Berlin 1966. **/** Hans Neverman, »Südseekunst«, Berlin 1933. **/** Douglas Newton, »Malu: openwork boards of the Tshuosh tribe«, The Museum of Primitive Art, New York 1963. **/** Markus Schindlbeck, »Kunst aus Ozeanien«, in: »Wege der Moderne – Die Sammlung Beyeler«, Ausst.-Kat. Nationalgalerie Berlin 1993, S. 241–245. **/** Markus Schindlbeck, »Die Kunst der Südsee und ihre Entdeckung durch die Europäer«, in: »Paul Gauguin, Emil Nolde und die Kunst der Südsee. Ursprung und Vision.«, Internationale Tage Ingelheim, Mainz 1997, S. 17–30.

Anmerkungen: 1 Vgl. Kaeppler et al. 1994 und Nevermann 1933. **2** Kaufmann 2003. **3** Vgl. Hauser-Schäublin 1985. **4** Kelm 1966, S. 35; Newton 1963. **5** Kaufmann 1968. **6** Hauser-Schäublin 2007.

Das imaginäre Museum der Tropen und ein Souvenir aus Indien

Regina Höfer

»Und das verbindende Band jenes universellen Menschentums war zweifellos die Kunst, eine die sich allerdings völlig löste von den realen politischen und religiösen Entstehungsbedingungen solcher Artefakte.«[1]

Die Äußerung André Malraux' (1901–1976) über die »innere Gestimmtheit« zu einer Art universellem Reich der ewigen Kunst ist weniger konservativ, als es auf den ersten Blick erscheinen mag. Nicht nur weil diese »Besinnung auf die Werte des Ästhetischen« gegenüber den Niederungen des gesellschaftlichen Lebens bei Traditionalisten wie Modernisten in der Nachkriegszeit typisch ist, sondern auch weil sein humanistischer Kunstethos sehr konkrete zeitgenössische Bedingungen hatte: Malraux gründete sein »Musée imaginaire« der Kunst aller Zeiten und Kulturen (Erstausgabe 1947) auf den modernen Reproduktionstechniken der Fotografie und des Buchdrucks. Diese ermöglichen eine Angleichung unterschiedlichster Artefakte jenseits ihres ursprünglichen Sinns, gesellschaftlichen Gebrauchs oder auch nur ihrer materiellen Beschaffenheit. Die Kunstwerke verbanden sich unbenommen ihrer Herkunftskultur im imaginären Museum des Kunstbuches zu einem selbstständigen, von der Wirklichkeit gelösten Reich künstlerisch-ästhetischer Werte. Gerne verknüpfte der Kunstwissenschaftler und Romancier dabei den überlieferten Kanon der europäischen Kunsthagiografie mit den Artefakten exotischer Kulturen. Im Museum und im Kunstbuch stehen sie Seite an Seite: Die Madonna aus der Kathedrale und der Buddhakopf aus dem tropischen Regenwald: »Alles Geheimnis dieser (asiatischen, Anm. d. Autors) Kunst endet in diesem neuen Lächeln, um das die Gesichter sich bilden, im Lächeln, das man für die Lippen Buddhas gefunden; ebenso entsteht später aus dem Lächeln, das man für die Lippen der Heiligen Jungfrau gefunden, das Geheimnis der Frauen Leonardos ...«[2]

Es war derselbe André Malraux der in den 1950er Jahren diese Kunstreligion aus dem Geist industrieller Reproduktion feierte, der Anfang der 1920er Jahre als angeblich ausgebildeter Archäologe und Orientalist auf einer Ausgrabungsreise nach »Indochina« mehrere Reliefplatten aus einem Khmertempel nahe Angkor heraussägte, um mit dem Verkauf seine selbst verschuldeten finanziellen Schwierigkeiten zu überwinden. Bis heute streitet die »Grande Nation«, ob der dilettierende Kunsthändler als feinsinniger Ästhet nur ein Kavaliersdelikt beging, oder ob es sich um einen juristisch veritablen Kunstraub handelte. Rechtskräftig verurteilt wurde er immerhin, doch konnte die Strafe nach der Mobilisierung der Pariser »Hautevolée« zur Bewährung ausgesetzt werden.

Malraux als einer der ersten Denker und Literaten Frankreichs im 20. Jahrhundert verband das Interesse an der Kunst Asiens, einen abenteuerlichen, zur Selbstdarstellung und »Mythomanie« neigenden Lebensstil mit Aufenthalten in den exotischen Tropenprovinzen der französischen Kolonien Indochinas sowie dem politischen Engagement für diverse antikolonialistische und kommunistische Revolutionen, beispielsweise der Kuomintang. Diese Einheit von Kunstsinnigkeit und politischem Einsatz mündete schließlich in seine Berufung u. a. zum französischen Kulturminister unter General de Gaulle und höchste staatliche Ehren.

Seine Modernität aber gipfelte im Konzept des imaginären Museums. Doch was hat dieses mit dem Mythos der Tropen zu tun?

Tatsächlich verbinden die unterschiedlichen Länder, Kulturen und Regionen der Tropen bestimmte gemeinsame Rahmenbedingungen, die durch eine für den Menschen ebenso üppige wie grausame Natur und einen exotischen Mythos der Ferne begründet sind, der hier wie in wohl kaum einem anderen natürlichen Lebensraum – vielleicht ausgenommen der Wüste – seinen geografischen Ort findet. Was allerdings im »Musée imaginaire« all jene Regionen verbindet, ist die Idee einer »arte universale«, einer ewigen Kunst, die geborgen in der Unwirtlichkeit einer wilden Natur, fast nur als Fragment und Ruine auf uns gekommen ist. Und eben jene unterschiedlichsten Artefakte, vom javanischen Buddhakopf über die Stele des hinduistischen Feuergottes Agni, werden mit afrikanischen Objekten und südamerikanischen Textilien im imaginären Museum eben dieses Bandes kontextualisiert.

Den ersten und prominentesten Platz unter den vielen Orten der exotischen Wundergegend der Tropen hält allerdings seit jeher das »ewige Indien«, ergänzt um jene weiten und schon früh kolonialisierten Länder in Südostasien, für das früher der klangvolle und geheimnisversprechende Name Hinterindien stand. Nun ist die Geschichte der Aneignung der Kunst jener tropischen Gebiete eine wechselvolle. Was aber ist geschehen seit jenen Tagen Anfang des 19. Jahrhunderts, als Hegel die Tempelplastik und Architektur Indiens als Monstrosität denunzierte? Eigentlich war das Verdikt des deutschen Geistphilosophen bereits etwas verspätet, denn ungefähr zu jener Zeit begannen die europäischen Kolonialherren schon die archäologischen Bestände der eroberten Ländereien zu dokumentieren und ihnen gelegentlich gar denkmalpflegerischen Schutz angedeihen zu lassen. Die Sprachwissenschaftler der romantischen Schule im damals kolonielosen Deutschland begannen gleichzeitig die lebenden und vor allem toten Sprachen desselben Orients zu erforschen, mit denen schließlich die geheimnisvollen untergegangenen Kulturen zum Sprechen gebracht werden sollten.

Das »Ex oriente lux« erhielt ein konkretes Gesicht, und der zivilisationsmüde Europäer konnte sich an den Fragmenten eingefallener Tempelbauten, den Torsi der so variantenreichen wie unverständlichen indischen Gottheiten und zuletzt am ewig abgeklärten Antlitz des Buddha von den Ernüchterungen der eigenen Modernität erholen.

Die Suggestivität des Exotischen zwischen Japonismus und dem Kult der afrikanischen Primitivität ist bekannt, doch welche spezifische Note verleiht diesem Konstrukt des Kolonialismus und der europäischen Modernisierung zuletzt das Spezifische des Begriffes »Tropen«, jener Verbindung von Schwüle, undurchdringlichem Urwald und Imaginationen untergegangener Reiche und Kulturen?

Es ist wohl zuallererst das Vergängliche, Fragmentarische und Ruinöse, das Europa mit solchen Kulturen verband. Zunächst impliziert dies Herrschaft und Überlegenheit. Noch in der wohlmeinenden und liebenden Aneignung durch den europäischen Humanismus als Erforschung und Errettung dieses Menschheitserbes, erst recht in der imperialen Geste etwa der britischen Kolonialherren gegenüber den Bauten des eben erst eroberten Mogulreiches, verband sich der Anspruch der Übernahme der Herrschaftsgewalt der dahingeschiedenen Imperien mit der Faszination vergangener Größe; aber eben im ungefährlichen Raume der Geschichte. Jene Zeitlichkeit, jenes Bewusstsein des Vergänglichen nicht als reale Bedrohung, sondern in der wohltuenden Distanz einer künstlichen Ruine in einem Englischen Garten beispielsweise, erlaubte eine wohltuende und unverfängliche Melancholie des Betrachtens, die den Anspruch europäischer Humanität mit der gleichzeitigen brutalen Praxis der imperialistischen Ausbeutung jener Länder verband: Eine aufgeklärtere Ideologie des Kolonialismus einer Epoche, für die das naive Kreuzrittertum der portugiesischen und spanischen Welteroberer zweihundert Jahre vorher nicht mehr taugen konnte. Und eben hierfür eignete sich nichts besser als die von den Unbilden des Klimas und einer mächtigen Vegetation so sehr heimgesuchte Kunst der Tropen. Während man sich noch lange nach der Entdeckung von Pompeij und Herculaneum wider besseren Wissens die hehre Antike nicht anders als im reinen und strahlenden Weiß vorzustellen vermochte, gehörte zu den Tempeln Hindustans das Wuchern der Lianen und die schrillen Geräusche einer übermächtigen Natur.

Melancholie ob des Dahinschwindens, sei es in den Trümmern kambodschanischer Tempelanlagen oder der Patina eines Bronzebuddhas, bleibt ein passives und zugleich legitimierendes Verhalten. Die Welt wird angeeignet und ihre Widersprüchlichkeit in der Verbindung von Trauer und reinem Künstlertum aufgehoben.

Die hier ausgewählten Kunstwerke des indo-asiatischen Kulturraums des tropischen Süd- und Südostasiens erzählen jeweils eine andere Geschichte, eine Geschichte die allerdings selbst schon durch die europäische Aneignung geformt wurde. Die Karte der berühmten indischen Tempelanlage von Shrirangam erweist sich so als ein Souvenir aus dem reichen Fundus europäischer Kunstaneignung in Asien. Wie aus der Widmung hervorgeht, war sie ein Geschenk des deutschen Pfarrers und Missionars der Francke-schen Stiftungen in Halle, Daniel Schreyvogel, an den preußischen König Friedrich Wilhelm III. (1770-1840). Das an sich begrüßenswerte Interesse des Missionars hat aber noch andere Wurzeln. Man könnte lange über die historischen Hintergründe dieser Widmung sprechen, doch sie macht letztlich nur explizit, was für alle hier gezeigten Objekte gilt: Der Blick der Moderne, der sie dem tropischen Urwald entriss, ist in unser aller Wahrnehmung auf die Kunst der Tropen eingeschrieben.

Pläne wie dieser (Abb. S. 240) der südindischen Tempelstadt von Shrirangam nahe Madras waren im 19. und 20. Jahrhundert ein beliebtes Souvenir bei den britischen Kolonialherren, den Franzosen sowie den Reisenden. Es handelt sich dabei um massenproduzierte Arbeiten in einem der Tanjore-Malerei ver-wandten Stil, die indische Maler auch von anderen großen hinduistischen Pilgerzentren und Tempelan-lagen des Landes, vor allem vom Vishvanatha-Tempel in Benares und dem Jagannatha-Komplex in Puri anfertigten. Sie spiegeln das Interesse am Hinduismus und der beeindruckenden Tempelarchitektur wi-der. Für die Einheimischen stellt der Ort auch die heiligste der 108 vishnuitischen Pilgerstätten dar, die mit zahllosen Mythen verknüpft ist.
Daniel Schreyvogel stand seit 1827 der Mission in Trichinopoly vor und erwarb die Karte der Tempelanla-ge vor Ort. Schreyvogel beschreibt im Text die Anlage ausführlich und hat trotz der voreingenommenen und zum Teil despektierlichen Sichtweise auf den »Götzen Wistnu« (Vishnu) einen erstaunlich klaren Blick auf die Grundstruktur und die Architektur der Tempelstadt: »In der Mitte steht der eigentliche Tem-pel, ein viereckiges Gebäude mit einer Kuppel, ganz aus gehauenen Granitsteinen, … Das Grüne am Fu-ße desselben ist ein von Granitsteinen ausgepflasterter Teich, worin sich die Priester und Vestalinnen baden. Die sieben rothen Umgebungen sind Ringmauern 25 bis 30 Fuß hoch, von gehauenen Granitstei-nen, dazwischen breite Strassen sind. In den drei äussern Strassen wohnen die zum Tempel gehören-den Braminen u.s.w. …«

Trotz etlicher Abweichungen von der Realität vermittelt der Plan einen guten Eindruck dieser auf einer Flussinsel gelegenen, mit einer Gesamtfläche von 77 Hektar größten südindischen Tempelanlage. Dabei folgt sie dem Grundriss einer Idealstadt.
Das zentrale Heiligtum ist der Vishnu geweihte Ranganatha-Tempel aus dem 12. Jahrhundert in der Mitte des Bildes. Der Gott ruht auf der fünfköpfigen kosmischen Schlange, die die Unendlichkeit und Anfangs-losigkeit des Universums symbolisiert, und erträumt die Welt. Dazu erschafft er aus seinem Nabel einen Lotos mit dem Schöpfergott Brahma. Unterhalb ist ein Bildwerk des stehenden Gottes mit seinen beiden Gemahlinnen zu sehen.
In Südindien spielt ab dem 15. Jahrhundert der Tempel im Stadtleben eine immer größere Rolle, monu-mentale Stadtanlagen entstehen. Anstelle der gängigen Ost-West-Ausrichtung liegt in Shrirangam je-doch eine nordsüdliche vor. Sieben konzentrische Mauern, im Laufe der Jahrzehnte errichtet, umschlie-ßen das Sanktuarium, wobei sich der eigentliche Tempelbezirk bis zur vierten Mauer ausdehnt. Die Ringmauern schaffen Übergänge zwischen dem heiligen Tempelbezirk im Zentrum und dem profanen Bereich des städtischen Alltagslebens. Die dabei entstandenen Straßen und Höfe mit den typischen py-ramidenförmigen und an den Himmelsrichtungen orientierten Torbauten dienen der rituellen Umwand-lung. Sie beherbergen aber auch Geschäfte, Versammlungsplätze und Wohnquartiere, wie die Malerei beispielsweise in den drei äußersten Mauern durch kleine Gebäude mit grünen Dächern andeutet. Dabei spiegelt der Aufbau auch die soziale Hierarchie wider: Die Brahmanen wohnen innen, nahe am Allerhei-ligsten, die anderen Kasten entsprechend weiter außen.

Dieser Buddhakopf (Abb. S. 139) stammt aus einer der bedeutendsten und größten buddhistischen Tempelanlagen Südostasiens, dem zentraljavanischen Borobodur. Er besticht durch ein angedeutetes Lächeln sowie die Sanftheit und Milde der Gesichtszüge, gepaart mit einem großen Ernst und erhabener Würde. Frisur und Schädelauswuchs mit den im Uhrzeigersinn gedrehten spiralförmigen Haarlöckchen, das Stirnmal sowie die langen Ohrläppchen entsprechen genau den kanonischen Vorgaben, die für die Gestaltung des Buddha vorgeschrieben sind. Wahrscheinlich war der Kopf Bestandteil der Dekoration der kleinen pyramidenförmigen Kultbauten (stupa) der Anlage mit 72 identischen sitzenden Buddhas. Sie trugen vermutlich transparente Mönchsroben und wiesen die Handgeste auf, die die erste Predigt des Buddha und die Verbreitung der Lehre symbolisiert.

Insgesamt 504 Buddha-Skulpturen beherbergte die ca. im 8. Jahrhundert n. Chr. von der Sailendra-Dynastie erbaute terrassenförmige Anlage von Borobodur. Sie zählen zu den Höhepunkten der zentraljavanischen Kunsttradition, deren Blütezeit mit der Verlagerung der politischen Macht nach Ostjava im 10. Jahrhundert endete. Die sakrale, sowohl hinduistische als auch buddhistische Kunst des alten Indonesien zentriert sich um die alten Machtzentren des Inselreiches und spiegelt eine vornehmlich höfische, stark vom alten Indien inspirierte Kunst und Kultur wider. Diese weisen wie die Kunst und Architektur Borobodurs vielfältige stilistische Merkmale aus diversen süd-, nord- und ostindischen Schulen auf.

Der wesentlich spätere Kopf eines thailändischen Buddhas (Abb. S. 138) aus dem 14./15. Jahrhundert zeigt ein ähnliches angedeutetes Lächeln, besticht aber vor allem, typisch für die Ayutthaya-Kunst, durch die Stilisierung der Gesichtszüge. Hierzu zählen unter anderem die bogenförmig geschwungenen Brauen, die an der Nasenwurzel zusammenlaufen und das schmale Band am Haaransatz. Die separat gearbeitete stilisierte Flamme, die den Schädelauswuchs als eines der übermenschlichen Körpermerkmale des Erleuchteten bekrönt, ist ein weiteres Merkmal dieser Zeit. Sie symbolisiert die transzendente Weisheit und Erleuchtung Buddhas. Stilistisch folgte die Kunst von Ayutthaya hauptsächlich den Vorbildern der Blütezeit thailändischer Kunst, des weiter nördlich gelegenen Reiches von Sukhothai. Beide Schulen stellen den Buddha in allen vier kanonisch bekannten Formen dar, sitzend in Meditationshaltung, stehend, liegend sowie schreitend. In der Nähe des heutigen Bangkok gelegen, war Ayutthaya von 1350 bis zu seiner Vernichtung durch die Burmesen im 18. Jahrhundert nicht nur das größte Thai-Königreich, sondern auch einer der mächtigsten und wohlhabendsten Staaten Südostasiens. Die Lage der prachtvollen Hauptstadt mit ihren über 1000 Tempeln und zahlreichen Kanälen im Zusammenfluss dreier Flüsse brachte ihr bei westlichen Reisenden des 17. Jahrhunderts den Ruf als Venedig des Ostens ein.

Die indische Kultstele des hinduistischen Feuergottes Agni (Abb. S. 140) aus dem 11./12. Jahrhundert zeigt die Gottheit in starrer, aufrechter Haltung mit einem langen Kinn- sowie Schnurrbart, aufgetürmter Haarkrone und Brahmanenschnur. Seine vier Hände halten unten die gängigen Attribute Wassergefäß und Gebetskette, oben ungewöhnlicherweise Buch und Blume. Eindrucksvoll erheben sich dreifach gestaffelte Flammenreihen von seinen Schultern, die durch das Öl genährt werden, das zwei Brahmanen aus Kellen in die Flammen gießen. Wie in der indischen Vorstellungswelt üblich, verfügt auch Agni über ein Reit- und Symboltier. Seine Ziege ist als Mischwesen mit menschlichem Unterkörper und Ziegenkopf rechts unten dargestellt. Gegenüber stützt eine weibliche Begleitfigur den schweren Wassertopf in der Hand der Gottheit.

Im hinduistischen Ritual nimmt das Feuer einen hohen Stellenwert ein. Dadurch, dass die Opfer für die Gottheiten vom Priester verbrannt werden, fungiert Agni als Opferbote und Mittler zwischen Menschen und Göttern. Zudem hat das Feuer in diversen Zeremonien eine reinigende und beschützende Kraft. Doch auch das innere Feuer der Verdauung sowie Feuer am Himmel in Gestalt der Sonne und des Blitzes stellen wichtige Aspekte Agnis dar.

Literatur: Piriya Krairiksh, »Das Heilige Bildnis, Skulpturen aus Thailand«, Ausst.-Kat. Museum für Ostasiatische Kunst, Köln 1979. / André Malraux, »Psychologie der Kunst, Das imaginäre Museum«, Baden-Baden 1947. / Ders., »Psychologie der Kunst, Die künstlerische Gestaltung«, Baden-Baden 1958. / Falk Reitz, »Ein Souvenir aus Shrirangam (Tamil Nadu)«, in: »Berliner Indologische Studien«, Nov./Dez., Reinbek 1998. / Corinna Wessels-Mevissen, »The Gods of the Directions in Ancient India«, Berlin 2001. / Yaldiz, Marianne u. a., »Magische Götterwelten – Werke aus dem Museum für Indische Kunst Berlin«, Potsdam 2000.

Anmerkungen: 1 Malraux 1947, S. 132. **2** Ders. 1958, S. 20.

Durch Farbe segeln

Michael Taussig

Wenn Europäer das erste Mal in die Tropen reisen, scheinen sie dort hauptsächlich das Licht und die Farbenpracht zu faszinieren. So würde ich zum Beispiel schätzen, dass André Gides »Kongolesisches Tagebuch«[1] zu mindestens einem Drittel von der Farbe handelt, der Rest – in dieser Reihenfolge – von der Hitze und Luftfeuchte, vom Unwohlsein und den Krankheiten der Weißen sowie von der schonungslosen Ausbeutung der Afrikaner. Allerdings mag es in gewisser Weise überraschend erscheinen, dass sogar ein hoch gebildeter Sozialanthropologe, kein Geringerer als der spätere »Vater« der Ethnologie, Bronislaw Malinowski – nicht nur in seinem berüchtigten Tagebuch, das erst lange nach seinem Ableben in »bereinigter« Fassung erschien, sondern in geringerem Maße auch schon im Hauptwerk, dem Klassiker »Argonauten des westlichen Pazifik« –, seinerseits stark unter dem Bann der Farbe stand. Mich erstaunt das offen gesagt sehr.

Insbesondere erstaunt mich daran, dass Farbe augenscheinlich dazu beitragen kann, unsere Subjektivität aufzuheben und eine ganz andere Art der Selbstwahrnehmung herbeizuführen, die sich nicht nur auf den Körper, sondern auf die ganze Logik des Daseins bezieht. Bei der Lektüre dieser Texte gewinnt man den Eindruck, dass Farbe empfindsame Europäer in den Tropen geistig und körperlich genauso aus der Fassung bringen kann wie die Hitze und die Feuchtigkeit, nur dass ihre Wirkung in der Selbstreflexion besser nachvollziehbar erscheint. Daraus erwächst die Frage, ob sich das im Rahmen der Anthropologie als wissenschaftliche Erklärung einheimischer Lebensweisen und Überzeugungen heranziehen ließe.

Um uns zunächst einmal einen Überblick zu verschaffen, müssen wir einen Schritt zurück treten und uns ein globales Bild von der Farbe machen, das heißt davon, wie die Welt in chromophobe und chromophile Kulturen unterteilt ist.

»Naturmenschen, rohe Völker, Kinder«, schrieb Goethe in seinem »Entwurf einer Farbenlehre«, »haben große Neigung zur Farbe in ihrer höchsten Energie.« Ähnliches gelte für Südeuropäer, insbesondere für »die Frauen mit ihren lebhaftesten Miedern und Bändern«. Er erinnerte sich, dass ein aus Amerika zurückgekehrter Offizier »sein Gesicht nach Art der Wilden mit reinen Farben bemalte, wodurch eine Art von Totalität entstand, die keine unangenehme Wirkung tat.« Andererseits hätten gebildete Menschen seiner Zeit, des frühen 19. Jahrhunderts, »eine Abneigung vor Farben«: »Die Frauen gehen nunmehr fast durchgängig weiß und die Männer schwarz.«[2]

Doch Europäer tragen auch in den Tropen Weiß, vom Helm bis hinunter zu den Gamaschen. So hat sich Malinowski 1918 auf den Trobriand-Inseln im Osten Neuguineas von seinem Freund Billy, dem Perlenhändler, auf atemberaubende Weise wie ein Strahlemann von Kopf bis Fuß in Weiß gekleidet fotografieren lassen.[3] Das erzeugt einen dramatischen Kontrast zur schwarz glänzenden Haut der halb nackt neben ihm sitzenden oder stehenden Eingeborenen, und dieser Kontrast trug auf wundersame Weise dazu bei, dass Farbe einmal die Pforten zur Kunst der Ethnografie öffnen sollte. Diese Entwicklung deutete sich schon in dem Brief an, den Malinowski im Oktober 1917, mitten in der Feldarbeit unter den Trobriandern, an den verehrten Sir James Frazer schrieb, den Verfasser jenes Buches – »Der goldene Zweig« –, das Malinowski für die Anthropologie eingenommen hatte, als er während seiner Studienzeit in Krakau krank das Bett hüten musste. »Das Studium Ihrer Werke«, schrieb Malinowski, »hat mir klar vor Augen geführt, was für eine überragende Bedeutung den lebhaften Farben in der Darstellung des Eingeborenenalltags zukommt.« Dabei gehe es nicht um die Ausschmückung des wissenschaftlichen Schreibstils, sondern vielmehr darum, die elementaren Grundtatsachen im Leben der Naturvölker zu erfassen – und sichtbar zu machen.

»In der Tat habe ich festgestellt, dass je mehr szenisches und ›atmosphärisches‹ Kolorit in die Schilderung einfloss ... desto überzeugender und anschaulicher, vorstellbarer die Ethnologie des betreffenden Gebietes wirkte. Ich werde also versuchen, die örtliche Farbenwelt und die Natur der Landschaft und der Szenerie nach besten Kräften zu beschreiben.«[4]

Kurzum, die Farbe ist der Meister, der den Geist der Ethnografie aus der Flasche lässt. Der Grund liegt darin, dass es neben der Farbe auch »Farbe« gibt. Farbe kann einerseits bedeuten: »Sariba in flammendem Magentarot; Palmensaum mit rosigen Stämmen, die sich aus blauem Meer erheben«, andererseits jedoch im übertragenen Sinne gemeint sein, wie in: »die örtliche Farbenwelt«, das heißt etwas eher Vages und Suggestives ansprechen – jene äußere Sphäre der Wörter, die ganz unerlässlich ist, um die innere Natur der Dinge zu erfassen. Also Farbe und »Farbe«. Zwar überlappen und durchdringen die beiden einander, aber zuzeiten gilt es, »Farbe« von der sogenannten ernsthaften geistigen Arbeit fernzuhalten. Betrachten wir nun zunächst das Tagebuch und anschließend die Ethnografie.

I. Das Tagebuch

Aus dem Eintrag zu Donnerstag, dem 22. November 1917: »Spazierte ein zweites Mal um die Insel; herrlicher, farbenprächtiger Sonnenuntergang. Roge'a: dunkle Grüntöne und Blau, in Gold gefasst. Dann Schattierungen von Rosa und Purpur. Sariba in flammendem Magentarot; Palmensaum mit rosigen Stämmen, die sich aus blauem Meer erheben. – Während des Spaziergangs entspannte ich mich intellektuell und nahm Farben wahr, wie Musik, ohne sie auszuformulieren oder umzusetzen.«[5]

»Ohne sie auszuformulieren oder umzusetzen«. Die große Wasserscheide: Farbe übertrumpft »Farbe«. Der Mann selbst ist gespalten. Einerseits die Arbeit der Vergeistigung, andererseits intellektuelle Entspannung, das heißt Musik und Farbe – Nietzsches Medien -, sie selbst sein zu lassen.

Das ist bedauerlich. Ethnografie beruht auf Feldarbeit, und diese wiederum ist etwas höchst Persönliches. Wenn man aber das Persönliche ins Ghetto eines privaten Tagebuches einsperrt, getrennt vom wissenschaftlichen Textbuch der Anthropologie, so hält man damit den inneren Kern der Erfahrung geheim.

Daraus kann jedoch resultieren, dass das verschwundene Ich auf ganz erstaunliche Weise im Tagebuch wieder auftaucht – derart nämlich, dass die Farbe von der »Farbe« abgespalten ist, wodurch sich das »körperliche Unbewusste«, wie ich es bezeichnen möchte, verschiedenartig offenbart, zum Beispiel, wenn der Bericht einen Körper inmitten anderer Gestalten darbietet, ob im Meer, im Gebirge oder an einem sich unablässig verändernden Himmel. Schon früh in seinem ersten, im September 1914 begonnenen Tagebuch ist die Hauptstadt Port Moresby am Morgen in einen lichten Nebel eingehüllt, durch den die Berge wie folgt erscheinen: »Die Hügel sind kaum zu sehen; blass rosarote Schatten, auf einen blauen Schirm projiziert. Das leicht gekräuselte Meer schimmert in tausend Farbtönen, die momentan von seiner dauernd bewegten Oberfläche eingefangen werden; an seichten Stellen, zwischen türkisgrüner Vegetation, sieht man tiefrote Steine, mit Seegras bewachsen. Wo das Wasser glatt, nicht vom Wind gekräuselt ist, spiegeln sich Himmel und Land in allen Farben, von Saphirblau bis zu den milchig-rosaroten Schatten der nebelverhangenen Hügel. Wo der Wind die Oberfläche kräuselt und die Spiegelungen der Tiefe, der Berge und des Himmels verwischt, glitzert die See in ihrem eigenen tiefen Grün, hier und da mit Stellen in intensivem Blau. ... Über allem breitet der Himmel sein Blau. Doch weiterhin strahlen die phantastischen Formen der Berge in vollen, reinen Farben, wie gebadet im Azurblau des Himmels und der See.«[6]

»Es ist«, schließt er, »eine wahnsinnige Orgie intensivster Farben, mit einem – ich kann nicht sagen, wie – seltsamen Charakter einer festlichen, überverfeinerten Reinheit und Erhabenheit; die Farben von Edelsteinen, im Sonnenlicht funkelnd.«[7]

Die Landschaft spiegelt Malinowskis innere Zustände wider. Am 14. November 1914 schreibt er: »Ich überlasse mich Anwandlungen von Niedergeschlagenheit. Die dadurch bedingte Benommenheit ist wie Dunst in den Bergen, wenn er vom Wind verweht wird und bald diesen, bald jenen Abschnitt des Horizonts verhüllt. Hier und da, aufscheinend durch das einhüllende Dunkel, ferne, weite Horizonte, Erinnerungen. Sie treiben vorbei wie Bilder von fernen Welten, am Fuß der Nebelgebirge hingestreckt. Heute fühle ich mich viel besser. Augenblicke der Verschwommenheit, der Schläfrigkeit, als ob ich im Lesesaal wäre.«[8]

Zwei Wochen später schrieb er verzweifelt, besonders über den Missionar Saville: »Fühlte mich krank, einsam, verzweifelt. Stand auf und setzte mich, in eine Decke gehüllt, auf einen Baumstamm am Meer. Himmel milchig, düster, wie von einem schmutzigen Fluidum erfüllt – der rosige Streifen der untergehenden Sonne allmählich sich ausdehnend und das Meer mit einer beweglichen Hülle von rosarotem Metallschimmer überziehend ...«[9]

Noch deutlicher bezeugt zum Beispiel der Eintrag vom Freitag, dem 10. Mai 1918, den engen Zusammenhang zwischen geschilderten Naturschauspielen und inneren Zuständen: »Grauer Himmel, silbrige Reflexe auf dem Meer, das quibbelig und purpurn ist. Ich fühlte mich ›entnervt‹: meine Augen schmerzten, ich hatte Schwindelgefühl und hohen Blutdruck, eine Empfindung von Leere in der Herzregion.«[10]

Malinowski führt aber nicht nur Tagebuch, sondern blättert zuzeiten auch darin und hält dann Lektüreeindrücke fest. So liest er 1918 bei einer Kanufahrt einen drei Jahre zuvor gemachten Eintrag und sinniert dabei über das Verhältnis zwischen diesen Selbstzeugnissen und ihrem vermeintlichen Gegenstand. Seine Gedanken fokussieren auf die von ihm so genannten dynamischen Zustände des Organismus, in denen ich eine Analogie zur »Weisheit des Körpers« sehe, weil darin die »Farbe« als Metapher an der Farbe im buchstäblichen Sinne teilhat, sodass ständig beide Bedeutungen auf den Plan treten und geschmeidig ineinander übergehen. Dieser Übergang findet auch statt, wenn er Farben hört ... und sich fragt, woher die Farbe der See kommt. Sie sei etwas ganz Besonderes: »Unsere Küste lag in tiefem Schatten, und die Luft war irgendwie von Schatten getränkt. Ich schaute – die Küste bei Borebo war hellgrün, von der Farbe eben im Frühling erblühten Laubs. Darüber eine weiße Wolkenwand, hinter ihr das Meer, von einem intensiven, polierten, elastischen Blau (etwas Abwartendes, bei dem man Leben spürt, wie in den Augen eines lebenden Menschen – von solcher Art ist die Farbe der See hier manchmal) – die Wirkung ist wundervoll. Ich frage mich, woher kommt diese Farbe? Ist dieser Kontrast zwischen Licht und Schatten, dieses Fehlen von Dunkelheit etwa bedingt durch die Schnelligkeit, mit der die Sonne in den Tropen untergeht? Oder ist es das starke Zodiakallicht, der von der Sonne abgestrahlte Glanz, der die gegenüberliegende Küste in gelbes Licht taucht?«[11]

Hier verwandelt sich die gewissenhafte Beschreibung der Farbwirkungen unter der Hand in eine Studie über die Natur der Farbe. Farbe kommt nicht behäbig daher, lässt sich auch nicht benutzen, als nähme man einfach Farbtöpfe vom Regal. Um sich der Farbe frontal stellen, um die gegenüberliegende Küste ins Auge fassen zu können, muss Hellgrün erscheinen wie Laub unter einer weißen Wolkenwand und damit nicht nur den Vorgang des Sehens, sondern auch das Betrachtete selbst stören. Ethnografische Feldarbeit kann neue Perspektiven eröffnen, das Wesen der Natur als solcher ebenso wie das Wesen der Farbe betreffend – insbesondere das wissenschaftliche Problem des Verhältnisses zwischen Schatten und Farbintensität. »Etwas Abwartendes«, schreibt Malinowski, übrigens wie meist auf Polnisch, »bei dem man Leben spürt, wie in den Augen eines lebenden Menschen.«

Der Körper des Schreibenden lässt sich auf eine farbgesteuerte Interaktion mit der Umwelt ein – und das in einem so bemerkenswerten Ausmaß, dass dabei etwas Suizidales und doch auch Magisches ins Spiel kommt.

»An einigen Stellen waren Feuer entzündet. Wunderbares Schauspiel. Rote, manchmal violette Flammen krochen in schmalen Bändern die Hügelflanken hinauf; durch den dunkelblauen oder saphirblauen Rauch betrachtet, wechselten die Hügelflanken ihre Farbe, wie ein schwarzer Opal unter dem Funkeln seiner polierten Oberfläche. An der Hügelflanke vor uns zog sich das Feuer talwärts, genährt von hohen, kräftigen Gräsern. Tosend wie ein Hurrikan aus Hitze und Helligkeit, kam es direkt auf uns zu, und dahinter peitschte der Wind halbversengte Fetzen in die Luft. Wolken von Vögeln und Grillen flohen dahin. Ich trat direkt zwischen die Flammen ...«[12]

»Ich trat direkt zwischen die Flammen ...« In Malinowskis Beschreibung (sofern Beschreibung hier das richtige Wort ist, und es nicht vielmehr Beschwörung, Anrufung oder Verzauberung heißen müsste) durchlaufen Farben eine Metamorphose in andere Farben, changiert Rot über Purpur in Dunkelblau, dann in einen saphirblauen Rauch und schließlich in einen schwarzen Opal. Es ist jedoch kein saphirblau getönter Rauch, sondern Saphirblau selbst, in Bewegung. Der Farbwechsel wird als Veränderung der wirklichen Dinge empfunden. Dabei gerät auch die Topografie ins Wanken, löst sich auf in ein Tosen von Vogel- und Grillenschwärmen, wenn wir unserem Autor in die ihn verzehrenden Flammen folgen.

Man sieht, auf welche Weise Farbe die Verschmelzung des Betrachters mit dem Betrachteten fördert. Dadurch verändern sich die herkömmlichen Vorstellungen von der Natur des Seins in dem Sinne, dass uns diese Passage und die zahllosen ähnlichen in Malinowskis Tagebuch auf eine besondere Bedeutung dessen einstimmen, was das Wirkliche wirklich macht. Derart geht der menschliche Körper unter, zumindest der des jungen Ethnografen, und zwar teils in einer Art Verzückung, teils in schieren Höllenqualen. Ja, es gibt dann gar keinen Körper mehr, hat er ihn doch gleichsam »abgelegt« wie jene schweren Kanus, mit denen die Trobriander ihre Kula-Gaben befördern: Wie in einen Zauber eingehüllt, übertragen diese Boote die Landschaft mithilfe der Mythologie als eine lebendige Kraft auf den menschlichen Körper.

II. Ethnografie

War die tiefe Verunsicherung dafür verantwortlich, dass vieles von dem, was Malinowski in seinem Tagebuch über Farbe schrieb, auf eine mimetische Anverwandlung an die Landschaft hinauslief, als hätte diese nicht nur beruhigend gewirkt, sondern auch als Grundlage für seine Methode der »teilnehmenden Beobachtung« gedient, die ihn einmal berühmt machen sollte? Jedenfalls übten Farben einen Sog auf ihn aus in dem Sinne, wie Walter Benjamin es als den Zauber der Farbe in Kinderbüchern ansah, ihre Betrachter in das Bild einzubeziehen[13] – und was wäre Feldforschung anderes als eine zweite Kindheit?

Wenn meine Annahme zuträfe, wäre es dann so überraschend, dass Malinowski die Wirkung der Farbe in seiner Ethnografie – ob wissentlich oder unwissentlich – auf die Insulaner selbst projizierte, und zwar insbesondere im Zusammenhang mit den langen, beschwerlichen Kula-Fahrten der Männer über den Pazifik? Dabei segelten sie durch Farbe, atmeten sie Farbe und empfanden folglich die Mythologie ihrer Welt als eine den Riffen und Bergen innewohnende und ihre Körper beseelende Lebenskraft. Der Kula-Tausch war ein vielschichtiger Vorgang, bei dem es vielleicht die wichtigste Rolle spielte, durch Farbe zu segeln – zum Beispiel wenn Malinowski schildert, wie die Insulaner das von ihnen als Pilou bezeichnete »riesige Becken der Lousançay-Lagune« ansteuerten (»das größte Korallenatoll der Welt«), in dem die Farben aufregend changierten: »Noch einmal wird das Meer seine Farbe wechseln und unter seinem tiefblauen klaren Wasser eine vielfarbige Welt von Korallen, Fischen und Seepflanzen enthüllen.«[14] Allerdings könnte dies auch eine Traumreise unter Drogen gewesen sein, was man bei Michael Youngs Mutmaßung berück-sichtigen sollte, dass Malinowskis »Argonauten des westlichen Pazifik« die »wahrscheinlich einflussreichste Monographie in der Geschichte der Sozialanthropologie ist«.[15]

In der Umgebung von Pilou »werden sie auch wunderschöne, schwere, massive Steine von verschiedener Farbe und Form finden, wohingegen es bei ihnen zu Hause nur die eintönige, weiße, tote Koralle gibt. Neben Granit, Basalt und vulkanischem Tuff in vielen Arten, roten und gelben Ockerlagern kommen ihnen hier Proben des schwarzen Obsidians mit seinen scharfen Kanten und seinem metallischen Klang vor Augen.«[16]

Ist es nicht immer so? Die eigene Heimat erscheint eintönig und farblos wie in Goethes »fast durchgängig« schwarz oder weiß gekleideten Figuren.

Wie das Meer, das sich im Wellenschlag der Farben über dem Riff kräuselt, weist auch das Kanu selbst magische Farbtöne auf. Es ist in rot, schwarz und weiß lackiert, und jede dieser Flächen hat ihre eigene spezifische, zauberhafte Ausstrahlung.

Doch ist das die richtige Weise, das Kanu zu beschreiben? Bin ich damit nicht in die alte Falle gegangen, Farbe als Füllsel der Form aufzufassen – in diesem Fall des Kanus? Habe ich nicht den Fehler begangen, Farbe als bloßen Zusatz zu betrachten? Hätte ich also nicht besser sagen sollen, dass das Kanu ohne Lackierung weniger schnell, weniger sicher, weniger schön wäre – mit einem Wort, weniger Kanu? Welcher Aufwand an Fantasie ist erforderlich, um ein Kanu nicht als lebendige Farbe zu sehen? Muss man sich nicht sogar das Pigment als etwas ebenso Lebendiges wie ein Tier vorstellen und damit William Burroughs' Idee erweitern, derzufolge das »Farbflanieren« ein Flanieren der Farbe selbst wäre?[17]

Das Kanu gleitet über die See. Auch die See schillert in magischen Farben, die sich ihrerseits stetig fließend verschieben, um mal mit den Wellen gen Himmel anzusteigen, mal seicht und durchscheinend zu wirken.

Das Kanu gleitet über die See. Das Kanu ist Farbe. Die See ist Farbe. Farbe gleitet über Farbe. So werden jetzt auch die Insulaner selbst zu Feldforschern. In einer fremden Gegend fühlen sie sich als Fremde. Sie spüren die Macht eines fremdartigen Zaubers, einer Magie, die töten kann, ausgehend von Inseln mit geschwänzten Menschen und reinen Fraueninseln. Wenn sie abends auf einer Sandbank am Lagerfeuer kauern, erzählen sie einander Schauermärchen über ihre Umgebung und das Ziel ihrer Reise, Gruselgeschichten, die Malinowski einschließen und einbeziehen. Genau wie man Magie praktiziert, indem man Dinge mit Zauberformeln verhext, so durchtränken diese Seefahrer ihren Ethnologen mit Geschichten über Magie – oder sind es Zaubergeschichten über Magie?

Er hat den idealen Platz für Feldarbeit gefunden, das schaukelnde Deck eines Auslegerkanus, bei dem eine schützende Magie für schnelle Fahrt bürgt. Und ist nicht auch er selbst zu einer solchen idealen Stätte geworden? Malinowski ist zum Behältnis mutiert, zu einem Gefäß, in dem man »mit fast pedantischer Sorgfalt und Vollständigkeit« Mythen und Zauberformeln sammelt, sodass es am Ende für den Trobriander »ein Leichtes ist, diese Qualitäten auf die Berichte zu übertragen, zu denen er im Dienst der Ethnografie aufgefordert wird«.[18]

III. Schreiben

Oft bemächtigt sich das Schreiben der Gedanken des Schriftstellers und geht seine eigenen Wege. Es ist eine Sache, in den Tropen Feldforschung zu treiben, eine ganz andere jedoch, darüber zu berichten. Wie vermittelt man am besten einen Eindruck von jener Wirklichkeit? Obwohl Malinowski stets eifrig bemüht blieb, wissenschaftlich zu verfahren und »Laien« zu kritisieren, ergriff die Farbempfänglichkeit, die sein Tagebuch anreicherte, schließlich auch von den Insulanern selbst Besitz![19]

Dies könnte allerdings zum Teil darauf zurückgehen, dass Malinowski nur glücklich war, wenn er segelte – eine weitaus bessere Therapie, wie es scheint, als das übliche Kokain, die Arsenspritzen und die warmen Einläufe. »Ein heikles, aber lustvolles Gefühl ist es«, schrieb er in »Argonauten des westlichen Pazifik«, »in dem schlanken Rumpf zu sitzen, während das Kanu mit angehobenem Schwimmer voranschnellt, wobei die Plattform abschüssig schräg steht und ständig Wasser überkommt …«

»Wenn das Segel gesetzt wird, entrollen sich die schweren, steifen Falten seines goldenen Mattengeflechts mit einem charakteristischen raschelnden, knisternden Geräusch, und das Kanu nimmt Fahrt auf; wenn das Wasser unter ihm mit Gezisch davonschießt und das gelbe Segel gegen das intensive Blau von Meer und Himmel leuchtet – dann scheint sich tatsächlich ein neuer Blick auf den Zauber des Segelns zu öffnen.«[20]

Ob auf den Jachten von Weißen oder auf Auslegerbooten von Eingeborenen: Das Segeln bot ihm eine Fluchtmöglichkeit – Flucht in die Farbe und damit in eine andere Sinnensphäre, die den Körper in der Schwebe ließ: offen für die Wogen des Meeres und des Windes. Dem einen oder anderen Leser mag es ein wenig befremdlich erscheinen, dass Malinowski den Kanus in seinem anthropologischen Hauptwerk so überwältigend viel Platz einräumt: ihrem Bau, ihrem Zauber, den Stapelläufen und der einschlägigen Mythologie, auch wenn sein erklärtes Thema – die »Unternehmungen und Abenteuer« der Kula-Argonauten – dies zu rechtfertigen scheint. Doch diese Seefahrer zu begleiten, bedeutete ihm viel mehr als lediglich die Expeditionen der Eingeborenen zu erforschen. Es wirkte als eine Einladung zur Selbstbefreiung, um nicht allein den Tausch der Kula-Artikel zu beobachten, sondern die Formen des körperlichen Daseins zu wechseln, was meiner Ansicht nach eine der bedeutsamsten Erkenntnisformen ist, welche die Feldarbeit zu bieten hat. All die aufwendige Arbeit, welche die Gesellschaft in den Jahren seit unserer Geburt leistete, indem sie uns Orientierung gab und an die physischen und kulturellen Gegebenheiten anpasste, unser Ichgefühl und unser Körperempfinden gestaltete: All das wird erschüttert, und dabei laden uns neue Seinsweisen zum Dasein ein.

Gewiss waren Malinowskis unaufhörliche Ängste um seine Gesundheit, verbunden mit dem Dauerkonsum starker Drogen, mit Freiübungen und Darmspülungen, der qualvolle Ausdruck seines Widerstandes gegen den Wechsel des körperlichen Daseins. Doch könnten nicht gerade diese Maßnahmen in ihrer extremen Form als eine Art Schocktherapie gewirkt haben, um das körperlich Unbewusste zunächst erstarren und später zusammenbrechen zu lassen, was ihm erlaubte, wenigstens das Flimmern des überschäumenden Ergusses körperlicher Vereinigung mit dem Anderen zu spüren? Dieses Flimmern, das sich zum Erguss steigern konnte, kündigte sich in seiner schriftlichen Darstellung vor allem durch Farbeindrücke an, denn diese bildeten das Medium, in dem das körperliche Unbewusste am leichtesten Ausdruck fand. Dazu trugen in erster Linie seine Fahrten über das Meer bei. Darüber hinaus wirkte das Tagebuch ähnlich wie die Seereisen, nur in umgekehrter Richtung: Es war wie ein Kanu, das ihn in sein Inneres beförderte und ihn auf dieser Reise nach innen veränderte, zumindest aber alternative Aspekte des Ich enthüllte und stärkte, indem es sein Bild auf farbige Landschaften projizierte.

Bei derlei sind neben erwünschten stets auch blinde Passagiere mit an Bord – namentlich die Leser, also Sie und ich. Solche Segeltouren durch Farbe bringen den Leser in die Sphäre des Zaubers der Magie, sodass er, wo nicht direkt bekehrt, da doch wenigstens zum Beteiligten wird – ist das Lesen doch die Kunst des Sich-gehen-Lassens, des Abhebens in jene Welten, die Wörter heraufbeschwören, als wären sie Lebewesen und trügen einen so in die geschaffenen Bilder hinein.

Ist das nicht das Gleiche wie durch Farbe zu segeln? Man kann sich das Segeln über wogende Fluten vorstellen wie auf einem Film gleißender Farbe zu schweben, allerdings einem solchen, dessen Durchsichtigkeit dem Betrachter den doppelten Gesichtswinkel eröffnet, von ferne zu sehen und zugleich in das Gesehene einzutauchen. Über wogende Fluten zu segeln, heißt, aus sich selbst hinauszutreten in das Medium gefilterten Lichtes, sich zu bewegen wie die Ranken von Meeresalgen, die sich, das Wasser kreuz und quer durchziehend, im Sonnenschein wiegen. Was ist hier Medium und was wirkende Kraft, mag man sich fragen: das Meerwasser oder der Sonnenschein? Dieser Zweifel regt sich auch beim Medium der bewussten oder unbewussten Projektion.

Auch die Berge wirken vom Kanu aus gesehen wie verzaubert. Sie dienen Malinowski als Fixpunkte – oder »Grundfarben«, wie man sagen könnte -, um die herum er seine fließenden Spektren gruppiert. Das Erste, was einem ins Auge fällt, wenn man die Insel Kiriwina verlässt, sind die Berge des Südens, die sich, so schreibt er, »höher und höher erheben«, um schließlich zu erscheinen wie von Wolken umhüllte blaue Silhouetten. »Am nächsten liegt der Koyatabu, der Berg des Tabus«, und in einer Fußnote weist Malinowski darauf hin, dass »Tabu« eng mit dem Heiligen als dem Unaussprechlichen, Gefährlichen, der mit Verboten assoziierten Macht verbunden ist. Der Berg sehe aus wie »eine schlanke und leicht schräg stehende Pyramide, die ein besonders gut sichtbares Zeichen für die nach Süden segelnden Seefahrer bildet«. Direkt daneben liege ein großes Massiv, »der Berg der Zauberer«.[21]

Nach kurzer Zeit »verdichten sich diese unkörperlichen und verschwommenen Formen zu einer Gestalt, die den Trobriandern so herrlich, zu einer Größe, die ihnen so riesig erscheint«. Sie umschließen die Seefahrer »mit ihren steilen Felswänden und ihrem grünen Dschungel, der von tiefen Schluchten zerfurcht und Wildwasserläufen durchzogen ist«. Tiefe Buchten lassen »das Geräusch der Wasserfälle widerhallen«, das den Trobriandern fremd ist, und »das unheimliche Schreien unbekannter Vögel«, worauf das Meer erneut seine Farbe wechsele »und unter seinem tiefblauen klaren Wasser eine vielfarbige Welt« enthülle.[22]

Hier deutet sich eine Kette des Seins an, deren letztes Glied die Brücke vom Klang zur Farbe schlägt. Begonnen hatten wir mit den fest gefügten, wiewohl verzauberten Bergen, die sich zu rauschenden Wasserfällen verflüssigen und schließlich als durchscheinende Farbe enden. Wir könnten das umdeuten und so formulieren, dass sich beim Eindringen der Trobriander in diese neue Welt Mythen von den Bergen und Klippen in die funkelnde See der wogenden Blau- und Grüntöne ergießen – als würde die Mythologie selbst kaskadenartig zu Farben zerstäubt. Oder könnte es sogar noch mythischer zugehen, derart, dass sich Farbe, speziell transparente Farbe, wie ein polymorphes Wunderding ihrerseits als die zu verwandelnde, zu verflüssigende und zu verzaubernde Substanz erweist?

Die Kette des Seins erstrahlt nur dann in ihrem vollen Glanz, wenn man die Grenze zwischen dem Ethnologen und den Einheimischen und damit gleichzeitig die zwischen Beobachter und Landschaft verwischt. Daraus erwächst der Anspruch einer magischen Kraft der Sprache – sei es Trobriandisch, Englisch oder Polnisch -, das Beschriebene direkt zu vergegenwärtigen.

Doch das Verwischen der Grenzen ist trügerisch. »Der Leser muss genau aufpassen«, schreibt George Stocking, »um an Hand des gedruckten Berichtes zu erkennen, dass Malinowski selbst in Wahrheit nie an einer Kula-Expedition teilgenommen hat« – außer einmal ganz am Anfang seines Besuches, 1915, als der Wind so heftig in die falsche Richtung blies, dass die Insulaner ihn als die Ursache ihres Pechs über Bord warfen.«[23] In der Folge begnügte sich Malinowski mit den Segelbooten der Weißen und ruderte zur Übung fast täglich mit einem kleinen Dingi in der Lagune herum.

Doch wenn einem erst einmal dämmert, dass man nicht wirklich weiß, wer da mit der Natur verschmilzt, Malinowski oder die Trobriander, ist es schon zu spät. Macht aber nichts! So ist man eben in einen Mahlstrom von Wind und Schönheit geraten – wie wenn es heißt: »Ein heikles, aber lustvolles Gefühl ist es, in dem schlanken Rumpf zu sitzen, während das Kanu ... voranschnellt ... wenn das Wasser unter ihm mit Gezisch davonschießt und das gelbe Segel gegen das intensive Blau von Meer und Himmel leuchtet.«

Wer sitzt da im schlanken Rumpf, während das Kanu voranschnellt, könnte man sich fragen, ein unbekannter trobriandischer Seemann, Malinowski selber, ein seltsam diffuser Schemen – oder Sie, der Leser? Wie dem auch sei, der Autor ist dank der Farbe gestorben, er ist im Text verschwunden. Damit tritt nun das Außerordentliche ein, dass es einem gleichgültig ist, ob er »geschummelt« hat oder nicht. Das Bewusstsein kommt hier nicht an die sinnliche Gewissheit heran, an jenes Gezisch und das intensive Blau von Meer und Himmel. Durch Farbe zu segeln heißt, sich zu verkörpern, und Verkörperung ist die üblichste Form der trobriandischen Magie, nämlich die Verzauberung der Dinge durch in sie eingesprochene Wörter. Insofern stimmt die Ethnografie mit dem Tagebuch überein, und beide stehen sie im Einklang mit der »tropischen Farbwirkung«.

Anmerkungen: 1 Vgl. André Gide, »Kongo und Tschad«, Berlin und Leipzig 1930. **2** Johann Wolfgang Goethe, »Entwurf einer Farbenlehre«, in: »Sämtliche Werke«, Bd. 16, Zürich 1977, § 135, S. 59, § 835, S. 219, § 836, S. 219 f. und § 841, S. 22. **3** Michael Young, »Malinowski's Kiriwina. Fieldwork Photography 1915–1918«, Chicago 1998. **4** Zit. nach: Ders., »Malinowski: Odyssey of an Anthropologist, 1884–1920«, New Haven und London 2004, S. 475; vgl. auch George Stocking, »After Tyler: British Social Anthropology 1888–1951«, Madison 1995, S. 234. **5** Bronislaw Malinowski, »Ein Tagebuch im strikten Sinn des Wortes. Neuguinea 1914-1918«, Frankfurt a. M. 1986, S. 116. **6** Ebd., S. 23. **7** Ebd. **8** Ebd., S. 43. **9** Ebd., S. 45. **10** Ebd., S. 237. **11** Ebd., S. 70. **12** Ebd., S. 21. **13** Zu Walter Benjamin über Farbe in Kinderbüchern siehe: Walter Benjamin, »Aussicht ins Kinderbuch«, in: Ders., »Gesammelte Schriften«, Bd. IV.2, Frankfurt a. M. 1971, S. 609ff. »In solch farbenbehängte, undichte Welt, wo bei jedem Schritt sich alles verschiebt, wird das Kind als Mitspieler aufgenommen. Drapiert mit allen Farben, welche es beim Lesen und Betrachten aufgreift, steht es in der Maskerade mitten inne und tut mit.« **14** Bronislaw Malinowski, »Argonauten des westlichen Pazifik«, Frankfurt a. M. 1979, S. 258f. **15** Young 2004 (wie Anm. 4), S. 477. **16** Malinowski 1979 (wie Anm. 14), S. 259. **17** Zu Benjamins Flaneur und Burroughs Farben vgl. www.nakedpunch.com/issues/05/taussig.html. **18** Malinowski 1979 (wie Anm. 14), S. 356. **19** Vgl. dazu die Überlegung im »Tagebuch«, Malinowski 1986 (wie Anm. 5), S. 192: »Neuer theoretischer Gesichtspunkt: (1) Definition einer bestimmten Zeremonie, spontan von den Negern formuliert. (2) Definition, die erreicht wurde, nachdem sie durch Leitfragen ›gemolken‹ wurden. (3) Definition durch Interpretation konkreter Daten.« **20** Ebd., S. 143f. **21** Malinowski 1979 (wie Anm. 14), S. 258f. **22** Ebd., S. 259. **23** Stokking 1995 (wie Anm. 4), S. 271 und 260.

Landkarten der Kunst

Gedanken über die Linie der Tropen

Ticio Escobar

Vorbemerkungen

Fünf Punkte zu einer bestimmten Vision der Tropen:
– Das Band der Tropen umgibt die Weltkarte und bildet einen Streifen voller Turbulenzen; eine lange Szenerie, glänzend in grellem Licht, eingetaucht in feuchte Nebel.
– Das Band der Tropen zieht eine Linie, die den Umfang der Weltkugel noch zu vergrößern scheint und schafft einen turbulenten, aus dem Takt geratenen und von Überfluss und Mangel geschüttelten Raum.
– Der tropische Streifen ist eine Freizone, heiß, bedeckt von Wüsten oder Dschungel; Niemandsland, ungewisser Hort des Ursprungs, immer fremde Heimat.
– Der Linie, die seine bauchigste Region umreißt, folgend, faltet sich der Erdball über sich selbst und markiert eine Grenze, die seinen eigenen Körper zerteilt. (Der eigene Körper des Planeten gezeichnet durch die Urnarbe, der Bußgürtel der Lust und der Qual.)
– Entlang dieser Grenze verschärfen sich die Differenzen und die Konflikte radikalisieren sich – alles scheint am Rand der tropischen Regionen in Brand zu geraten.
Zwei Anmerkungen zum Mythos
– Diese Vision der Tropen – als fiebernder Gürtel der Welt – entspricht zweifelsohne einem Stereotyp: der idealisierten Figur des verlorenen Paradieses oder dem Ende der Welt – ein Mythos, der sich gegen den Universalanspruch des Westens und das unaufhaltsame Vordringen des Marktes zu stellen scheint.
– Doch jeder Mythos birgt eine chiffrierte Wahrheit, die verdeckter Figuren, dunkler Zeichen und komplexer Blicke bedarf. Eine Wahrheit, die sich im Rahmen der trügerischen Szenerie der Kunst andeuten kann.

Über die Traurigkeit der Tropen

Sonnenwenden

Den Mythos im Rahmen einer Kunstausstellung zu erwähnen, die Lévi-Strauss zitiert, verweist notwendigerweise auf die Komplizenschaft, die der Anthropologe zwischen beiden Figuren vorfindet, insofern als beide »gegen die Sinnlosigkeit protestieren«. Aus diesem Grund fordert die eine wie die andere die Geschichte heraus: Der Mythos leugnet sie, entzieht sich ihr; die Kunst stört ihren Ablauf, zerrüttet die Ordnung ihrer Zeiten.
Wohin führt der westliche, romantische Mythos, der die Tropen als archaisches Prinzip, als mit der Aura der Imminenz des eigenen Verlusts versehenes Urmodell darstellt? Wie jeder Mythos friert auch dieser einen Moment des Geschehens ein und fixiert ihn, entzieht ihn dem Lauf der Geschichte: Die tropische Zone wäre damit so etwas wie ein Magnetband, in dem die Gegensätze eingeschrieben sind, deren Begriffe auf das Wesentliche reduziert und in einer unauflöslichen Dichotomie verschränkt sind (ein tragisches Schicksal, das schon vor Zeitenbeginn durch die Verschiebung der Erdachse und die Translationsebene festgelegt war). Alles was diese Zone durchquert, kommt zum Stillstand: in ihrem Primitivismus und ihrer Armut, ihrer brennend heißen Luft, der Feuchtigkeit und den Moskitos; in ihren sinnlichen Formen, ihrer Üppigkeit und ihrer Wut. Diese Elemente werden am gespannntesten Punkt ihrer sich gegenüberstehenden Positionen eingefroren, so als müssten die Tropen, angespornt durch die gleißende Sonne, ihre Gegensätze noch übertreiben: Armut und Überfluss in ihrer extremsten Form, der regenschwangere Dschungel und die verbrannte Wüste, die brutale Natur und die verfeinerten Leistungen der Kunst. Oder als würde der Augenblick des Zenits, der die Tropen – und nur die Tropen – beleuchtet, einen schattenlosen Raum erkennen und ein Bild im Schwarz-Weiß-Kontrast, ohne Zwischentöne erscheinen lassen, wie auf einem überbelichteten Foto. Während des lichten und exakten Moments einer Sonnenwende im tropischen Sommer steht alles still (»sol sistere« = stille Sonne), und die Gegensätze erscheinen fixiert in ihren Umrissen, verankert in ihren unversöhnlichen Posi-

tionen. Mangel und Überfluss werden somit absolut; dazwischen gibt es nichts. Und damit stehen sich Armut und Verschwendung in maximaler Spannung auf der gesamten Länge des langen und schmalen Streifens gegenüber, der die Welt in ihrem aufgewühlten Zentrum umschlingt. Dieser vereinfachende Diskurs kann – und dies ist häufig auch der Fall – zu einer exotisierenden und idealisierten Vision der Tropen führen: zum Klischee der »tropischen Magie« oder dem Gemeinplatz, der sie im Moment der Maßlosigkeit und des Chaos festhält. Doch die Polarisierung, die den Mythos entstehen lässt, kann auch dazu dienen, für einen Moment ein Bild der Konfrontation zu entwerfen, das uns hilft, die auf dem Spiel stehenden Dinge besser zu erfassen: Fragestellungen werden ausgemacht und ins Extrem getrieben, um ihre Diskussion zu erleichtern.

Zum anderen wird diese Situation der radikalen und sich an der äußersten Grenze bewegenden Konfrontation zu einer günstigen Gelegenheit für die Kunst, deren Formen sich an den Rand (der Sprache, der Darstellung, der Ästhetik) gedrückt entzünden und bei dem Versuch entflammen, das auf dem anderen Ufer Wartende, Unsagbare zu benennen. Die Kunst stellt sich uns als Verfahren zur Auflösung der Unbeweglichkeit der gegensätzlichen Begriffe dar. Doch wird dieser Versuch schwerlich zu einer Synthese führen: Nach ihrer Offenlegung können die Gegensätze nicht mehr aufgelöst und Überfluss und Mangel nicht mehr ausgeglichen werden. Die Kunst steht vor einer Unmöglichkeit, und diese stellt ein unausweichliches Hindernis dar, denn sie ist Teil ihres eigenen Schicksals, das sie dazu zwingt zu zeigen, was jenseits des Zugriffs der Sprache beginnt.

Die erträumte Änderung

Lévi-Strauss überträgt der Kunst die Aufgabe, in der Vorstellung zu lösen, was in der Realität nicht zu leisten ist: So begannen die Caduveo Mbayá angesichts der Unmöglichkeit, die zur Lösung ihrer soziokulturellen Konflikte notwendigen Anpassungen zu leisten, »sie zu erträumen«.[1] Die Repräsentation erscheint also als ein Mittel der Kultur, um über das Bild das Unlösbare der realen Widersprüche auszugleichen. An diesem Punkt handelt die Kunst wie ein Verbündeter des Mythos, der »der Bewusstwerdung über gewisse Gegensätze entspringt und zu deren progressiver Vermittlung tendiert«;[2] beide stellen »imaginäre Übergänge« dar – Ersatz für unmögliche Synthesen.

Diese Position nähert Lévi-Strauss jenseits der modernen strukturalistischen Barriere, die ihn davon trennt, der zeitgenössischen Kunsttheorie an. Die Kunst erkennt die kurze Reichweite des Symbols, die Grenzen der Darstellung, aber sie akzeptiert sie nicht: Sie kann ihre Berufung nicht verleugnen, die sie ein ums andere Mal dazu treibt, das nicht Darzustellende heraufzubeschwören. Wenn sie auch das Unmögliche nicht einzufangen vermag, so verfügt sie doch über ein Mittel, es zumindest einen Augenblick lang darzustellen: das Bild. Über das Bild kann sie die Abwesenheit mit Inhalt füllen und dem Okkulten ein Gesicht geben; sie kann, so Lévi-Strauss, die Geister der Gesellschaft verkörpern und die symbolischen Defizite kompensieren. Und sie kann sich in der Vorstellung dem Konflikt zwischen den entgegengesetzten Begriffen stellen; nicht indem sie ihn löst, sondern indem sie ihn verschiebt, ihn vorübergehend in einem Zwischenraum verortet.

Doch die wahre Distanz zwischen diesen Begriffen kann nie überwunden werden; das künstlerische Schaffen ist durch diesen Verlust gespalten. Und hier erhält Lévi-Strauss erneut Gültigkeit, wenn er der Kunst einen Ort »auf halbem Weg zwischen Gegenstand und Sprache« zuweist. (Diese Position setzt sie einer doppelten Gefahr aus: »nicht Sprache zu werden, oder es zu sehr zu sein«.[3]) Das Bewusstsein dieses Verlusts verleiht jedem künstlerischen Unterfangen einen melancholischen Ton; die nicht zu verwischende Spur, die die Negativität seit den alten Zeiten der Moderne hinterlässt.

Die Kunst kann Antworten erträumen und so kritische Möglichkeiten vorwegnehmen, die die Lust erneuern und die Suche nach dem Sinn anspornen. Aber sie kann das Paradoxon der Darstellung nicht auflösen, nicht nur weil sich letzteres jenseits der Formen abspielt, sondern weil es die Quelle der Kunst, der Bürge einer Abwesenheit ist, auf der ihr ganzes Bestreben beruht.

Die Schriften von Lévi-Strauss – seine Literatur – sind voller Melancholie, nicht nur weil die Tropen in ihrem so großen Unglück traurig sind, und nicht nur weil sich der Schriftsteller der Verurteilung des wilden Denkens bewusst und der Anthropologe um die Agonie seines Studienobjekts weiß; sie sind es, weil die Widersprüche, die die Tropen zerreißen, unlösbar sind.

Der Dschungel, die Lichtung

Die Kunst kann diese brodelnden Widersprüche nicht ausräumen. Doch indem sie sich ihnen über die verschlungenen Umwege der Poesie und die Turbulenzen der Bilder stellt, verhindert sie, dass sie zu einem Prinzip banaler Alternativen, medialer Stereotypen oder touristischer Köder werden und fördert eine Vision der Tropen nicht als Topos sondern als »Tropos«. Der Topos, der Gemeinplatz, der das Signifikat trivialisiert, führt dazu, dass das tropische Paradoxon ein exotisches Paradies oder eine exotische Hölle hervorbringt: beunruhigend und gewaltig. Betrachtet man sie jedoch im Sinne von »Tropos«, rhetorische Figur mit gemeinsamer Etymologie (»tropos« = drehen, sich an einen anderen Ort begeben), können die Gegensätze der Tropen als Operationen bearbeitet werden, die im Bezug auf den Sinn die Sprache verbiegen, um Raum für das Dunkle und die Stille – letztlich die Poesie – dieser verwirrenden Zone zu schaffen, die die Welt umgibt und dem klärenden Ansturm der Worte widersteht.

Aus der indirekten Perspektive der Kunst können die Gegensätze nicht als binäre Alternativen, sondern als variable Spannungen behandelt werden, die sich ihren Inhalten auf unterschiedlichste Weise stellen (historisch, politisch, ethisch, existenziell) und Nuancen und Abstufungen zulassen: Zwischenzonen, wo Überfluss und Mangel schwanken, sich verwechseln, (Nicht-)Orte austauschen. Die Kunst setzt Grenzmechanismen ein: Sie verortet sich schwankend an den Grenzen, operiert auf der Schwelle und gewinnt ihre besten Argumente aus ihrer instabilen Position. Sie oszilliert zwischen Innen und Außen jedes Bereichs der, wäre er hermetisch verschlossen, zu einem flachen und transparenten Ort würde; Heimat pittoresker Landschaften, Körperbemalung als Anregung für das Design oder im Werbejargon ausgestellte tropische Misere.

Vom wolkigen Standort der Kunst aus gesehen, ist jeder Bereich der Tropen, das was er zu sein scheint, und als das er erscheint, und gleichzeitig ist er es nicht: Die Tropen öffnen sich schmerzhaft und erratisch der Differenz. Im Bild verweist der Urwald auf Verwüstung und Gier, zeigt jedoch auch scheu seine Schönheit. Er verweist auf die letzten Reserven (von Natur und Kultur), derer das Globalisierungsprojekt bedarf, auch wenn er sie tagtäglich Handbreit um Handbreit opfert. Er spricht von dem, was sich jenseits des Dschungels befindet: die bevölkerungsreichen und gewalttätigen Städte, die Slums und die neuen Wüsten; die Korruption, die verwahrlosten Vasallenstaaten. Er verweist außerdem auf das, was seine ausgedünnten Wälder noch verbergen: die anderen Kulturen, die ersten, die letzten. Und er bietet einen Ort, an dem sich mitten im Dschungeldickicht die kleine »Lichtung«, wie Heidegger sagt, auftun kann: die flüchtige Szene des Ereignisses.

Die komplizierten Verfahren der Kunst, die die dualistische Verbindung der Gegensätze entblockieren und letzteren unvorhergesehene Möglichkeiten öffnen, erlauben ebenfalls gewisse Gegensätze, die die Terra incognita der Tropen in Unruhe versetzen, in einem anderen Register betrachten. Die Spannung zwischen Zentrum und Peripherie bzw. Nord und Süd ist einer davon. Die tropische Zone ist und ist nicht peripher, nicht nur, weil sie wie jeder Ort der Welt von transnationalem Kapital durchzogen ist, sondern auch weil sie geografisch gesprochen zentral liegt: Sie läuft quer um die Mitte der Welt. Und deshalb kann sie nur metaphorisch im Süden angesiedelt und als Süden verstanden werden: Sie besetzt einen Streifen um die Mitte der Erdkugel.

Landkarten der Kunst. Gedanken über die Linie der Tropen

307

Doch diese Einwände könnten als bloße Wortspielereien verstanden werden. Wichtig ist, dass die vielen Kunstformen, die in der tropischen Zone entstehen, es möglich machen, die zentralen und peripheren Positionen nicht im Sinne einer auf geografischen Breitengraden oder logischen Diagrammen basierenden definitiven Achse zu verstehen, sondern als variable Standorte, als Punkte, die sich frei und von unterschiedlichen Projekten vorangetrieben bewegen. Die Peripherie bedeutet nicht die antagonistische Gegenseite des Zentrums, sondern eine andere Einstellung bei der Aussage und Produktion von Sinn. Beide Begriffe können je nach den Eventualitäten, die sich jeglichem starren Libretto der Geografie oder der Geschichte entziehen, aufeinanderprallen, sich ignorieren, sich kreuzen oder verbünden. Die Tropen sind die Bastion des Zentrums und die Heimat der Peripherie. Deshalb setzen die im Tropenstreifen produzierten Kunstformen, Widerstands- und Erhaltungsstrategien lokaler Muster, ebenso wie Mechanismen der Aneignung, Imitation und Transgression jenseits der Mainstream-Modelle ein. Die einen wie die anderen stehen vor der Herausforderung, die hegemonischen Paradigmen, gestützt auf die eigene Erinnerung und offen gegenüber lokalen historischen Projekten, aufzunehmen, zu verwandeln oder anzufechten.

Somit ist keine endgültige Klärung der Diskrepanz zwischen der Kunst aus dem Zentrum und der Kunst aus der Peripherie zu erwarten, deren Standorte – unabhängig von den Punkten auf der Karte der Ekliptik und dem Verlauf der Breitenkreise – konstant zwischen der einen und der anderen Seite der Grenze schwanken, angetrieben von Auseinandersetzungen oder sich durch zufällige spezifische Konventionen einander annähernd. Gelöst aus festen Verortungen, fluktuierend – so wie auch die zentralen Positionen – gewinnen die Peripherien eine Dynamik, die es ihnen ermöglicht, mit großer Beweglichkeit die Orte zu wechseln, Positionen zu tauschen, um ausgehend von Strategien, die eher auf die Eventualitäten der Geschichte reagieren als auf das durch kartografische Grenzen festgelegte Diagramm der Gegensätze, mit den hegemonischen Positionen zu verhandeln und sich ihnen entgegenzustellen.

Unreine Form

Der Ungehorsam

Eine weitere Dichotomie, die mithilfe der verschlungenen Operationen der Kunst hinterfragt werden kann, ist jene, die die Figur der Kunst selbst spaltet, je nachdem ob Kunst im Kontext indigener oder aufgeklärter Kulturen produziert wird. Diese Frage verweist auf eine andere, die im nächsten Punkt behandelt wird: die Gegenüberstellung des Zeitgenössischen und des Primitiven oder Indigenen.

Das Problem, das hinter der ersten Frage steht, ist folgendes: Wie kann der Bereich des Künstlerischen in Gesellschaften abgegrenzt werden, in denen die Schönheit, das Ästhetische alle Bereiche durchdringt? Der westlichen Theorie zufolge bezeichnet der Begriff »Kunst« ein Verfahren, das die Form der Darstellung unterstreicht, um den Sinn der Dinge oder der Fakten, auf die er sich bezieht, zu verstärken. Einerseits erkennt diese Theorie an, dass die indigene Kunst, wie jede andere Modalität der Kunst, an die Schönheit appelliert, um dunkle Aspekte der Realität und ihre Hintergründe zu evozieren und damit die gemeinsame Bedeutung der Gegenstände und Phänomene, die ihre Welt bevölkern, zu intensivieren. Doch andererseits erkennt dieselbe Theorie diese Operation nicht als künstlerische Operation an, da in der internen Struktur der indigenen Kulturen das Ästhetische nicht von anderen Momenten abgegrenzt werden kann, die die Modernität voneinander trennt (Wirtschaft, Macht, Religion etc.).

Das heißt, diese Kulturen nehmen die ästhetischen Formen nicht aus einem verworrenen und vermischten gesellschaftlichen Ganzen heraus. In anderen Worten: Sie sind nicht in der Lage, die Herrschaft der Form zu errichten, eine wesentliche Voraussetzung seit den Zeiten Kants. Bekannt ist ja, dass für die Ästhetik die Voraussetzung der Autonomie des Signifikanten ihrerseits wieder andere Verpflichtungen mit sich bringt: das individuelle Genie sowie die Einzigartigkeit und Originalität der Werke, wie auch den konstanten Bruch mit der Tradition. In Wirklichkeit entsprechen diese Anforderungen Eigenschaften, die nur die moderne westliche Kunst definieren (modern im weiteren Sinne, d. h. in etwa vom 16. bis 20. Jahrhundert) und die, auf dem Umweg ideologischer Schliche zu Definitionen jeglicher Kunstformen, zu einem universalen Kanon geworden sind. Das heißt, die zufälligen historischen Eigenschaften eines bestimmten Kunstmodells – natürlich des hegemonischen – werden in übertriebener und missbräuchlicher Weise zum universellen Kanon in einem System normativer Archetypen, die den »Charakter des Künstlerischen« aller fremden Kultursysteme bewerten.

Diese Extrapolation der modernen Attribute bedeutet eine ernst zu nehmende Schwierigkeit für den Kunstbegriff selbst, der sich streng genommen durch eine Gruppe von Kategorien definiert, die nichts mit diesen Eigenschaften zu tun haben. Die klassische westliche Theorie geht davon aus, dass die Kunst aus dem mysteriösen Zusammentreffen zwischen »ästhetischem« Moment (dem Moment der Erscheinung, der sinnlich wahrnehmbaren Form, der Schönheit) und »poetischem« Moment (dem Moment der Erneuerung des Sinnes, der Öffnung eines Fensters zu einer uns stets entzogenen Wahrheit) entsteht. Diese folgenschwere Theorie muss letzlich zugeben, dass dieses dunkle Zusammentreffen jeder menschlichen Gesellschaft eigen ist und sich seit ihren ungewissen Ursprüngen ereignet (»jede« Kultur hat ein Moment der Bereicherung des Sinns durch die Form aufzuweisen; die Erfahrung der Kunst ist universell seit dem Beginn der Geschichte, etc.). Doch jenseits dieser Anerkennung erteilt die Ästhetik den eigentlichen Titel des »Künstlerischen« nur jenen Produkten, die die modernen Regeln erfüllen.

So wie es im Allgemeinen mit den Erscheinungen der nicht modernen Kunst geschieht – einschließlich eines nicht unerheblichen Teils der zeitgenössischen Kunst –, trennt die indigene Kunst nicht die Form von den vielfältigen gesellschaftlichen Inhalten (obwohl sie den kurzen und intensiven Moment der Aura wahrt); sie ist auch nicht das Ergebnis einer einzigartigen individuellen Kreation (auch wenn jeder Künstler die traditionellen Muster reinterpretiert), und sie schafft keine transgressiven Innovationen, obwohl sie eine konstanten Erneuerung des kollektiven Sinnes voraussetzt). Das heißt, diese Produktionen erfüllen nicht die Regeln der Autonomie der Form: Sie können sich nicht frei machen von ihren prosaischen Verpflichtungen gegenüber einer konfusen Realität, die außerhalb, jenseits der Grenzen der Form vor sich geht.

Deshalb werden die indigenen Kunstformen aus der Perspektive der modernen Ästhetik als reine Erscheinungen des Kunsthandwerks, der Folklore oder der »ethnografisch materiellen Kultur« gesehen: Produkte, die man nicht an den einschlägigen Kunstorten ausstellen sollte, sondern auf Kunsthandwerksmärkten oder in anthropologischen, archäologischen, historischen oder gar naturwissenschaftlichen Museen.

Dieser Bevormundung durch die Moderne widersprechend sollte der Titel der »indigenen Kunst« verteidigt werden, und zwar sowohl aus politischen Gründen (die antikolonialistische Anerkennung des kulturellen Unterschieds), als auch aufgrund der Prinzipien der theoretischen Genauigkeit (die Kritik des modernistischen Reduktionismus), sowie aus Gründen der Wahrung des universellen symbolischen Erbes. Mit dieser Erweiterung des Kunstbegriffs, der unzulässigerweise mit einem spezifischen, auf der Diktatur der Ästhetik beruhenden Modell identifiziert wird, gewinnen die »anderen« Kulturen ebenso wie die westliche Kunst.

In den nächsten beiden Abschnitten werden kurz die Argumente für den Gebrauch des Begriffs »indigene Kunst« dargelegt, obwohl diese die absolute Hegemonie des Ästhetischen nicht akzeptiert.

Heimliche Ästhetik

Die Existenz einer rein künstlerischen Produktion der indigenen Völker ist offensichtlich und daher unbestreitbar; sie unterstreicht die Erscheinung (die Form) von Sachverhalten und Gegenständen, um an die ästhetische Sensibilität zu appellieren und über sie die sozialen Funktionen zu stärken, die natürlich

Landkarten der Kunst. Gedanken über die Linie der Tropen

309

außerhalb des Künstlerischen liegen. Insofern sie dazu dient, Funktionen, Stellungen und Wahrheiten zu festigen, die außerhalb der Darstellung liegen, handelt die Schönheit nicht auf autonome Weise. Aber diese Minimierung ihrer Präsenz ist nicht mit ihrer Abwesenheit gleichbedeutend. Auch wenn sie mit dem dichten Fluss des gesellschaftlichen Ganzen mimetisiert ist, auch wenn sie in das Geflecht anderer kultureller Repräsentationen eingebunden ist, so handelt die ästhetische Schönheit im Inneren, indem sie unverzichtbare Werte, Gewissheiten und Gebräuche fördert. Sie setzt Pausen im Rhythmus der Kultur, widerspricht etablierten Signifikaten und erneuert sie; sie macht die gewöhnlichen Dinge außergewöhnlich, damit sie ihre zeremonielle Würde behalten und die Attribute der politischen oder göttlichen Macht legitimieren. Die schöne Form arbeitet im Untergrund, um die Gewissheiten gleichzeitig zu stützen und ins Wanken zu bringen, um die Erinnerung zu erhalten und zurückzuschneiden; um über das Bild die Leere, die das gesellschaftliche Umfeld beunruhigt und aufrecht erhält, zu entschädigen.

Im Kontext der unterschiedlichen in den Tropen (aber auch in anderen eigenartigen Regionen der Welt) angesiedelten Kulturen stellt die künstlerische Aktivität ein Moment großer Intensität dar, auch wenn sie durch prosaischen Hausgebrauch, rätselhafte schamanische Praktiken oder prächtige mythische oder rituelle Akte kontaminiert ist. Diese außer-ästhetischen Nutzungen verhindern, dass das Terrain der Kunst klar und deutlich abgegrenzt werden kann. Zum Teil findet das Künstlerische außerhalb des von Harmonie und Genuss gekennzeichneten Registers statt, und zwar nicht nur in nicht modernen Kulturen, sondern auch in der zeitgenössischen Kunst, die in ihrer antiästhetisierenden Neigung in großem Maße mit dem »Primitiven«, dem Prämodernen oder dem Indigenen übereinstimmt.

Innen und Außen des Kreises

Bekannt ist, dass diese Erweiterung der Bedeutung, das auratische Plus, das die Gegenstände außergewöhnlich macht, nicht nur über die Schönheit verliehen wird; es kann auch über das Konzept erreicht werden (allerdings nie ausschließlich hierdurch). Diese Option stellt nicht nur einen bedeutenden Weg in der zeitgenössischen Kunst dar, der von Duchamp initiiert wurde: Sie verweist auch auf einen der Wege des Rituals. In der Szene des Ritus erhalten die Gegenstände und die Körper zweifelsohne durch den Glanz der Schönheit eine Aura (Bemalungen, Federn, Masken ...); doch sie werden auch fremd, sie sondern sich ab – laden sich auf mit einem Triebstoß – einzig und allein durch ihre Position im zeremoniellen Kreis (bzw. im Museum oder der Galerie, wenn wir von aufgeklärter Kunst sprechen). In dieser markierten Zone angesiedelt, entfernen sich die Objekte und Geschehnisse und setzen sich dem Blick aus; und dadurch verleiht ihnen die (minimale) Distanz, die dieser Ausstellung innewohnt, die Entfernung, die ihre Position als Opfergabe impliziert, Glanz. Nicht ihre Erscheinung verleiht ihnen Aura, sondern das Bewusstsein, dass sie in einer Szene verortet sind, die sie der alltäglichen Welt entzieht. Außerhalb des (durch das Museum oder den Ritus) geweihten Kreises erlöschen die Dinge, gewinnen ihre Konturen zurück, ihre rein gegenständliche Präsenz.

Weder die Erscheinung noch das Konzept sind ausreichend: Die Kunst kann sich nicht mehr in einem abgetrennten, autonomen Bereich verschanzen – das mit Mauern geschützte Reich der ästhetischen Form–, aber sie kann auch nicht auf das Bild verzichten (ihre einzige Waffe, um den Raum der Karenz zu füllen, ihre poetische Ressource par excellence). Das heißt, sie kann sich weder abweisend hinter der Mauer der Form abschotten noch kann sie all ihre formalen Kunstgriffe demontieren und sich in fremden Inhalten auflösen. Dies ist ein zentrales Paradoxon der zeitgenössischen Kunst, die die formale Autonomie ablehnt, jedoch ohne eine minimale formale Struktur keinen eigenen Raum beanspruchen kann.

Diese Problematik, die vor allem nicht-modern ist, führt zu einer unerwarteten Übereinstimmung zwischen der indigenen (allgemein der Volkskunst) und der zeitgenössischen Kunst. Im Prinzip trägt die Opferung der Autonomie der Kunst (der Verlust der Distanz, die Verbrennung der Aura) progressive und emanzipatorische Züge und setzt einen radikal demokratisierenden Schritt voraus: Die Idee, dass die Vereinbarung von Kunst und alltäglichem Leben den massiven Zugang zur schönen Form fördert. Doch die globalisierte Ästhetisierung entspricht nicht einer revolutionären Eroberung der politischen Kunst, sondern dem Nutzen der transnationalen Märkte. Die Kunst wird um die alte avantgardistische Utopie geprellt durch die weiche Ästhetik von Design und Werbung, die omnipräsenten Bilder der Medien. In diesem Kontext kann die Geltendmachung der beunruhigenden Umwege der Kunst, ihrer Versuche das nicht Darzustellende darzustellen und die Dinge dem Blick indirekt auszusetzen (das heißt, eine gewisse formale Autonomie, eine gewisse auratische Distanz zurückzuerlangen), eine politische Geste sein: eine kritische Haltung, die sich der globalisierten Homogenisierung des Sinns widersetzt.

Trotzdem ist dieser Ansatz gefährlich, weil er zwischen zwei reaktionären Positionen steht: der Wiederbelebung einer emblematischen Figur des Idealismus und dem Einschlagen des bequemen Weges, der den Verzicht bedeutet, die Schatten aufzuzeigen, die andere Seite zu benennen. Bis zu welchem Punkt ist es möglich, eine gewisse signifikante Autonomie des Kunstwerks zurückzugewinnen, eine gewisse Distanz, um den Blick zu ermöglichen, ohne die durch den aristokratisierenden Idealismus der schönen Künste besetzte Tradition zu restaurieren?

Die Insistenz des Blicks

Die eben dargelegte Frage ist die Gegenseite einer anderen. Bekannt ist, dass die zeitgenössische Ablehnung der Form sowohl einer Kritik am Ästhetizismus sowie einer Öffnung der Kunst gegenüber außerkünstlerischen Inhalten entspringt (die Rückkehr des Realen, doch auch die Durchdringung mit gesellschaftlichen Situationen, ethischen, philosophischen und politischen Anliegen). Diese Öffnung ist jedoch auch bedrohlich: Ohne Eindämmung durch die Form könnte die Kunst vom Fluss unzähliger miteinander verbundener Realitäten mitgerissen werden. Die Frage ist also wie die Kunst ein erkennbares Profil wahren kann, einen eigenen Status, ein Selbstverständnis, wenn erst einmal ihre Schutzmauern, ihre Zollstationen und selbst ihre Grenzen niedergerissen sind? Macht es Sinn, weiterhin von »Kunst« zu sprechen, wenn die Grenzlinien ihrer Bastion aufgehoben sind und ihr Theater abgerissen ist?

Auf diese Probleme gibt es keine im Voraus festgelegten Antworten; sie müssen in jeder einzelnen Situation neu gelöst werden. Jede Situation muss ihren eigenen Weg finden, um das Spiel der Blicke – die auratische Distanz – aufrechtzuerhalten, ohne autoritäre Traditionen oder exklusive Vorrechte wieder einzusetzen. (Doch das ist die Frage der aktuellen Kultur insgesamt: Wie kann man unentbehrliche Figuren rehabilitieren und ihre metaphysischen Vorstrafen löschen.)

Angesichts dieses Problems ist es angebracht, das Thema der indigenen Kunst wieder aufzunehmen, einer Kunst, die in der Lage ist, komplizierte gesellschaftliche Inhalte zu verarbeiten, ohne auf das Mittel der Aura zu verzichten. Prinzipiell fehlt ihren Formen die Autonomie, da sie von diversen Funktionen abhängen. Doch diese Verpflichtung dem Außerkünstlerischen gegenüber hindert die indigene Kunst nicht, einen Raum bereitzuhalten, damit der flüchtige Glanz der Form die Erfahrung der weit jenseits der Reichweite der symbolischen Ordnung liegenden dunklen Zonen intensivieren kann. Die Schönheit hat keinen Wert an sich; sie ist lediglich ein Indiz des unerreichbaren Wirklichen. Dieses andere Kunstsystem kann den Raum des Rätselhaften offenhalten und das Verlangen des Blickes aufrechterhalten, ohne die Attribute zu teilen, die die ausschließenden Vorrechte der aufgeklärten Aura tragen: den Absolutismus des Signifikanten, den Totalitätsanspruch sowie die Attribute der Versöhnung, Einzigartigkeit und Originalität, die die von Walter Benjamin beschriebene Aura definieren. In der »primitiven« Kunst appelliert die Operation, die das Objekt in die Ferne rückt, um es außergewöhnlich zu machen – um es jenseits seiner Gegenwart geschehen zu lassen –, nicht an die Macht der sich selbst genügenden Form: Sie wirkt, indem sie sich einen Weg durch das dichte Gewebe der gesamten Kultur bahnt, es von innen erleuchtet. Es handelt sich um eine Kunst, die zwischen dem schützenden Mantel der Form und den Unbilden der sich jedem formalen Schema verweigernden gesellschaftlichen Inhalte schwankt. Und gerade diese Bewegung in Gang zu setzen ist das Bestreben der zeitgenössischen Kunst.

Unzeiten

Wenn wir zeitgenössisch sagen, dann denken wir an die Kunst aufklärerischer Prägung. Doch streng genommen ist auch die aktuelle indigene Kunst zeitgenössisch. Nicht nur weil sie die Autonomie der Form dekonstruieren und Räume »zwischen dem Zeichen und dem Ding« aushandeln kann, sondern weil sie Gültigkeit hat; in dem Maße wie sie sich – natürlich konfliktär – mit ihrer eigenen Epoche auseinandersetzt. Die Behauptung des zeitgenössischen Charakters des »Primitiven« ermöglicht es dem ethnozentrischen Vorurteil auszuweichen, demzufolge sich jegliche gegenwärtige Zeit im westlichen Modell erschöpft. Auch wenn die Idee des Zeitgenössischen von diesem hegemonischen Modell bestimmt ist, so ist doch die Existenz eines einzigen, absoluten »Zeitgenössischen« undenkbar (während man durchaus von einer einzigen modernen Aktualität ausgehen konnte, der gegenüber alle anderen Kultursysteme als »prämodern« definiert wurden).

Die Idee des Zeitgenössischen beinhaltet verschiedene Strategien, um sich jedem spezifischen »Heute« zu stellen. Und sie hebt das Fragmentarische und Unvollständige in der Definition der Gegenwart hervor: Etwas, das alle zeitliche Einheit, jegliche lineare Abfolge der Zeit verwirft. Die Kunst spielt eine wichtige Rolle in dieser Operation, denn ihre Arbeit besteht ja gerade darin, die Illusion eines progressiven zeitlichen Verlaufs zu stören: die Ordnung der Erinnerung durcheinanderzubringen, kommende Momente vorwegzunehmen, parallele Zeiten zu benennen. Diese Aufgaben implizieren dissonante, inadäquate Bewegungen, die der sequenziellen Darstellung zuwiderlaufen: extemporäre Operationen, die, indem sie die eigene Gegenwart hinterfragen, jedweden Anspruch auf vollkommene Aktualität problematisch werden lassen: Durch sie wird der ureigene Begriff der »zeitgenössischen Kunst« zum Paradoxon. Denn die Kunst, jeglicher Versöhnung mit ihrer eigenen Zeit gegenüber abgeneigt, ist per Definition un-zeitig, nicht aktuell; sie bringt die Zeit durcheinander (»out of joint«, in Hamlets Worten), und indem sie es tut, verschiebt sie ein ums andere Mal die vollständige Erfüllung, erneuert die Spannung; sie lässt einen Spalt für den Eintritt des Ereignisses offen.

Wenn wir das Zeitgenössische als den Hintergrund verstehen, vor dem sich verschiedene Kunstformen mit den Fragestellungen der jeweiligen historischen Konjunktur auseinandersetzen, dann müssen wir anerkennen, dass es verschiedene Kunstsysteme gibt, verschiedene Antworten und diverse Geschichten; das heißt eine Pluralität ungleicher Zeitlichkeiten. Einem grundlegenden kolonialistischen Vorurteil zufolge genießen nur die Formen der westlichen Kunst das Privileg, in die zeitgenössische Epoche Einzug zu halten und alle anderen hinter sich zu lassen, die für immer zum Anachronismus verdammt sind. Dieser Mythos ist nicht nur aus offensichtlichen politischen Gründen zu hinterfragen, sondern auch deshalb, weil er verhindert, die Negativität der Kunst im Bezug auf ihre Zeit zu sehen; die ihr innewohnende Tendenz zum Aufschub und zur Verlängerung – die notwendige andere Seite ihrer vorausschauenden Fähigkeiten.

Tropische Landkarte

Im Gran Chaco in Paraguay, im Norden des Wendekreises des Steinbocks, leben die Ishir, ein Volk der Sprachfamilie der Zamuco, die historische Feinde der von Lévi-Strauss untersuchten Caduveo Mbayá sind. Die Ishir teilen sich in zwei Gruppen: die am Fluss Paraguay lebenden Ebytoso und die Tomáraho, die Bewohner des Dschungels sind, der in diesen Breiten sehr dicht ist und von den weiten Ebenen abgelöst wird.

Wenn der Frühling beginnt, veranstalten die Tomáraho ein ausgelassenes Fest, um das neue Jahr zu feiern: das heißt den Neubeginn der Zeit, die zyklische Erneuerung der Sonnenwende und die jeweilige Regenierung der Sprossen und das Reifen der Ernten; aber auch die Beschwörung des mythischen Prinzips, die Initiierung der Jugendlichen, die kollektive Bewältigung der Trauer, das Fest und die Erneuerung der kollektiven Gewissheiten – kurz, die Wiederherstellung des Gesellschaftsvertrags. Diese komplexe Zeremonie, die drei Monate dauert, mobilisiert eine beeindruckende Bühnenmaschinerie von Choreografien, Tänzen, Musik und Schreien, Körperbemalungen und zeremonieller Aufmachung (Kleidung, Masken, Federschmuck). Die Inszenierung dieses rituellen Mechanismus stellt ein gewaltiges ästhetisches Gesamtwerk dar. Niemand, der über ein Minimum an Sensibilität verfügt, könnte leugnen, dass er vor einem echten Kunstwerk steht: der Glanz der Erscheinung, der nächtliche Wahrheiten beschwört, die über den Irrwitz der Formen und die Ekstase der Körper erahnt werden. Doch, wie schon gesagt wurde, hat dieses strahlende und dunkle Werk klar definierte Funktionen, zu denen neben vielen anderen politische, wirtschaftliche, sowie magische und religiöse Zwecke zählen.

Einerseits ist der »Debylyby« – so heißt diese komplizierte Zeremonie – ein zeitgenössischer Akt, auch wenn dabei insistent Muster wiederholt werden, die hunderte von Jahren alt sind; und er ist zeitgenössisch, weil die Zelebrierenden durch die Repräsentation nach Zeichen ihrer eigenen Zeit suchen, natürlich ohne sich um ihre Synchronie mit dem vom Westen vorgegebenen Rhythmus zu kümmern. Die Bemalungen und die Federn, die die Körper aufflammen lassen, die barbarischen Schreie, die das Szenarium mit Echos und Schatten füllen, sind zeitgenössisch, weil sie heute geschehen; weil sie weiterhin Gültigkeit haben, um die Erinnerung zu mobilisieren und ihr Leben als Gemeinschaft neu auszurichten, um sich vor den Angriffen des natürlichen Umfelds und dem Druck der Kolonialgesellschaften zu schützen und um – aus den Widrigkeiten ihrer Gegenwart, aus der ungewissen Tiefe ihrer Erinnerung heraus – die Ankunft eines gnädigeren Jahres zu begünstigen.

Zum anderen wird der »Debylyby« nach strikt westlichen Kriterien ein Kunstwerk bleiben, solange er – wenn auch nur bewusst flüchtig – an die Macht der Schönheit appelliert, an die primitive Aura des Kultes, an die Distanz, die der Blick dringend benötigt, um ein ums andere Mal den abgenutzten Sinn zu erneuern.

Kurze Koda

Mithilfe ihrer zahlreichen Mittel kann die Kunst die Breitenkreise der Tropen neu zeichnen. Sie kann eine »Landkarte« erstellen, und zwar in dem Sinne wie Deleuze und Guattari diesen Begriff benutzen, als Gegensatz zur redundanten Monotonie der Blaupause: eine Linienführung, die in der Lage ist, die Geografien neu einzuschreiben und multiplen Eingängen zu öffnen.[4]

Die Landkarten der Kunst können die Kreise der Tropen verschieben oder zurücknehmen, sie ausweiten, unterstreichen oder kreuzen. Und sie können ihre Linien zu instabilen Kreuzungspunkten umformen, die in beide Richtungen von kontingenten Formen und waghalsigen, auf die andere Seite abzielenden Versuchen, überschritten werden.

Die schwankenden kartografischen Grenzen sind heute eine gute Option als Standort der künstlerischen Produktion. Sie zwingen letztere, ihre eigenen Umrisse zu hinterfragen und zu versuchen, sie zu durchbrechen. Vielleicht ist diese nutzlose, von den primitiven Kulturen regelmäßig wiederaufgenommene Aufgabe einer der letzten Auswege für die verfahrene Kunst des Westens.

Anmerkungen: 1 Claude Lévi-Strauss, »Tristes trópicos« (»Traurige Tropen«), Barcelona 1988, S. 203. 2 Ders., »Antropología estructural«, Buenos Aires 1968, S. 248. 3 José Guilherme Merquior, »La estética de Lévi-Strauss«, Barcelona 1978, S. 53. 4 Gilles Deleuze und Félix Guattari, »Rizoma (Introducción)«, Valencia 2005, S. 28ff.

Von der Banane zum »TotalFlex«

Roberto Cabot

Die Fantasie kann eine immense Macht entwickeln und als Empfänger unzähliger Fantasien und Träume können die Tropen unvermutete Kräfte entfalten. In den Tagen der deutschen Wiedervereinigung erklärten die Ostdeutschen ihre Begeisterung unter anderem mit der Aussicht, mehr Bananen verzehren zu können. Diese waren in Ostdeutschland begehrte und seltene Früchte, die aus den tropischen sozialistischen Bruderstaaten kamen, etwa aus Kuba.

Der Fall der Berliner Mauer war auch eine Eroberung des Rechts auf Bananenkonsum, wann immer man wollte, das heißt, das Recht auf einen kleinen tropischen Moment des Genusses jener exotischen Frucht, die als Symbol für das ferne und unerreichbare, nur aus dem Westfernsehen bekannte Paradies stand – man durfte ja nicht ins Ausland reisen. Ein neueres Symptom dieser phantasievollen Beziehung der Nordmenschen zu den Tropen ist die Freizeitwelt »Tropical Islands« in Brandenburg. Inmitten der flachen und etwas trostlosen Landschaft jener Gegend, wo die Temperaturen im Winter des Öfteren minus 20° C erreichen, wurde eine gigantische silberne Kuppel errichtet, in deren Innerem ein vorgeblich tropisches Klima hergestellt wird, feucht und warm, mit Schwimmbecken, »tropischen« Gärten, künstlichem Regen und sogar Strohhütten, in denen Säfte und Drinks feilgeboten werden. Der Vorteil von »Tropical Islands«, diesen neu erfundenen Tropen, ist das völlig sterile Ambiente ohne Slums, Insekten oder anderem unerwünschtem Getier, die ein häufiges »Problem« der tropischen Paradiese darstellen. Die »Trampelpfade« sind aus rutschsicherem Gummi und die UV-Strahlung wird kontrolliert.

Das Wort »Tropen« hat seine etymologischen Wurzeln im griechischen »tropos«, das »Wende« bedeutet. Geografisch ist mit den Tropen die Region zwischen dem Wendekreis des Krebses und dem Wendekreis des Steinbocks gemeint, deren Mitte der Äquator bildet. Dieses Gebiet umfängt jenen Teil der Erde, wo der Sonnenstand mindestens ein Mal im Laufe des Sonnenzyklus 90° erreicht, also genau senkrecht steht. Nördlich des Wendekreises des Krebses und südlich des Wendekreises des Steinbocks erreicht die Sonne niemals das Azimut von 90°.[1] Der tropische Teil der Welt unterscheidet sich radikal von den gemäßigten Breiten und wurde zu einem Märchen. (Ich werde übrigens nie verstehen, wie eine Region, in der im Winter minus 15° C und im Sommer plus 35° C gemessen werden, als »gemäßigt« bezeichnet werden kann.)

Die tropische Erzählung durchlief als europäische Schöpfung im Laufe der Zeit verschiedene Phasen, in denen sie Projektionsraum für die unterschiedlichsten Fantasien bot. Vom tropischen Eldorado des 15. und 16. Jahrhunderts, das in Werner Herzogs Verfilmung des Aguirre-Stoffes in formidabler Weise als »grüne Hölle« gezeichnet wurde, über die Tropen der Piraten mit ihren Schätzen und die der Aufklärung mit ihren »guten Wilden« im 18. Jahrhundert bis zum Stigma der Unterentwicklung und der neokolonialen Ausbeutung als reine Rohstoffquelle. Die Kolonisierung Südamerikas und auch des nördlichen Teils des Britischen Imperiums geschah in perfekter Unordnung. Dieses Chaos begünstigte die Kontrolle der einheimischen Bevölkerung durch die Kolonialherren und war auch Folge der Unfähigkeit der Eindringlinge, die unterworfenen Völker zu verstehen. Aus dieser anfänglichen Unordnung entstanden Gesellschaften, deren Entwicklung der Kontrolle der Metropolen entglitt, die auf Mischung beruhte und einer neuen, bis dato unbekannten, eigenen Logik folgte. Und die schließlich dank des erstaunlichen Wachstums der Tourismusindustrie und der Erfindung des Bikinis in den 1960er Jahren in die positiv besetzten, erotisierten und fantastischen Tropen und das verzauberte Paradies des Club Med mündete. Die beste Repräsentation dieses Trugbildes ist wahrscheinlich der Film »The Girl from Rio«, ein strahlendes Trash-Produkt, das alle Klischees über Rio de Janeiro in einer Science-Fiction-Erzählung à la James Bond zu vereinen vermag. Eine besonders repräsentative Szene zeigt einen jungen Mann, der sich dafür entschuldigt, in das Zimmer eines jungen Mädchens eingedrungen zu sein, da es »schließlich eine ledige Frau« sei, worauf es antwortet, er solle sich keine Sorgen machen, »schließlich befinden wir uns in Rio ...«.[2]

Fantasien pflegen den Ort des Unbekannten, des Unverständlichen zu besetzen. Für den Europäer der Kolonialzeit, der in tropischen Gefilden landete, war das, was er sah, a priori unverständlich, angefangen bei den Formen, mit denen er sich konfrontiert sah (erstaunliche Pflanzen und Früchte, märchenhafte Tiere), bis zum unvorhersehbaren und exzessiven Klima. Schon in jener Zeit entstanden die ersten »Kuriositätenkabinette« mit besonderen, der Natur und den Kulturen der exotischen Breiten entnommenen Exponaten, die heutzutage ihren Fortbestand in den Museen haben. Der Kontakt mit der Bevölkerung der Tropen konfrontierte die Seefahrer mit Völkern, die einer anderen Wirklichkeit zugehörig schienen. Seien es die Pygmäen Afrikas, die Tahitianer oder die amerikanischen Ureinwohner der brasilianischen Küsten und Amazoniens: Alle entwickeln sich in für einen europäischen Christen des 15. Jahrhunderts unverständlichen Paradigmen. Selbst Claude Lévi-Strauss reist, bei aller Aufgeklärtheit und Sensibilität, im vergangenen Jahrhundert mit einer Last von Projektionen und Fantasien nach Brasilien, die mit dem Erkennen dessen zu bröckeln beginnen, was er »traurige Tropen« bezeichnen sollte. Er vergleicht die Landschaft des Serrado mit »Bildern von Yves Tanguy«[3], dem abstrakt-surrealistischen Maler aus Frankreich, spricht von seinem »ersten Tropenschock«[4] und zeigt damit, dass sich das tropische Umfeld noch zu Beginn des 20. Jahrhunderts jeglicher Einordnung durch die europäische Konzeption des Realen entzieht. Dieses Werk von Lévi-Strauss beschreibt den Übergang von der traumhaften und den Tropen entspringenden Fantasie der guten Wilden und der natürlichen Reinheit zur Ernüchterung, mit der diese sich als nur mehr andere Wirklichkeit entpuppen, mit dem ganzen Gewicht, das diesem Begriff innewohnt.

Brasilien ist das erste Land, das sich als tropisch definiert. Im Allgemeinen tendieren die Länder mit tropischen Klima- und Naturmerkmalen dazu, sich von diesem Etikett zu distanzieren, und erkennen diesbezügliche Eigenschaften nicht als identitätsstiftende Elemente an. Thailand, ein Land tropischen Biotyps, definiert sich nicht als tropisches Land, und auch Venezuela tut dies nicht. Nicht zuletzt dient die Temperatur der Büros und Fahrzeuge auch als Linderungsmittel gegen das »unangenehme« Gefühl, sich in einem tropischen Land zu befinden: Je kühler die Klimaanlage, umso weiter ist man von den Tropen entfernt, die in den Köpfen der kolonisierten Eliten als Synonym für Unterentwicklung stehen. Miami versteht sich erst als tropisch, seit der Tourismus boomt, und hat sich zum Prototyp des gelungenen »Paradieses« der tropischen Eliten entwickelt, indem es mehr oder minder gelungene »Spiegelungen« produziert wie Cancun oder den Stadtteil Barra da Tijuca in Rio de Janeiro.

Seit der zweiten Hälfte des 20. Jahrhunderts teilt sich die Vorstellung des Tropischen in Brasilien in ein duales Konzept mit zwei gegensätzlich verlaufenden Fluchtlinien und wird – neben ihrem Dasein als Projektion des nach westlicher Vorstellungswelt Dionysischen – zu einem identitätsstiftenden, befreienden und revolutionären Konzept mit zwei symmetrischen Sichtpunkten, wo jeder den nächsten auf der anderen Seite des Spiegels sieht. Ein seltenes Beispiel derart mächtiger Synergie zwischen den Künsten – zu einem Zeitpunkt, als diese sich im Prozess der Anerkennung der Besonderheiten der jeweils eigenen Kultur und der Annäherung an das Alltagsleben befanden – wurde eine Ausstellung im Museum für Moderne Kunst (MAM) in Rio de Janeiro. Die dort ausgestellte, inzwischen berühmte Installation »Tropicália« von Hélio Oiticica wurde zum Auslöser für eine Schaffensexplosion, die neben den bildenden Künsten das Theater, die Musik, den Film, die Dichtung und die Mode umfasste. Die modernistische Bewegung der Anthropophagie hatte sich bereits der tropischen Eigenschaft bemächtigt, jedoch ohne den Begriff zu verwenden, der damals in Kreisen der europäisierten einheimischen Eliten abwertend besetzt war. Der Wunsch der brasilianischen Modernisten, lokale Elemente zu destillieren, um damit ein ästhetisches Universum zu entwickeln, das ihrer lokalen Wirklichkeit angemessen war, hatte die formalen und ästhetischen Bezüge des »Tropicalismo« der späten 1960er Jahre bereits angedeutet.

Der »Tropicalismo« revolutionierte die brasilianische Populärmusik (Música Popular Brasileira) und trug wesentlich zur späteren Entwicklung verschiedener Stilrichtungen der internationalen Musik bei, so beispielsweise zum dem, was später als World Music bekannt wurde: eine Mischung von Klängen unterschiedlicher ethno-kultureller Herkunft. Sicher ist es selbst für die Protagonisten dieser Bewegung schwierig, die Ziele klar zu definieren, die ihre Aktionen in jener Zeit geleitet haben; wie sie selber sagen, waren viele Gesten spontaner und nicht erzwungenermaßen rationaler Natur. Doch heute können wir die Folgen dieser Gesten deutlich erkennen. Für die Musiker des »Tropicalismo« ging es nicht ausschließlich darum, schöne Lieder zu komponieren; sie glaubten auch an die Kraft der Musik, die Gesellschaft zu verändern, und an die gesellschaftliche Verantwortung des Künstlers. Beeinflusst von den Studenten- und Arbeiterbewegungen in Europa und den Vereinigten Staaten, aber auch bestätigt durch das wachsende Unbehagen an dem einheimischen Gesellschaftsmodell, das nicht mal in seiner Kleiderordnung der täglich zu erfahrenden Wirklichkeit entsprach, trug die »Tropicália« eine offene Haltung gegenüber dem Leben und liberalen Werten in sich. Die Bossa Nova hatte eine neue musikalische Ästhetik eingeführt, einen Stil des Machens, Arrangierens und Interpretierens der Musik. Die »Tropicália« stellte eher eine neue, kritische und fruchtbare Lebenshaltung dar, die die unterschiedlichsten Stile umfasste.

Der Ausdruck »Tropicália« wurde bereits 1967 mit der begehbaren Installation »Penetrável« von Hélio Oiticica zum Begriff und eroberte als solcher andere Künste. Die »Tropicália« erscheint nicht als klar definierte Form oder deutlich umrissener Stil, sie gebiert eine Reihe von Ideen, die das erste aus einem »peripheren« und tropischen Land hervorgebrachte ästhetische Konzept darstellen und somit eine Alternative zum »westlichen« Modell der sogenannten Ersten Welt. Diese Ideen bilden ein Modell von großer Flexibilität und tropischer Dynamik. Jahre zuvor hatte General Charles de Gaulle nach seiner Rückkehr von einem offiziellen Staatsbesuch in Rio de Janeiro eine Erklärung abgegeben, die in die jüngere Geschichte des Landes eingehen sollte: »Le Brésil n'est pas un pays serieux« (»Brasilien ist kein ernsthaftes Land«). Die tropische Logik nicht erkennend, disqualifizierte der strenge General, was er sah, und ignorierte einfach, dass das Frankreich dieser Zeit noch dabei war, sich aus dem Debakel des Zweiten Weltkrieges zu befreien, der größten aller menschlichen Barbareien, und dass sein einer Diktatur nicht unähnliches Regierungssystem es sich erlaubte, Gegner zu foltern und zu ermorden. Es stand einem General einer sich dermaßen diskreditierenden Grande Nation nicht gerade an, sich öffentlich auf diese Weise zu äußern.

Vor dem »Tropicalismo« verkündet die Bossa Nova bereits ein Gefühl für das »genießerisch Unvollkommende«, die Menschlichkeit des Defekts (so das Lied »Desafinado«/ »Verstimmt«). Dies verbindet sie mit ähnlichen Haltungen in der bildenden Kunst. Der »Neoconcretismo« ensteht als eine Reaktion auf das Gefühl der Entmenschlichung der Kunst durch die Regeln des konstruktivistischen »Concretismo«,[5] als Ablehnung der Mechanisierung und Entmenschlichung der künstlerischen Produktion und also des mechanistischen Gefühls der durch das konstruktivistische Projekt repräsentierten Perfektion. Dieses mechanistische Konzept der Perfektion, des visuellen ästhetischen Genusses an der »Abwesenheit von Fehlern«, an der Reinheit, ist ein Produkt der europäischen Ideale des Industriezeitalters, in dem die menschliche Hand als unvollkommen und schwach und dem kraftvollen mechanischen Arm unterlegen erklärt wird. Diese positivistisch-mechanistische Wahrnehmung der Welt wurde zum Grundpfeiler der »westlichen« Befindlichkeit. Das Realitätsprinzip, das Reich der mechanistischen Logik, definiert den Menschen aus seiner produktiven Funktion, unterwirft nach Herbert Marcuse jeglichen Genuss oder jegliches Bedürfnis dem Wohle der Produktion und reduziert den Menschen zum hoch spezialisierten, »eindimensionalen Menschen«. In diesem System gibt es keinen Platz für Fehler oder Ungenauigkeit und schon gar nicht für Unvorhergesehenes oder Zufälliges. Das Tropische widersteht dieser Logik und ersetzt sie durch eine andere, eine Logik der Improvisationen und der plötzlichen Ereignisse, die besagt, dass der Genuss und das Verlangen dazu neigen, den guten Geschmack zu entführen. Aber die Menschheit pflegt nicht durch ihren guten Geschmack zu brillieren, und der Weg des Schicksals wird zu einem guten Teil vom Zufall begleitet.

Jean Baudrillard sprach in einem kürzlich erschienen Interview[6] von der eventuellen Unmöglichkeit, Brasilien jenem Wirklichkeitsprinzip zu unterwerfen, das er Hyperrealität der hoch entwickelten Länder – wie beispielsweise Japan – nennt. In Brasilien hat man seines Erachtens den Eindruck, dass »es kein Prinzip der Definition von Wirklichkeit gibt. Es handelt sich eher um eine Art fiktionales Land, jedoch keiner transparenten Fiktion. Es ist kein Land der Semiologie oder der Semiotik. Ich weiß nicht, aber ich habe den Eindruck, dass Brasilien einem Spiel der Illusionen näher kommt, der Verführung dieser dualen aber konfusen Beziehung ... Und dass es hier nicht diese Form von Abstraktion gibt, die der Hyperrealität eigen ist ...«.[7] Es ist interessant, das Zögern des Philosophen bei seinem Versuch zu beobachten, diese »konfuse« Sache zu beschreiben: als ob die Umrisse des tropischen Riesen wirklich schwierig zu zeichnen seien.

Diese Undefiniertheit der Grenzen und Umrisse stellt eine den Tropen inhärente Eigenschaft dar. Sie entspringt nicht der Abwesenheit von Grenzen, sondern dem Gefühl, dass alles dynamisch, flexibel und unvorhersehbar sei, als ob es keine Grenzen gebe – während diese zwar existent, doch in ständiger Verlagerung sich befinden. Es ist anzunehmen, dass diese konstante Vibration dem französischen Philosophen das Gefühl einer »konfusen Dualität« vermittelt hat. Wo der Eroberer Unordnung wahrnimmt, herrscht in Wirklichkeit eine dynamische Ordnung der ständigen Transformation, eine dynamische Territorialisierung des Sinns, um einen Begriff von Félix Guattari zu verwenden.

Das Subjekt jener »Fiktion«, von der Baudrillard spricht, könnte amorph scheinen, doch in Wirklichkeit ist es »metamorph«, befindet sich in ständiger Metamorphose in seiner Beziehung zu einem Wirklichen, das sich ebenfalls ständig neu definiert. Die beste Verkörperung dieses Subjekts ist Mário de Andrades Macunaíma-Figur, dessen meisterhafte Modernisierung Joaquim Pedro de Andrade in der Verfilmung der originalen Rhapsodie gelungen ist. Der »Held ohne jeglichen Charakter« (»herói sem nenhum caráter«) ist nicht Robert Musils »Mann ohne Eigenschaften«, der »ein Jahr Urlaub vom Leben« nimmt, oder Max Frischs »Homo Faber«, der sich in einer unübertragbaren Distanz zur Wirklichkeit befindet. Macunaíma hat keinen Charakter, weil er alle nur möglichen Charakterzüge hat, mit denen er sich der Wirklichkeit und den Lebensbedingungen fortwährend anpasst. Und er befindet sich stets mitten in dieser Wirklichkeit, er treibt in ihr. Das Macunaíma umkreisende Wirkliche ist völlig mit Bedeutung überzogen, die sich in Farben und Symbolen kleidet. Die Erzählung folgt keiner funktionalen Logik: Die Ereignisse werden von stratifizierten und kodierten Bedeutungskonjunktionen gelenkt. In der Verfilmung denkt Mário de Andrades Figur nicht über den nächsten Schritt nach, sondern imaginiert: »Macunaíma imaginierte, imaginierte, imaginierte ...« Selbst die Vorlage ist in den darin angebotenen Möglichkeiten der Lesart und Interpretation offen, sodass der Filmemacher bei der Beschreibung des Adaptionsprozesses des Textes zum Drehbuch erklärt, er habe zwei Adaptionen verfasst. Bei der ersten habe er versucht, »das Buch zu zähmen«, aber nichts habe gepasst; bei der zweiten habe er den Standpunkt eingenommen, dass »Macunaíma ein Brasilianer sei, der von Brasilien verzehrt worden sei« und da, sagt er, »wurde die Sache schlüssiger«.[8] Auf diese Weise bleiben die Umrisse aus dem Buch beweglich und es gelingt ihm, eine gefühlvolle Erzählung in linear verdichteter Form filmisch zu fassen. Es handelt sich nicht um eine Art Surrealismus. Wie im Werk Tarsila do Amarals handelt es sich vielmehr um eine Formalisierung der unmittelbaren Realität, nicht einer idealen Sub- oder Supra-Realität. Die Künstlerin reproduziert das sie umgebende formale Universum der runden Hügel, der Lässigkeit der Körper in der Hitze, des Gefühls der »Schlaffheit« an einem tropischen Sommernachmittag, der sanften Brise bei Anbruch des Abends, des Lichts. In einem Brief an die in Paris weilende Tarsila schreibt Mário de Andrade: »Tarsila, Tarsila, kehre in Dich selbst zurück. Verlasse Gris und Lothe, Agenten gebrechlicher Kritiken und dekadenter Ästhesie! Verlasse Paris! Komm in den Urwald, wo es keine afrikanische Kunst gibt und auch keine höflichen Ergüsse.«[9] So wie Jean-Baptiste Corot und die Impressionisten den Kanon der akademischen Malerei infrage stellten, indem sie hinausgingen und unter freiem Himmel malten, sich direkt mit der Realität auseinandersetzten und sie – die Regeln der Akademie ignorierend – ihren Sinneseindrücken entsprechend darstellten, so stellt Tarsila die Wirklichkeit derart dar, wie sie sie fühlt. Und sie teilt ihr Gefühl offensichtlich mit den Tupinambá oder Paul Gauguin und den Tahitianern. Dieses Gefühl auszudrücken, entwirft sie ein neues formales Vokabular und stellt auf diese Weise die künstlerische Konzeption ihrer Epoche in ihren Festen infrage.

Roberto DaMatta zeigt uns, wie die brasilianische Gesellschaft (in diesem Fall unser Beispiel des »Tropischen«) durch das Beziehungsspiel zwischen Individuen innerhalb eines hierarchischen Rahmens komplexer und widersprüchlicher Werte außerhalb der produktiven Logik gebildet wird, was sich ironisch typisiert in dem Satz zeigt: »Wissen Sie, mit wem Sie hier reden?«[10] Dieses Modell unterscheidet sich entscheidend vom »Gesellschaftsvertrag« eines Jean-Jacques Rousseau, der sich auf die Produktionsbeziehungen stützt. Die Verfassung der Sozialgemeinschaft hängt von der Art der persönlichen Beziehungen ab, ihrer Flüchtigkeit, der Tatsache, dass sie ständiger Veränderung unterliegen. Wenn es keinen Vertrag gibt, kann jede Situation jeden Moment hinterfragt und überprüft werden, auch rückwirkend.

Diese Flüchtigkeit der sozialen Beziehungen (die in Brasilien ihre sichtbaren Grenzen in der eingeschränkten sozialen Mobilität findet) wird zu einem Problem, wenn ihr Modus operandi nicht wahrgenommen wird und erwartet wird, dass die Dinge nach dem angelsächsischen Realitätsprinzip funktionieren.

Die Dynamik und Flexibilität eines Systems können langfristiger Planung und Vorhersehbarkeit zum Problem werden. Die Voraussetzungen für eine Planungsstabilität aber versammelten sich zu einer gewissen Zeit in Europa, und führten dazu, dass die westliche Hegemonie derartig überhand nahm, dass die reichsten Länder die gesamte Weltlage unter ihrer Kontrolle hatten und damit eine Vorhersage erleichterten. Mit der Neuverteilung des Rollengefüges im Globalisierungsprozess, dem Anwachsen wirtschaftlicher Bedeutung von Ländern der sogenannten Dritten Welt (einschließlich einiger tropischer, wie Indien, Vietnam, eines großen Teils Afrikas), wird die globale Kontrolle immer schwieriger und somit die Zukunft immer unvorhersehbarer. Heute ist das eigentliche Problem sogar der Mangel an Flexibilität und Anpassungsfähigkeit. Selbst bei der Eroberung des Weltalls kann die Fähigkeit zur Improvisation entscheidend sein. In dem Film »Apollo 13« wird die Besatzung dadurch gerettet, dass sie ein beschädigtes komplexes Lüftungssystem mit verschiedenen Fundstücken repariert, die sich an Bord des Raumschiffs fanden, sprich: »dando um jeitinho«, improvisierend. In einem Umfeld der ständigen Veränderung wird die Fähigkeit zur Improvisation überlebensnotwendig.

Was passiert unter diesen Bedingungen mit dem »Projekt«? Die Unvorhersehbarkeit behindert das Projekt in keiner Weise; sie erfordert nur mehr andere Funktionsweisen, andere Mechanismen zur Durchführung längerfristiger Projekte. Ein Teil des brasilianischen Kulturschaffens weist einige gängige Charakteristika auf, die der Mobilität und der Dynamik einer ungebremsten Wirklichkeit angemessen zu sein scheinen. Diese Besonderheit drückt sich in einer spezifischen Beziehung zum Raum aus, zum Objekt, zum Körper und zu einer erstaunlichen formalen Freiheit. Die Konfrontation mit dem Realen ist in stärkerem Maße physischer, augenblicklicher und gewaltsamer Natur, der Zufall eine Konstante.

Die Geschichte der brasilianischen Gegenwartskunst hat weniger »Stilformen« denn Begriffe hervorgebracht, wie oben bereits bezüglich der »Tropicália« ausgeführt wurde. Die »Metaesquemas« eines Hélio Oiticica sind eine artikulierte Unordnung innerhalb der konstruktiven Ordnung. Das spätere Werk entsteht aus den Zwischenräumen zwischen den verschiedenen Ebenen, die auf der Oberfläche der »Metaesquemas« tanzen. Diese Zwischenräume beinhalten bereits die »Conceitos espaciais«, »Penetráveis« und »Parangolés« (Raumkonzepte, begehbare Räume und Parangolés). Sie bilden den Fluchtweg aus dem flachen Raum, den Notausgang aus dem sich selbst verzehrenden und freiwillig deterministischen Raum des »Concretismo«, und machen den Weg frei für die Begegnung mit der Welt, für die große, alles verschlingende Explosion des »Neoconcretismo« und eines beträchtlichen Teils dessen, was in Brasilien seit

Anfang der 1990er Jahre gemacht wird. Die Zwischenräume sind das sichtbare Zeichen der Destabilisierung des konstruktiven Ideals: der Horizont Piet Mondrians und das Kreuz Kasimir Malewitschs. Diese kinetische Negativ-Form (man könnte von einer »Unform« sprechen, da sie ja aus Resten besteht, die dem Spiel der Flächen entglitten sind) ist Ausdruck der Reaktion auf das dem konstruktivistischen und minimalistischen Projekt eigene, durchaus auch gefährliche Ideal der Reinheit. Die größten Barbareien der Geschichte wurden im Namen irgendeines Konzepts von »Reinheit« begangen: das Reine impliziert die Isolierung, die Starre, und hat die Sterilität zur Perspektive. Erstaunlich oft hat die brasilianische Herangehensweise an die Künste eine »Unreinheit« zum Ausgangspunkt, einen Widerspruch zum vorherigen System: sei es der Architekt Oscar Niemeyer mit seinen wenig modernistischen Kurven, seien es einige »Neoconcretistas«, die illusionistische Elemente in das geometrisch-minimalistische Schema einführen, sei es der Einfluss der »niederen Volkskultur« im Werk Hélio Oiticicas, sei es der realistische Barock im Werk Aleijadinhos. Wie es in die Installation »Tropicália« eingeschrieben steht: »Die Reinheit ist ein Mythos«. Die Kritikerin und Kuratorin Noemi Smolik zeigt, wie die historische Analyse der historischen Entwicklung in den »Peripherien« immer den historischen Interessen der herrschenden Länder unterworfen war und die genealogische Analyse der künstlerischen Entwicklung vernachlässigt wurde, eine Genealogie, die auf die Lebensbedingungen des Künstlers zum Zeitpunkt der Produktion ausgeweitet werden sollte. Folgt man der Geschichte des Schaffensprozesses, der zu diesen Ergebnissen führte, wird deutlich, dass die Entwicklung sowohl im Moskau der ersten Jahre des 20. Jahrhunderts wie im Rio de Janeiro der 1960er Jahre eigenen Projekten und Zielen folgte, die auf einer lokalen Tradition und Wirklichkeit fußten (für Kasimir Malewitsch die Tradition der Ikone in Russland, für Hélio Oiticica die Volkskultur in Brasilien), und dass es sich dabei nicht um »Adaptionen« des westlichen Projekts der Moderne handelte,[11] wie manche fehl informierten Zeitgenossen noch heute meinen. Diese Art des Geraderückens von Geschichtsschreibung wird durch die tief greifenden strukturellen Veränderungen begünstigt, die zurzeit rund um den Globus das westliche Modell der Moderne langsam aus den Angeln heben.

So wird deutlich, dass das Problem des Tropischen nicht in seiner Seinsweise liegt, sondern in dem fehlenden Bewusstsein seiner eigenen Qualitäten und Kräfte. Die Eliten der ehemaligen Kolonien bestanden auf einem importierten Paradigma, das ihnen Vorteile brachte, indem es die einheimische oder nicht kaukasische Bevölkerung als »unfähig zur Moderne« diskreditierte. Diese Haltung war selbst in Brasilien bis nahezu in unsere Gegenwart vorherrschend. Erst jetzt erhält der Begriff »tropisch« endlich eine positive, befreiende und inspirierende Dimension. In Kohärenz mit unserer eigenen Natur, bleibt der Begriff »tropisch« scheinbar so vage und undefinierbar wie alles, was er beschreibt. Scheinbar, denn wie gesagt, man darf nicht glauben, dass das, was sich ständig verändert, was flexibel ist, keine Form habe. Der Erfolg der menschlichen Gesellschaften wurde immer von einem Zusammenfallen von Kultur und Wissenschaft begleitet. Die großen Momente der Zivilisationen waren Perioden, in denen zwei Wissenssysteme gültig waren. Man braucht nur an das Ägypten der großen Pharaonen zu erinnern, die europäische Renaissance oder die maurischen Könige auf der iberischen Halbinsel, während in Europa noch der vernichtende Konflikt zwischen Wissenschaft und Religion des Mittelalters tobte. Das tropische Modell steht den aktuellen Modellen der wissenschaftlichen Beschreibung der Wirklichkeit – sagen wir der Quantenphysik – viel näher und ist daher besser an die Herausforderungen der globalisierten Gegenwart und der näheren Zukunft angepasst als das ästhetische und funktionalmoderne Modell des 20. Jahrhunderts. Die Quantentheorie zeigt uns, dass man die Position eines Partikels nicht exakt vorhersehen kann; man kann nur Wahrscheinlichkeiten bestimmen, wo eine Position zu einem gewissen Zeitpunkt wahrscheinlicher ist als andere. Die Zukunft besteht also aus unzähligen Möglichkeiten, und ein erfolgreiches Projekt wird jenes sein, das diese Dynamik der vielfachen Möglichkeiten umfasst. Die tropische Identität trägt auf diese Weise eine Weltanschauung in sich, die in der Lage ist, sich dem westlichen Modell entgegenzustellen und eine Alternative aufzuzeigen, die den sich in ständiger Veränderung befindlichen Gesellschaften eine angemessene kulturelle, soziale und ökonomische Entwicklung erlaubt.

Im vergangenen Jahr habe ich in der deutschen Presse gelesen, dass eine Delegation von Technikern der Volkswagen-Zentrale in Wolfsburg eine Reise nach São Paulo gemacht habe, um sich im dortigen Werk eine neue Technologie der Kraftstoffverbrennung aus der Nähe anzusehen, die in den vergangenen Jahren dort entwickelt worden war. Europa hatte dieser Entwicklung keine Beachtung geschenkt, da es bis dahin die Technologien der Biokraftstoffe nicht favorisiert hatte. Es handelt sich um Hybrid-Motoren, die mit Benzin und Ethanol fahren und in jedem Augenblick den Treibstoff wechseln können. In Brasilien erhielt dieses neue Verbrennungssystem den suggestiven Namen »TotalFlex«. Und wenngleich São Paulo geografisch gesehen nicht tropisch sein mag, so ist die Megapole doch dicht genug am Wendekreis des Steinbocks und an Rio de Janeiro gelegen, der weltweiten Hauptstadt der dem Tropischen eigenen unvorhersehbaren Widersprüche, um in diesem Kontext erwähnt zu werden.

Anmerkungen: 1 Wikipedia auf http://pt.wikipedia.org. **2** »The Girl from Rio«, Regie Jess Franco, Großbritannien 1968. **3** Claude Lévi-Strauss, »Traurige Tropen«, Frankfurt a. M. 1978, S. 264. **4** Ebd., S. 82, allerdings von Eva Moldenhauer mit »Anprall der Tropen« übersetzt. **5** Ronaldo Brito, »O neoconcretismo surge da necessidade de alguns artistas de remobilizar as linguagens geométricas ... Contra o que supunham ser a esterilização da arte concreta ...« (»Der Neoconcretismo entsteht aus der Notwendigkeit einiger Künstler, die geometrischen Sprachen wieder zu aktivieren ... Gegen jenes, das sie als Sterilität der Konkreten Kunst ansahen«), in: »Neoconcretismo: vértice e ruptura do projeto construtivo brasileiro«, São Paulo 1999, S. 70. **6** »Brasil é o império das ilusões« (»Brasilien ist das Reich der Illusionen«), Interview von Katia Maciel mit Jean Baudrillard, in: »Folha On Line«, 11.3.2007. **7** Ebd. **8** Aus: Joaquim Pedro de Andrade, Text aus dem ersten »press book« des Films, 1969. **9** Zitiert nach: Carlos Zilio, »A querela do Brasil«, 2. Aufl., Rio de Janeiro 1997, S. 49. **10** Roberto DaMatta, »Carnavais, malandros e heróis«, Rio de Janeiro 1994. **11** Noemi Smolik, »Performative Identity or, How Malevich Slapped Modernism in the Face«, unveröffentlichtes Manuskript, Universität Hamburg 2004: »In order to show artistic events in these places as a performative act that, adapting Butler's concept of gender identity, can lead to the creation of cultural identity, I am presupposing a critical discussion that Michel Foucault, following Nietzsche, called genealogy. The genealogical critique is not satisfied with searching for the origins of categories; moreover, it raises the question about which interests in cultural and political power are at stake when categories are labeled as origin and cause even though in reality they are the effect of institutions, procedures and discourses. Following from this, I am able to uncover modernism, used in art history as the originating category to define events in Moscow, Rio de Janeiro, and, in certain ways, even in Mexico-City, as the effect of Western epistemological procedures. Furthermore, I am also able to decentralize and finally lay bare those methodological tracks along which Western modern historical writing establishes the mislabeling of facts and brought (and still brings) them into circulation.«

Das Dasein gestalten:
Über Kunst und Kultur in den Tropen

Breyten Breytenbach

»Am Anfang steht die Bewegung, dann folgt das Denken und schließlich die Einkreisung des Gesehenen mit Wörtern.«

»Die Bewegung geht dem Denken voraus«, lautet ein Grundsatz der tibetischen Weisheitslehre. Meiner begrenzten Erfahrung nach ist es für den, der denken will, ein physischer Imperativ, sich zu »bewegen«. Wir müssen in Bewegung sein, damit das Denken Gestalt annehmen kann, und nicht umgekehrt. Statisches Denken (planen, berechnen) als Voraussetzung dafür, Ideen in die Tat umzusetzen, bezeichnet normalerweise einen anderen Vorgang – oder besser, eine andere Rangordnung der Absichten. Wenn das Denken der Bewegung vorausgeht, so läuft es in der Regel kontrolliert ab, dient der gezielten Suche nach vorgegebenen Lösungen – und das kann zur Begründung von Dogmen führen. Dabei wirkt es auch verlockend, die vermeintliche Erkenntnis im größeren Kontext für machtpolitische Zwecke einzuspannen. Wenn umgekehrt Bewegung das Denken auslöst und eröffnet, ebnen wir nicht nur den Weg für den Eintritt des Unbekannten (und genau das kann letzten Endes bestürzend und hemmend wirken), sondern nehmen auch eine demütige Haltung als Lernende gegenüber dem Wissen und der Erfahrung anderer ein. Wir bringen etwas mit, prüfen, übermitteln, aber wir verändern uns auch und sind bereit, uns verändern zu lassen.

Gerade aus der Bewegung des Denkens (oder der Gedanken) und im Bewusstsein dessen, was physische und/oder kulturelle Dynamik, zumindest potenziell, bewirkt, erwächst künstlerische Kreativität: Sie ist die Bewegung von Wahrnehmungen, das Herstellen neuer Kombinationen von Vergangenem und Gegenwärtigem, das Erkennen, wie »neu« das »Alte« – mitunter auch, wie vorzeitig alt und welk das angeblich Neue – sein kann, das Voraussehen zukünftiger Gestalten und damit vielleicht ein Beitrag zur Gestaltung der Zukunft. Es geschieht in Wechselwirkung mit anderen kulturellen Ausdrucksformen oder Ausdrucksformen anderer Kulturen mithilfe gegenseitiger Nachahmung und Einflussnahme. Diese Reisen, manchmal ans Ende der Nacht, unternehmen oft Menschen, die in der Gesellschaft Furcht oder Verachtung erregen, weil »sie über das Feuer, das Holz oder die Wörter gebieten«.

Mir geht es hier jedoch nicht um fest umrissene Fragen, sondern um solche, deren Erörterung und mögliche Aufklärung der Beschleunigung durch Geschehnisse und neue oder veränderte Einsichten unterliegt – und gerade die Tropen verändern sich unablässig, trotz des Anscheins, aufgrund ihrer Üppigkeit vollendet zu sein. Manchmal fließen diese Eindrücke in wirbelnden Bottichen der Reflexion zusammen, wenn sie nicht gar zum Stillstand kommen: Ein weiterer Grund, sich zu bewegen, und sei es nur, um die Spiegelbilder an der Oberfläche zu zerfetzen und den Gestank selbstsüchtigen Unrates aus den Nüstern zu vertreiben. Čechov bemerkte in seinen Notizbüchern,[1] dass Leichen keine Scham kennen, aber entsetzlich stinken. Lebendig zu sein heißt, sogar unter der Last der Scham in Bewegung zu bleiben.

Und wenn von »Bewegung« die Rede ist, dann auch von Rhythmen und Mustern, Gegensätzen und Widersprüchen, Konflikten, vielleicht sogar Kämpfen, einem hybriden Überlebenswillen durch die verstärkte Wechselwirkung zwischen dem Bekannten und dem Unbekannten. Über dem Horizont des Nomaden wie des Sesshaften steht Ungewissheit geschrieben. Der Himmel mit seinen unsichtbaren Nahtlinien zum Nichts hin wird ein vertrauter, immer geachteter und manchmal gefürchteter Gefährte. Risse und Sprünge rütteln dich wach, kurzzeitig als Verlust mit Zweifel und Erhellung wirkend. Du fühlst dich wie ein alter Amharer beim Morgengebet, wenn Nacht noch über den Bergen dämmert, das Kinn in die Gabel des langen Stabes gelegt, dahindösend, um aus der Meditation in die Verruchtheit der Welt abzustürzen. Danach dient Identität als ein Vektor des Austausches (»Wer bist du?«, wird die erste Frage sein. Du drehst dich um, betrachtest dich und staunst, weil die Frage unverschämt ist.) Ist denn nicht Identität letzten Endes das fremdeste Vertraute schlechthin?

Der Rest ist Kultur. Ich meine, als Rückstand und Hintergrund des Bekannten. Kultur ist das Behältnis für den Reichtum empfangener (oder gestohlener) Gewissheiten. Gewissheit geht, wie man weiß, leicht in Orthodoxie über (wobei interessierte Parteien etwas nachhelfen), und die so erreichte Sicherheit stellt man gewöhnlich als Wahrheit auf ein Podest. Seltsamerweise muss Wahrheit, selbst als wohlbehüteter Ausdruck gemeinsamer Überzeugungen, die einzig und allein wahre sein, um überleben zu können. Sie duldet keine Nebenbuhler. Vielfalt kann somit nicht als die bevorzugte Geliebte der Wahrheit gelten. Sie ist lendenschwach und fühlt sich durch alles bedroht, was dazu neigt, sich im Liebesakt ganz hinzugeben, um einen sofort zu überwältigen. Die Macht der Wahrheit zu teilen oder einzuschränken ist kaum vorstellbar. Daher das in der Tat vorprogrammierte Konfliktpotenzial und das Loblied auf die männlichen Tugenden der Kampfeslust und der Besessenheit.

Vielleicht könnte man argumentieren, dass »Kultur« das andere der Identität ist, eine andere Gestalt der Maske, größer und umfassender (da wir alle sie teilen): eine Beruhigung insofern, als sie uns gleich macht, wie aus demselben Holz geschnitzt. In ihr sind alle Gedanken schon gedacht, vollzieht Bewegung nur noch die Figuren der Eroberung und der Unterwerfung nach, und notfalls kann man sich fünf Mal pro Tag gen Osten wenden.

Wie gehen wir in den Tropen und besonders in Afrika vor, um eine angemessene Beziehung zwischen der Kreativität einerseits und den Zwängen staatsbürgerlicher Identität andererseits herzustellen? Wie können wir die gesellschaftliche Rolle der Kunst gegenüber der staatlichen Identitätspolitik stärken? Epik (in Form privater und öffentlicher Geschichten) als Grundlage der Identität anerkennen? Das vielschichtige Verhältnis des Menschen zu den Räumen seiner Vergangenheit und Gegenwart ausloten?

Kann der Mensch seine Existenz und seine Konfrontation mit dem anderen durch Kreativität ganzheitlich inszenieren? So weit man weiß, sind wir nur Tiere, die sich selbst entwerfen und erfinden. Anscheinend brauchen wir eine solche Projektionsfläche als »dépassement de soi«, um zu überleben. Auch um uns zu erinnern, damit der Vorfahren zu gedenken und sie anzusprechen. Man könnte meinen, dass diese Verbindung zum »Heiligen«, um es so zu bezeichnen, an sich schon ein Gefühl der gemeinsamen Identität erzeugt. Vielleicht signalisieren wir durch Kunst die kollektive Schwelle, indem wir sie überschreiten, zugleich indes stärker problematisieren, als es diesem Holzbrett in Form eines schnöden Sargdeckels gebührt. Unser Grundgefühl der Unvollkommenheit, das uns so viel existenzielle Not bereitet, könnte in der Unerreichbarkeit des Anderswo wurzeln, in welchem Fall wir die Kunst brauchen würden, um es handgreiflich und dadurch erträglich zu machen. Oder aber wir geben dem Streben nach, um uns selber als andere zu fantasieren, in einem auf uns wartenden Jenseits, das uns schließlich erlöst von der angeborenen Grausamkeit, mit der wir einander grundlos und ohne Genugtuung umbringen? Ist Kunst – als Ausdruck der kollektiven und individuellen Fantasie – nichts anderes als ein »Pfeifen im Walde« respektive auf den geplünderten und entweihten Friedhöfen der »Killing Fields«?

Nicht allein die Tropen befinden sich in Aufruhr, sondern in gewissem Sinne die ganze Erde. Mächtige Kräfte ziehen die Grenzen der Moral neu oder heben sie kurzerhand im Namen der »Sicherheit«, des »Glaubens« und der »Zivilisation« auf. So ächzen und stöhnen wir alle unter dem Druck der globalisierten Raffsucht und der mörderischen Machtgier, die sich in fromme Sprüche hüllt und fadenscheinig als »Monotheismus« oder »Demokratie« bemäntelt. Letztere könnte uns auch töten – zumindest ersticken wir daran, wenn man uns undankbares Gesindel damit nudelt. Da mag es uns trösten, dass die so erzeugte Stopfleber aus den edlen Abfällen dessen gespeist ist, was man uns als die Substanz des Rechts auf Glück verfüttert. Handelt es sich hier um eine Manipulation der Gierigen? Oder müssen wir annehmen, dass die besagten Umwälzungen nichts anderes als erdbebenartige Auswirkungen blinder Kräfte der Geschichte sind, zu denen ganz zufällig auch Generäle ihre Klischees absondern und »trocken besoffene« Präsidenten ihren Senf abgeben, prahlend wie eine Tüte voll Mücken über den Staub, den sie in der irakischen Wüste aufwirbeln?

Wenn die Tropen Teil der Welt sind, so meist nur als, wie man sagt, »exotischer« Gegenstand von Fantasien und nicht als treibende Kraft. Afrika zum Beispiel wird durch seine Schwächen definiert (im Sinne von ausgegrenzt). Über dem öffentlichen Leben des schwarzen Kontinents liegt der Fluch des Missverhältnisses zwischen Macht und Schein: Je geringer unser Einfluss, desto aufgeblähter die Symbole und Insignien der Macht in Gesten und Protokollen. Mit dem Bedürfnis sich aufzuplustern (das in Wahrheit Ohnmacht kaschieren soll) gehen Größenwahn, Effekthascherei, Demagogie, Verbreitung von Ammenmärchen und Vorurteilen, Bestechung, Korruption und Vetternwirtschaft einher. Unsere Staatspräsidenten waschen sich das Blut von den Händen, um ihre Vergangenheit als Warlords abzulegen und als lebende Idole aufzutreten wie Inkarnationen der Masken unserer Vorfahren. (Wenn wir sie doch nur verbannen könnten und in die Vitrinen jener Ausstellung einsperren lassen, die ich kürzlich in Rio de Janeiro sah, sodass ihre giftige Macht nur noch ein abgestorbenes Zeugnis der »Kultur« wäre!)

Den geschilderten prekären Zustand sollen ebenso abgeschmackte wie zynische Erklärungen »rechtfertigen«: geschichtliche Entwicklungen, die weltweite Ungerechtigkeit und Ungleichheit und insbesondere der Rassismus. (Ich will nicht bestreiten, dass diese Faktoren am Werk sind, sondern weigere mich lediglich, sie als vollendete, unabänderliche Tatsachen anzuerkennen.) Das freilich hilft nur den korrupten Kräften im Ausland, die Situation weiterhin unbarmherzig für ihre Zwecke zu nutzen. Die reichen Nationen der Erde wenden jährlich brutto neunhundert Milliarden Dollar für die Herstellung und Ausfuhr von Rüstungsgütern auf: Letztlich werden viele der sogenannten kleinen Waffen in äquatorialen Wäldern und Wüsten dazu dienen, die Hungernden hinzumetzeln. Anschließend sammelt man in den reichen Staaten Spendengelder für die Umerziehung der Kindersoldaten, für Minenräumung und für Prothesen ein.

Gewiss sind die Tropen ein Teil der Welt, aber in unsere eigenen Kriege und Anachronismen verwickelt, betrachten wir die Weltereignisse stets aus dem Abseits. So scheinen wir in einer widersprüchlichen Zielsetzung gefangen zu sein, einerseits im Rahmen des größeren Ganzen mehr Einfluss und Geltung zu erlangen, andererseits nachhaltige Autarkie anzustreben (was, vielleicht zu Unrecht, durch Investition in umfassendere und damit labile Einheiten wie zum Beispiel Regionalverbände erfolgen soll), während wir gleichzeitig mitansehen müssen, dass alte Gewissheiten zusammenbrechen – gerade weil die Ideologie der »Unabhängigkeit« und »Emanzipation« einst kolonisierte Staaten nur scheinbar »befreit« hat. Einen Grund für diese Widersprüchlichkeit bildet die zügellose Habgier der Mächtigen und ihrer Familien, die sich wie ein roter Faden durch diese ganze Debatte zieht, zumal es den Anschein hat, als ob auch alle anderen dem moralischen Imperativ des materialistischen Konsumdenkens vorbehaltlos zustimmen würden.

Allerdings dürfen wir auf gar keinen Fall zulassen, dass wir mit der Selbstwahrnehmung eines unterdrückten Volkes keinen anderen Ausweg sehen als den, beiseite geschoben zu werden, in der Unterentwicklung stecken zu bleiben, in irrsinnigen Kriegen und bewaffneten Aufständen zu verbluten – bei endlos fortschreitender Ausbeutung, Demütigung und Verarmung. Ebenso sicher ist indes, dass wir nicht zu uns selbst finden werden, indem wir den Materialismus des Westens nachahmen.

»Identität« und »Staatsbürgerschaft« – das sind beides Lebensräume im Sinne von Regionen oder historischen (manchmal auch geografischen) Intervallen, in denen etwas bestehen oder zustande kommen kann. Im Fall der Bürgerschaft ist dieser Raum der Staat oder die Nation. Diese beiden Begriffe sind weder deckungsgleich, noch müssen sie sich überlappen. So sind beispielsweise die Kurden eine Nation ohne Staat, die Sinti und Roma ein Volk ohne eigene Grenzen. Die Palästinenser haben zugewiesene Territorien – und streben darauf einen »Staat« an –, doch leider setzen diese sich aus eine Reihe von Gettos zusammen, die heute mehr und mehr zu Konzentrationslagern entarten, in denen man die Insassen leichter zusammentreiben, ausplündern und töten kann. (Die Außenwelt schert das nicht. Aus den Augen, aus dem Sinn, solange die Aktienkurse stabil bleiben.) Sind die Fulbe eine Nation? Und wenn ja, steht ihre Nationalität im Konflikt mit irgendwelchen Staaten? Kann man sagen, dass in Ruanda zwei Nationen sich einen Staat teilen? Wie ist Thabo Mbekis Behauptung zu verstehen, dass es in Südafrika zwei Nationen gibt – eine arme schwarze und eine reiche weiße –, obwohl es doch heute dort zahlenmäßig mehr reiche Schwarze als Weiße gibt? (Allerdings könnte er zu Recht darauf hinweisen, dass es, proportional betrachtet, nach wie vor ganz anders aussieht und sich die Armut der

Schwarzen gegenüber dem vorigen Regime sogar noch verschlimmert hat. Um ehrlich zu sein, müsste er auch zugeben, dass die Kluft zwischen den – »neuen« und »alten« – Reichen und allen Gruppen von Armen ständig wächst.) Wie gut sind die »Alten« und wie die »Neuen« in Brasilien integriert?

Ein Staat sollte dazu dienen, legitimierte Macht auf rationale Weise auszuüben und mithilfe der öffentlichen Hand die Interessen komplexer Gemeinschaften wahrzunehmen. Im Idealfall spiegeln seine Grenzen »natürliche« Gegebenheiten eines kulturellen Zusammenhaltes wider. Die Staaten der Tropen sind allerdings weitgehend Fantasieprodukte der Kolonisierung, dann in die Hände von loyalen, ihrer Herkunft entfremdeten örtlichen Eliten gelegt, die im Amt vor allem dafür bürgen sollten, die »Einheimischen« weiter nach Kräften auszubeuten.

Die Nation ist ein Kapitel für sich. Mir erscheint allein schon das Ideal des Nationalismus als eine künstlich aufgeblähtes und verheerend wirkendes Derivat des Identitätsbewusstseins, das fast immer dafür herhalten muss, fremdenfeindliche Ressentiments gegen Andersartige im In- und Ausland anzufachen – gegen die verhassten »Rothäute« oder »Bleichgesichter« (oder, um es im Jargon der USA auszudrücken, gegen die »Guantanamesen«). Der Nationalismus ist die krankhafte Ausgeburt einer existenziellen »Gruppenfantasie« (im Sinne von Lloyd de Mause), ein manisches Gefühl der Omnipotenz in einem fiktiven Freiraum, der es erlaubt, die edleren Motive zu pervertieren, Ängste und Zweifel in Erbitterung zu übersetzen. Bemerkenswert ist, wie oft Wunschdenken das Gegenteil des Erstrebten bewirkt: Als José Marti behauptete, dass es keine »guten« oder »schlechten« Kubaner gebe, sondern lediglich das Übel, nicht Kubaner zu sein – und dass es bei einem Kubaner nicht darauf ankomme, ob er »weiß« oder »schwarz« sei –, trieb er damit letzten Endes viele ins Exil und trug dazu bei, dass die Vorherrschaft des Rassismus auf der Insel totgeschwiegen wurde und bis heute tabu ist. Als die ANC-Führung in Südafrika zur nationalen Versöhnung und Einheit (»simunye«) aufrief – mit der Ermahnung, künftig alle öffentlichen Kundgebungen bis auf die Fanfaren und das Röhren der Platzhirsche zu unterlassen –, würgte sie dadurch ebenfalls die nationale Debatte mit unabsehbaren Folgen ab.

Doch gewinnt die Zivilgesellschaft auch in Afrika und anderen tropischen Gebieten an Boden. Und wer wollte behaupten, dass irgendein Staat der Dritten Welt die Grundbedürfnisse seiner Bürger – an sanitären Einrichtungen, Bildung, Verkehr, Sicherheit und Kommunikation – auf menschenwürdige Weise befriedigt? Für die nationale Sicherheit ist freilich gesorgt, nicht nur dank des Baathismus, und meist wird sie gegen jedes Aufkeimen von Widerstand bürgerlicher Fraktionen rigoros durchgesetzt. Dazu bilden amerikanische Militärberater unsere Soldaten in der Kunst der Terrorbekämpfung aus, kurz im Kampf gegen das Volk, muss doch Opposition gegen die präsidiale Staatsgewalt per se als »terroristisch« gelten. Wer legt sich also ins Zeug, um die Entwicklung der Infrastruktur voranzutreiben? Multis verwalten keine Staaten – auch wenn es im Fall von Elf, Shell und Exxon den Anschein hat –, sondern schicken Präsidenten vor und finanzieren Armeen. An eine echte Fremdherrschaft, die praktisch in alle staatlichen Institutionen und Aufgaben eingreift, reichen nur der Internationale Währungsfonds und die Weltbank heran – die etwas prüde sogenannten Bretton-Woods-Organisationen (erinnern sie doch gleichsam als Palimpsest an das Abkommen über die Teilung Berlins). So geht das Geld, von dem die Bürger leben sollen, in der Praxis durch die Hände von Funktionären und Gaunern. In Guinea-Bissau lässt die Finanzministerin Überweisungen an Expatriates gegen horrende Gebühren von der örtlichen Western Union vornehmen.

In Wirklichkeit dienen heute bereits viele Segmente der Zivilgesellschaft als Schaltstationen für nationale oder staatliche Verwaltungen. Ist das zu begrüßen? Wem gegenüber sollten die nichtstaatlichen Organisationen rechenschaftspflichtig sein? Den Spendern? Oder den Teilen der Bevölkerung, in deren Dienst sie sich stellen? (Im Senegal herrscht ein autokratischer, alle bestehlender Präsident, der am liebsten gar keine NGOs zuließe, zumal er gerade die nächsten Wahlen ausbaldowert.)

Daneben gibt es jedoch die Nischen der Kreativität – von Künstlern, Intellektuellen, Frauen, Revolutionären, kulturellen oder ethnischen Minderheiten. Wieviel können sie bewirken? Für welche Ethik und für welche

Werte stehen sie ein? Können wir zum Beispiel annehmen, dass Kreativität in Afrika ein die narbigen Grenzen durchbrechendes Vehikel der Modernisierung ist, schlicht unabdingbar für das Überleben und die Entwicklung, das heißt »keine« hinterhältige Nachäffung importierter »westlicher« Ideen – anders gesagt, überlebensnotwendig angesichts der reaktionären »Authentizität« jener »Nationalstaaten«, Kirchen und dergleichen, die nichts anderes fördern als krassen Machtmissbrauch, Patronage und Korruption?

Die kulturellen Strömungen der Tropen (die sich aus Poesie und Idealismus, aus der rituellen Zauberei mit klanglichen und visuellen Fantasien speisen, mit anderen Worten aus dem Trieb, die gegebene »Realität« zu verwandeln) unterhöhlen oder verneinen nicht nur den staatlichen Zwangsapparat durch Kritik von innen her, sondern überschreiten auch seine Grenzen, indem sie umfassendere Einheiten anstreben.

Heißt das etwa, dass wir ohne Staaten auskommen und uns von Nationen distanzieren sollten? Selbstverständlich nicht. Wir brauchen sie: um Macht und Verantwortung auf vernünftige und legitime Weise zu begrenzen, um Stabilität zu gewährleisten und um die weitere Entwicklung im Dienste des Kollektivs zu lenken und zu fördern. Schließlich kann man ja nicht wünschen, dass der Verfall voranschreitet und immer mehr schwarze Löcher entstehen. Sogar im Westen mag man schwarze Löcher nicht, wie fern und abgelegen sie auch sein mögen: Sie behindern den Abbau von Diamanten und anderen strategisch wichtigen Bodenschätzen.

Man muss sich klar vor Augen halten, dass es in den Tropen unterschiedliche Räume gibt, die allein schon durch ihre Existenz für Bewegung sorgen. Im Idealfall ist nämlich ein Raum kein Refugium oder Reservat, sondern eine Grundlage für Metamorphosen. Ebenso klar sollten wir erkennen, dass das Öffnen von Räumen der Kreativität, so entscheidend sie auch sein mögen, eine fortschreitende dialektische Entwicklung, eine Wechselwirkung mit dem Gemeinwohl im Sinne kollektiver nationaler Werte nach sich ziehen wird. Die unabdingbare Anerkennung der Vielfalt würde nicht allein dem Fortschritt dienen, sondern auch für eine gemeinsame Identität bürgen.

Aus solchen Vorstellungen ging die vor einigen Jahren vom Gorée-Institut ins Leben gerufene »Karawane der Poesie« hervor. Dabei reisten zehn afrikanische Dichter aus unterschiedlichen Ländern – Tunesien, Mali, Elfenbeinküste, Zimbabwe, Senegal etc. – mit dem Auto, mit dem Zug oder mit dem Paddelboot von Dakar nach Timbuktu und veranstalteten jeden Abend am jeweiligen Zielort ein Fest mit einheimischen Rhapsoden, Musikern und Dichtern. Außerdem begleiteten manche der Dichter die Karawane bis zum nächsten Lager, und unterwegs gab es »Workshops« über die örtlichen Sprachen und Gebräuche. Es war ein bewusster Versuch, die alten Handelswege wiederzubeleben – und mit ihnen die Kunst, Worte von einem Marktplatz zum anderen zu tragen, wie man Träume und Visionen über den Äther sendet. Über die ganze Tournee wurde ein Film gedreht. »Allein reist man zwar schneller, aber mit Freunden kommt man weiter«, murmelte nachts ein uralter Weiser der Tuareg. »Und wenn du so von Ort zu Ort gehst, wirkend und empfangend, wirst du am Ziel kein Fremdling mehr sein«, antwortete ihm sein Begleiter.

Spätestens hier dürfte der Leser bemerkt haben, dass mein Verhältnis zur »Kultur« dem eines wütenden Hundes zu seinem Spiegelbild gleicht: Ich belle und pisse sie an. Deshalb stelle ich mir den Begriff am liebsten als einen Statthalter vor, sodass er ein zielgerichtetes Wachstum antizipiert, und verwende ihn bevorzugt als Beiwort wie in Landes»kultur«, Friedens»kultur« oder Gestaltungs»kultur« – das heißt im Sinne der bewussten »Kultivierung«. Kultur sollte eine geübte Praxis und ein fortlaufender Prozess sein, im Unterschied zu einem historisch diskreditierten, oft anrüchigen Fertigprodukt der Öffentlichkeit und der Politik.

Fügen wir ruhig eine »Kultur« des Nord-Süd-Dialogs hinzu: Der Austausch zwischen Nord und Süd schreitet – ungeachtet der unterschiedlichen Motive – unaufhaltsam fort, schon seit alten Zeiten, und er ging schon immer mit der Übermittlung und Übertragung von Erfahrungen, ja manchmal auch Erkenntnissen einher. Jetzt jedoch ist die Zeit gekommen, seine Modalitäten, Zielsetzungen und Auswirkungen zu überdenken, um neue Wege einschlagen zu können.

Kultur erwächst stets aus Kreativität, wie sehr ihre heute geschätzten Ausdrucksformen auch unter dem gestelzt Offiziösen leiden mögen und wie sehr die unkritische Verherrlichung alles dessen, was als exotisch oder andersartig gilt, zur Banalisierung und Verkitschung führt. Aus diesem Grund sollte sie sich in den Dienst der Freiheit stellen und diese dadurch in der besten humanistischen Tradition stärken: Freiheit darf kein Privileg sein, sondern ist Pflicht – ebenso wie die Durchsetzung moralischer Hygiene.

In den Tropen ließe sich Veränderung mit kulturellen Mitteln am besten erreichen, indem man den Einzelnen ermächtigte, Freiräume des Schöpferischen zu erfinden und auszuloten, um bis an die äußersten Grenzen des Möglichen zu gehen.

Wir müssen die Subjektwelt, in der wir leben, neu denken. Dieses Denken (die »Bewegung«, der »Raum«) wird als ein schöpferischer Prozess der Fantasie auch das Gedächtnis anregen und uns helfen, traditionelle oder »einheimische« Lösungen für die Probleme des Machtmissbrauches und der verdummenden Vorurteile wiederzuentdecken. Jedenfalls wird es Bewegung bringen, und Überleben in den Tropen hing von je her mit Bewegung zusammen: »Die Masken waren darauf angelegt, sie in Bewegung zu sehen.«[2] Auf diese Weise wird es möglich sein, die der – persönlichen und kollektiven – Identität innewohnende pluralistische Vielfalt hervorzuheben, um Achtung, Toleranz und damit Wachstum zu fördern. So kann Raum für Größe entstehen, für die Überwindung von Eigenbrötelei, Selbstmitleid und Schuldverstrickung. Das wiederum wird die Modernisierung beschleunigen (womit ich nichts anderes meine als die bürgerlichen Werte, Systeme und Strukturen – die gewiss säkular sind, zugleich indes auch »volkstümlich« und heilig, in ihren wohlbegründeten, fest verankerten, bewährten Motiven). Damit ginge die Anerkennung reicherer multikultureller Lebensformen einher.

Wir müssen planmäßig Räume schaffen, in denen Künstler den notwendigen »Dialog mit dem anderen« – dem Gegner, sogar dem Unterdrücker – wachrufen können, denn um nicht an der hoch ansteckenden Krankheit der Zungenlähmung-und-Augenstarre zu sterben, müssen wir in der Lage sein »de donner langue«: Wörter zu verschenken.

Wie alle anderen müssen wir die Welt immer wieder neu »sehen«, »erleben« und »gestalten« lernen. Vielleicht sollten wir uns daran erinnern, dass Kunst die Werkzeuge der Innovation schmiedet und in ihre Objekte das Potenzial für Veränderungen einbaut, dass sie uns Wege zeigt, anders zu werden und das andere zu gestalten – und dass sie uns helfen kann, nutzlose Gewissheiten aufzugeben. Daraus könnte sich die paradoxe Befriedigung ergeben, mit dem oben erwähnten alten Tuareg zu sagen: »Ich gehöre nicht mir, sondern habe mich dem Wind hingegeben.«

So müssen wir als Bürger der Dritten Welt eine Reihe von Rechten beanspruchen und uns zu unseren Pflichten bekennen (was auch für den Norden gilt). Hierbei geht es um das Recht und die Pflicht, kritisch am öffentlichen Leben teilzunehmen, um die kollektive Verantwortung für Räume des Gemeinwohls, um die Pflege der Fantasie und um die Einsicht, wie akut gefährdet die Freiheit des Denkens und der Kunst wäre, wenn wir unsere ethischen Imperative verlören. Waren es nicht verkommene Intellektuelle und ihre politischen Kumpanen, die so schändliche Begriffe wie »ethnische Säuberung«, »Schädlingsbekämpfung«, »Ivoirité« (das xenophobisch nationalistische Bekenntnis zur Elfenbeinküste, Anm. d. Übers.) oder »Apartheid« ersonnen haben – um nur einige der schlimmsten Auswüchse zu nennen.

Wir werden unsere Würde nur dann zurückerlangen, wenn wir unsere Kreativität bescheiden, aber beharrlich im Sinne unserer moralischen Intentionen weiter »entwickeln«, um letzten Endes auch brauchbare und gültige »Ergebnisse« vorzulegen.

Der greise Tuareg erinnerte mich nachts an die Weisheit eines arabischen Philosophen des 12. Jahrhunderts, Ibn al-Arabi: »Im Anfang war Bewegung.« Und Bewegung ist eine notwendige Voraussetzung dafür, tragfähige gemeinsame Werte zu finden.

Anmerkungen: 1 Abgedruckt in: Anton Pavlovič Čechov, »Tagebücher, Notizbücher«, hrsg. von Peter Urban, Zürich 1983. **2** Siehe Alberto da Costa e Silva, in: »Kunst aus Afrika«, Ausst.-Kat., Rio de Janeiro 2003.

Biografien der Künstler

Franz Ackermann 1963, Neumarkt St. Veit, Deutschland /// Lebt und arbeitet in Berlin, Deutschland **Einzelausstellungen: 2007** »No Direction Home« Galeria Fortes Vilaça, São Paulo /// »Home, home again – 23 ghosts« Domus Artium 2002, Salamanca /// »From Eden to Lima« Galerie Neugerriemschneider, Berlin **2006** »Árvores Douradas« Centro Cultural Banco do Brasil, Rio de Janeiro /// »Home, Home again« White Cube, London, kestnergesellschaft, Hannover **2005** »Cosmic Dancer« Galeria Fortes Vilaça, São Paulo /// FRAC, Champagne-Ardenne, Reims /// Tomio Koyama Gallery, Tokio **2004** »Travel/Antitravel« Galerie Neugerriemschneider, Berlin /// »Tourist« Städtische Galerie im Lenbachhaus und Kunstbau, München /// »Nonstop with the hhc« Gavin Brown's enterprise, New York **2003** Museu Nacional Centro de Arte Reina Sofia, Madrid /// »Naherholungsgebiet« Kunstmuseum Wolfsburg, Wolfsburg /// »Eine Nacht in den Tropen« Kunsthalle Nürnberg, Nürnberg **Gruppenausstellungen: 2008** »Paul Thek. Werkschau im Kontext zeitgenössischer Kunst« Sammlung Falckenberg, Hamburg /// »All-Inclusive. Die Welt des Tourismus« Schirn Kunsthalle, Frankfurt /// »Paul Thek. Werkschau im Kontext zeitgenössischer Kunst« ZKM Zentrum für Kunst und Medientechnologie, Karlsruhe **2007** »Idylle« National Gallery, Prag /// »Il Futuro del Futurismo« Galleria d´Arte Moderna, Bergamo /// »Perspektive 07« Städtische Galerie im Lenbachhaus und Kunstbau, München /// »Idylle« Domus Artium 2002, Salamanca /// »Reality Bites« Mildred Lane Kemper Art Museum, St. Louis **2006** »Idylle« Sammlung Falckenberg, Hamburg /// »FASTER! BIGGER! BETTER!« ZKM Zentrum für Kunst und Medientechnologie, Karlsruhe /// »Der Blaue Reiter im 21. Jahrhundert« Städtische Galerie im Lenbachhaus und Kunstbau, München /// »Anstoß Berlin – Kunst macht Welt« Haus am Waldsee, Berlin /// »Remote Viewing« Saint Louis Art Museum, St. Louis /// »Berlin-Tokyo/Tokyo-Berlin. Die Kunst zweier Städte« Neue Nationalgalerie, Berlin /// »Goethe abwärts – deutsche Jungs etc.« Mönchehaus-Museum, Goslar /// »Changing Horizons« De Vishal, Haarlem /// »Infinite Painting« Villa Manin, Codroipo

Pilar Albarracín 1968, Sevilla, Spanien /// Lebt und arbeitet in Madrid, Spanien **Einzelausstellungen: 2008** »Mortal cadencia« La Maison Rouge-Fondation Antoine de Galbert, Paris **2007** Centro Cultural de España en Lima, Lima **2005** »Pilar Albarracín« Kewenig Galerie, Köln **2004** »Pilar Albarracín« Reales Atarazanas, Sevilla **2003** »Pilar Albarracín« La Caja Negra, Madrid; Centro Atlântico de Arte Moderno, Las Palmas de Gran Canaria **Gruppenausstellungen: 2008** »Fluid street« Kiasma, Helsinki /// »Viva la Muerte« Centro Atlântico de Arte Contemporáneo, Las Palmas de Gran Canaria **2007** »Going Staying« Kunstmuseum Bonn, Bonn /// »Global feminisms« Brooklyn Museum, New York /// »I am making art – 4 studies on the artist's body« Centre d'Art Contemporain, Genf **2006** »Housewarming, film screening« Swiss Institute, New York /// »En primera pessoa, Ahhhhhhhhh la expression de la euphoria y el desahogo« Centro Galego de Arte Contemporáneo, Santiago de Compostela /// »Voices of silence« Herzliya Museum of Contemporary Art, Herzliya /// »Selection from the international competition of the Kunst Film Biennale Köln 2005« KW Institute for Contemporary Art, Berlin /// »Cieplo / Zimno, Letnia mitosc / hot / cold, Summer Living« Zacheta Narodowa Galeria Sztuki/Zacheta National Gallery of Art, Warschau /// »Mirador« Medienkunst aus Spanien, Centrum für Gegenwartskunst, Linz **2005** »Art that works / Catch me« 46th October Salon, Belgrad /// »Centre of gravity« Modern Sanat Müzesit, Istanbul /// »Always a little further« Arsenale, 51. International Art Exhibition, Biennale di Venezia, Venedig /// »Here comes the sun« Magazin 3, Stockholm Konsthall, Stockholm /// »Dialectis of hope« 1. Moscow Biennale of Contemporary Art, Moskau

Alexander Apostol 1969, Barquisimeto, Venezuela /// Lebt in Caracas, Venezuela, und Madrid, Spanien **Einzelausstellungen: 2007** »Alexander Apostol« Harvard University, Boston **2006** »Alexander Apostol – Recent Works« Los Angeles Contemporary Exhibitions LACE, Los Angeles /// »Moderno

Salvaje« Cisneros Fontanals Art Foundation CIFO, Miami /// Av. Caracas, Galería Distrito Cu4tro, Madrid /// »Soy la Ciudad« Palau de La Virreina (La Capella), Barcelona **2004** »Caracas Suite, Sala Mendoza« Fundación Mendoza, Caracas **Gruppenausstellungen: 2007** »Habitat/Variations« Bâtiment d'Art Contemporain, Genf; Casa Encendida, Madrid /// »La Presencia: The Presence of Latin American Art in California« Museum of Latin American Art, Los Angeles /// »O(s) Cinetico(s)« Museo Nacional Centro de Arte Reina Sofia, Madrid **2006** 1. Bienal de Arte y Arquitectura de Canarias, Tenerifa **2005** »A Second Sight« International Biennial of Contemporary Art, National Gallery, Prag /// »Jump Cuts. Venezuelan Contemporary Art from the Banco Mercantil Collection« América's Society, New York /// CIFO, Cisneros Fontanals Art Foundation, Miami **2004** 6. Bienal International de Pintura de Cuenca, Museo de Arte Moderno de Cuenca, Cuenca/Ecuador

Fernando Bryce 1965, Lima, Peru /// Lebt und arbeitet in Berlin, Deutschland **Einzelausstellungen: 2006** Galería Joan Prats, Barcelona **2005** Galerie Barbara Thumm, Berlin /// Konstmuseet Malmö, Malmö /// Foundació Tapiés, Barcelona **Gruppenausstellungen: 2007** »Made in Germany« Sprengel Museum Hannover, Kunstverein Hannover, kestnergesellschaft Hannover /// »Poetics of the handmade« The Museum of Contemporary Art, Los Angeles **2006** »Monuments for the USA« White Columns, New York /// »I walk the lines« Galerie Barbara Thumm, Berlin /// »Abgebrannt« Kunstbank in der Berlinischen Galerie, Berlin /// »Mental image« Kunstmuseum St. Gallen, St. Gallen /// »Borremans/Bryce/ Perjovschi« Württembergischer Kunstverein, Stuttgart /// »Down by law« Whitney Biennale, Whitney Museum, New York /// »Speed« Galerie Barbara Thumm, Berlin **2005–2006** »T1 – The Pantagruel Syndrome« Triennale Turin, Castello di Rivoli d'Arte Contemporanea di Torino, Turin /// »Monuments for the USA« CCA Wattis Institute for Contemporary Art, San Francisco; White Columns, New York /// »Eindhovenistanbul«, Van Abbemuseum, Eindhoven /// »Tropical abstraction« Stedelijk Museum Bureau, Amsterdam /// »Fokus Istanbul – Urbane Realitäten« Martin-Gropius-Bau, Berlin

Edward Burtynsky 1955, St. Catharines, Ontario, Kanada /// Lebt und arbeitet in Toronto, Kanada **Einzelausstellungen: 2007–2008** »Burtynsky Photographs« Gemeentemuseum Helmond, Helmond /// »Edward Burtynsky: The China Series« (Ausstellungstournee) Southeastern Center for Contemporary Art (SECCA), Winston-Salem, North Carolina; Presentation House, Vancouver; Tufts University Art Gallery, Medford, Massachusetts; Samek Art Gallery, Bucknell University, Lewisburg, Pennsylvania; Winston-Salem, North Carolina; Boca Raton Art Museum, Boca Raton, Florida **2006–2007** »Edward Burtynsky – In the Pursuit of Progress« Winnipeg Art Gallery, Winnipeg, Manitoba /// »Edward Burtynsky: Eight China Works« The Barbara Krakow Gallery, Boston /// »Edward Burtynsky/China FotoFo Month of photography« Palace of Art, Bratislava /// »Fabryka Krajobrazu, (Manufactured Landscapes)« Yours Gallery, Warschau /// »Edward Burtynsky: Quarries« Paul Kuhn Gallery, Calgary, Alberta /// »Edward Burtynsky: The Edmonton Art Gallery Gift« Edmonton Art Gallery, Edmonton, Alberta /// »New China Works« ART45, Montreal, Quebec /// »Edward Burtynsky: China's Industrial Revolution« Paul Kuhn Gallery, Calgary, Alberta /// »PhotoEspana« Centro Cultural de la Villa, Madrid /// Galeria Toni Tàpies, Barcelona **2005** »Manufactured Landscapes« Brooklyn Museum of Art, Brooklyn, New York; Museum of Photographic Arts, San Diego, California; Iris & B. Gerald Cantor Center for Visual Art, Stanford University, Stanford, California /// »Photowork« The Torch Gallery, Amsterdam /// »Entropia« Fundación Bilbao Bizkaia Kutxa, Bilbao /// »Edward Burtynsky« Edmonton Art Gallery, Edmonton, Alberta /// »Burtynsky – China« (Ausstellungstournee) Robert Koch Gallery, San Francisco, California; Southeastern Center for Contemporary Art, Winston-Salem, North Carolina; Nicholas Metivier Gallery, Toronto, Ontario; Charles Cowles Gallery, New York; Flowers Gallery, London

Roberto Cabot 1963, Rio de Janeiro, Brasilien /// Lebt und arbeitet in Köln, Deutschland, und Rio de Janeiro, Brasilien **Einzelausstellungen: 2006** »Perzeptionema« Galerie Brigitte Schenk Köln /// Museu de Arte Moderna do Rio de Janeiro, Museu Praia Reflexo, Rio de Janeiro **2005** »Sensacionema« Galeria Manoel Macedo, Belo Horizonte **2004** Galeria Lurixs, Rio de Janeiro **Gruppenausstellungen: 2007** »Novas Aquisições« Museu de Arte Moderna do Rio de Janeiro, Rio de Janeiro **2006** Galerie Brigitte Schenk, Köln /// »Futebol« Centro Cultural Banco do Brasil, Rio de Janeiro /// »Futebol« SESC Pinheiros, São Paulo /// »Arquivo Geral« Centro Hélio Oiticica, Rio de Janeiro /// »Câmaras de Luz« Oí Futuro, Rio de Janeiro /// »N Múltiplos« Galeria Arte21, Rio de Janeiro **2005** »El papel del papel« Galeria Carmen de la Calle, Madrid **2004** »Carnaval« Centro Cultural Banco do Brasil, Rio de Janeiro **2002** 25. Bienal de São Paulo, São Paulo

Marcos Chaves 1961, Rio de Janeiro, Brasilien /// Lebt und arbeitet in Rio de Janeiro, Brasilien **Einzelausstellungen: 2008** » Marcos Chaves« Oí Futuro, Rio de Janeiro /// »Marcos Chaves« Galeria Blanca Soto, Madrid **2007** »Marcos Chaves« Galeria Nara Roesler, São Paulo **2006** »Eclético« Sopro Projecto de Arte Contemporânea, Lissabon **2005** »Marcos Chaves« Laura Marsiaj Arte Contemporânea, Rio de Janeiro /// »Ensaio Hamlet« cenário-instalação, Moskau /// »Multiplicidade« Centro Cultural Telemar, Rio de Janeiro **Gruppenausstellungen: 2008** Manifesta 7, Bolzano /// »Parangolé« Museo Patio Herreriano de Valladolid, Valladolid /// »+40° – 30°« Vantaa Art Museum, Helsinki **2007** »Passion of Mankind« Lulea Summer Biennial, Lulea /// »All about laughter: the role of humor in contemporary art« Mori Art Museum, Tokio **2006** Arquivo Geral (Laura Marsiaj Arte Contemporânea), CAHO, Rio de Janeiro /// »Fotografia« Laura Marsiaj Arte Contemporânea, Rio de Janeiro **2005** »O corpo na arte contemporânea brasileira« Instituto Itaú Cultural, São Paulo /// »É hoje na arte brasileira Contemporânea – Coleção Gilberto Chateaubriand« Santander Cultural, Porto Alegre /// »Arte brasileira hoje« Museu de Arte Moderna, Rio de Janeiro

Walmor Corrêa 1957, Florianópolis, Brasilien /// Lebt und arbeitet in Porto Alegre, Brasilien **Einzelausstellungen: 2007** Galeria do Instituto Goethe, Porto Alegre **2004** Centro Universitário Mariantônia, USP, São Paulo **Gruppenausstellungen: 2006** »Cryptozoology« Bates College Museum of Art, Maine; Kansas City Art Institute, Kansas City /// »Artes, hibridismo e interculturalidades« Instituto de Ciência da Arte da Universidade Federal do Pará, Belém **2005** »Panorama da Arte Brasileira 2005« Museu de Arte Moderna, São Paulo

Mauricio Dias & Walter Riedweg 1964, Rio de Janeiro; 1955 Luzern, Schweiz /// Leben und arbeiten in Rio de Janeiro, Brasilien **Einzelausstellungen: 2006** »Juksa« Lofoten International Arts Festival, Svolvær **2005** »Cabra criada« Galeria Vermelho, São Paulo /// »Le monde inachevé« Le Plateau, Paris; Villa Arson, Nizza **2004–2005** »Dias & Riedweg: Possibly Talking about the Same« Kiasma, Helsinki **Gruppenausstellungen: 2007** »Encontros SESC Videobrasil 2007« SESC Paulista, São Paulo /// documenta 12, Kassel /// Bienal de Valencia, Valencia **2006** Galeria Vermelho, Art Fair Miami Basel, Miami /// Mørke Nu Festival, Bodø /// Kunstkredit Basel-Stadt, Basel /// Paris photo 2006, Paris /// Galeria Filomena Soares, Lissabon /// Gwangju Biennale, Gwangju **2005** »Jogo da Memória« Museu de Arte Moderna, Rio de Janeiro /// Kunstverein Frankfurt, Frankfurt; Stedelijk Museum, Amsterdam; Museum of Fine Arts, Oslo

Mark Dion 1961, New Bedford, Massachusetts, USA /// Lebt und arbeitet in New York, USA **Ausstellungen: 2008** »Mark Dion – Concerning Hunting« Kunstraum Dornbirn, Dornbirn /// »Genesis – Die Kunst der Schöpfung« Zentrum Paul Klee, Bern /// »Tiempo al Tempo« Museo de Arte Contemporanea de Vigo, Vigo **2007** »Idylle« National Gallery, Prag /// »Mark Dion« Seedamm Kulturzentrum, Pfäffikon ///

»Mark Dion – Kunst im öffentlichen Raum Österreich« Öffentlicher Raum, Österreich /// »Feldversuche Phase 3« Westwendischer Kunstverein, Gartow /// »Idylle« Domus Artium 2002, Salamanca /// »die stadt von morgen« Akademie der Künste, Berlin /// »SAY IT ISN'T SO« Neues Museum Weserburg, Bremen /// »Gartenarchivierung« Atelier Augarten, Wien /// »ART FUTURES« Bloomberg SPACE, London /// »Mark Dion« Carré d´ Art, Nimes **2006–2007** »Mark Dion« Tanya Bonakdar Gallery, New York /// »Mark Dion: THE TAR MUSEUM« Galerie Georg Kargl, Wien /// »Idylle« Sammlung Falckenberg, Hamburg /// »Drawing as Process« Contemporary Art Smart Museum, Chicago /// »After Cage – Artist Intervention« Neuer Aachener Kunstverein, Aachen /// »Memento Mori« Comme ci Comme ça II, Köln /// »THE UNHUMANE SOCIETY« Momenta Art, Brooklyn, New York /// Ecotopia International, Center of Photography, New York **2006** »Somewhere« Museum van Hedendaagse Kunst, Antwerpen /// »Goethe abwärts – deutsche Jungs etc.« Mönchehaus-Museum, Goslar /// »Kunst in Hamburg. Heute« Hamburger Kunsthalle, Hamburg /// »Zerstörte Welten« Kunstraum Dornbirn, Dornbirn /// Jagdsalon Kunstraum Kreuzberg/Bethanien, Berlin

Adriano Carnevale Domingues 1973, São Paulo, Brasilien /// Lebt und arbeitet in São Paulo, Brasilien **Ausstellungen: 2006** 15. Bienal Internacional de Arquitetura, Quito **2005** 6. Bienal Internacional de Arquitetura e Design, São Paulo **2004** Museu de Arte de São Paulo, São Paulo /// Instituto de Arquitetos do Brasil, São Paulo /// Museu da Casa Brasileira, São Paulo **2003** 5. Bienal Internacional de Arquitetura e Design, São Paulo **2002** 2. Exposição Novíssimos Arquitetos, São Paulo

Daspu Daspu ist eine unabhängige Vereinigung von Prostituierten in Rio de Janeiro, die in den letzten Jahren mit Kunstaktionen und Modeschauen auf sich aufmerksam gemacht hat.

Theo Eshetu 1958, London, Großbritannien /// Lebt und arbeitet in Rom, Italien **Einzelausstellungen: 2006** »A meditation on African light« Baltimore Museum of Art, Baltimore **2005** »Africanized – retrospective: The videos of Theo Eshetu« Padua, Verona **2004** »Films of Theo Eshetu« BAM Cinemateque, New York /// »Monografia eletrônica« Zo Cultural Centre, Catania /// »Body and soul« Venice Film Festival, Venedig **Gruppenausstellungen: 2007** »Juicios instantáneos« Museu Tamayo, Mexiko-Stadt /// »Equatorial Rhythms« Stenersenmuseet, Oslo **2006** »Snap Judgments« ICP International Centre for Photography, New York /// »Electro shock – 30 years of italian video art« Guangdong Museum of Art, Central Academy of Fine Arts, Peking **2005** »Africa remix – Contemporary Art from the African Continent« The Hayward Gallery, London /// »MACRO Videoteca« Arte Fiera Padova, Padua; Arte Fiera Bologna, Bologna

Sandra Gamarra Heshiki 1972, Lima, Peru /// Lebt und arbeitet in Lima, Peru, und Madrid, Spanien **Einzelausstellungen: 2006** »Aquisições brasileiras« Galeria Leme, São Paulo /// »Nuevas aquisiciones« Galería Lucía de la Puente, Lima /// »Gabinete« Galeria Juana de Aizpuru, Madrid **2004** »Recent works« Galería Juana de Aizpuru, Madrid **Gruppenausstellungen: 2007** »Destino futuro« Sala de Exposiciones del Jardin Botánico, Madrid **2006** »Tinta« Galeria Leme, São Paulo /// »Homenaje« Galeria Juana de Aizpuru, Madrid /// »Urbe y arte« Museo de la Nación, Lima /// »Emergencias« Museo de Arte Contemporáneo de Castilla y León, León

Andreas Gursky 1955, Leipzig, Deutschland /// Lebt und arbeitet in Düsseldorf, Deutschland **Einzelausstellungen: 2008** MMK Museum für Moderne Kunst, Frankfurt a. M. /// Emirates Palace, Abu Dhabi **2007** »Retrospektive 1984–2007« Haus der Kunst, München; Istanbul Modern, Istanbul; Galerie Monika Sprüth Philomene Magers, Köln; White Cube, London; Kunstmuseum Basel, Basel **2004** Matthew Marks Gallery, New York /// Galerie Monika Sprüth Philomene Magers, Köln **2003** »Antipodes« White

Cube, London **Gruppenausstellungen: 2007** »Unter Sternen. Aus der Sammlung Willy Michel. Fotografie« Museum Franz Gertsch, Burgdorf/Schweiz /// »What does the Jellyfish want?« Museum Ludwig, Köln /// »Concept: Photography – Dialogues & Attitudes« Ludwig Museum, Budapest /// »Ziemlich hoch. Das Alpine in der zeitgenössischen Kunst« Kunsthaus Kaufbeuren, Kaufbeuren /// »Un/Fair Trade« Neue Galerie am Landesmuseum Joanneum, Graz /// »Perspektive 07« Städtische Galerie im Lenbachhaus und Kunstbau, München /// »Flash Cube« Leeum – Samsung Museum of Art, Seoul /// »Foto.Kunst« Essl Museum, Klosterneuburg/Wien /// »Global Cities« Tate Modern, London **2006** »Surprise, Surprise« Institute of Contemporary Arts, London /// »Thank you for the Music (London Beat)« Sprüth Magers Lee, London /// »Click Doubleclick« Haus der Kunst, München; Palais des Beaux-Arts, Brüssel /// »Spectacular City. Photographing the Future« Netherlands Architecture Institute, Rotterdam; NRW-Forum Kultur und Wirtschaft, Düsseldorf **2005** »Landscape/Cityscape« Marlborough Gallery, New York /// »Anota la Fecha« Museo de Arte Contemporáneo de Castilla y León, León

Candida Höfer 1944, Eberswalde, Deutschland /// Lebt und arbeitet in Köln, Deutschland **Einzelausstellungen: 2008** »Weimarer Räume« Johnen Galerie, Berlin /// »Werkgruppen seit 1968« ZKM Zentrum für Kunst und Medientechnologie, Karlsruhe **2007** »Candida Höfer« Louvre, Paris; Johnen + Schöttle, Köln /// »Candida Höfer« Galerie Grita Insam, Wien /// »Candida Höfer« Louvre, Paris /// »Candida Höfer. Em Portugal« Centro Cultural Belém, Lissabon **2006** Galerie Schöttle, München /// »Candida Höfer« Irish Museum of Modern Art, Dublin /// »Architecture of absence« Institute of Contemporary Art, Philadelphia /// Galerie Karlheinz Meyer, Karlsruhe /// »Opere 1981–2004« Galleria Marabini, Bologna /// »Candida Höfer, Räume einer Hochschule – ETH Zürich« Graphische Sammlung ETH Zürich, Zürich **2005–2006** »Architecture of absence« Norton Museum of Art, West Palm Beach, Florida; Chicago Cultural Center, Chicago /// »Fotografie 2004–2005« Museo di Fotografia Contemporanea, Villa Ghirlanda, Cinisello Balsamo, Mailand **Gruppenausstellungen: 2008** »Paraisos indefinidos« Centro de Fotografia, Universidad de Salamanca, Salamanca **2006–2007** »The 80s: a topology« Museu Serralves, Museu de Arte Contemporânea, Porto **2006** »Why pictures now, fotografie, film, video heute« Museum Moderner Kunst Stiftung Ludwig Wien, Wien **2005–2006** »Projekt Migration« Kölnischer Kunstverein, Köln /// »Spinnwebzeit – die eBay-Vernetzung« Museum für Moderne Kunst, Frankfurt a. M.

Pieter Hugo 1976, Kapstadt, Südafrika /// Lebt und arbeitet in Kapstadt, Südafrika **Einzelausstellungen: 2008** »Messina/Musina« National Gallery, Kapstadt /// »Works 2002-2007« Galerie Bertrand Gruner, Genf /// »Les Rencontres d'Arles Photographie« Arles **2007** »Honey Collectors & Hyena Men« Yossi Milo Gallery, New York /// »Messina/Musina« Extraspazio, Rom /// Young Artist for Visual Art 2007, Standard Bank Gallery, Johannesburg /// »Looking Aside« Stephen Cohen Gallery, Los Angeles **2006** »Presence« Michael Stevenson Gallery, Kapstadt; Galerie Bertrand & Gruner, Genf /// »Looking Aside« Warren Siebrits Contemporary, Johannesburg **2004** »The Albino Project« Fabrica Features, Lissabon; Museo d'Arte Moderna, Rom /// »Rwanda 2004: Partial Remains and Personal Affects« Michael Stevenson Gallery, Kapstadt **Gruppenausstellungen: 2008** »Presumed Innocence: Photographic Perspectives of Children« DeCordova Museum, Massachusetts **2007–2008** »Lumo '07 – 'us', 7« International Triennial of Photography, Tampere /// »Photography Festival, part 1, Hereford An Atlas of Events« Calouste Gulbenkian Foundation, Lissabon /// »Family Relation« Warren Siebrits, Johannesburg /// »Faccia A Faccia: Il nouvo ritratto fotografico« FORMA, Centro Internazionale di Fotografia, Mailand /// »Reality Check: Contemporary art photography from South Africa 2007« Neuer Berliner Kunstverein, Berlin /// Art Institute of Boston, Boston **2006** »South African Art Now« Michael Stevenson Gallery, Kapstadt /// »Como Viver Junto« 27. São Paulo Bienal, São Paulo /// Museo de Arte Contemporáneo de Santiago de Chile, Santiago de

Chile /// »Street: Behind the Cliché« Witte de With, Rotterdam /// Pingyao International Photographic Festival, Pingyao /// »Tour – Cape Town to Miami« Hilger Contemporary, Wien /// »Black, Brown and White« Kunsthalle Wien, Wien /// Centre Pompidou, Paris /// »Nie Meer« De Warande, Turnhout /// »Rivers of Suffering« William Benton Museum of Art, Connecticut

Jitish Kallat 1974, Mumbai, Indien /// Lebt und arbeitet in Mumbai, Indien **Einzelausstellungen: 2007** »Sweatopia« Galerie Chemould, Mumbai; Bodhi Art, Mumbai /// »Unclaimed Baggage« Albion, London /// »365 Lives« Arario, Peking /// »Rickshawpolis-3« Gallery Barry Keldoulis, Sydney **2006** »Rickshawpolis-2« Spazio Piazza Sempione, Mailand **2005** »Rickshawpolis-1« Nature Morte, Neu-Delhi /// »Panic Acid« Bodhi Art, Singapur /// »Humiliation Tax« Gallery Chemould, Mumbai **Gruppenausstellungen: 2007** »Soft Power« Shanghai Zendai Museum of Art, Schanghai /// »Best of Artists« ShContemporary, Schanghai /// »Hungry God« Art Gallery of Ontario, Toronto /// »INDIA NOW: Contemporary Indian Art Between Continuity and Transformation« Provincia di Milano, Mailand /// »Horn Please« Kunstmuseum Bern, Bern /// »Asian Europe Mediation« National Museum of Poland, Poznan; Zendai Museum of Modern Art, Schanghai /// Foire International des Arts Contemporains, Paris, Represented by Albion /// »London New Narratives: Contemporary Art From India« Chicago Cultural Center, Chicago /// »The Armory Show« New York /// Gulf Art Fair, Dubai /// »Thermocline of Art – New Asian Waves« ZKM Zentrum für Kunst und Medientechnologie, Karlsruhe **2006** »The 5th Asia Pacific Triennial of Contemporary Art« Queensland Art Gallery, Brisbane; Gallery of Modern Art, Brisbane /// »Passages« Palais des Beaux-Arts, Brüssel ; Lille 3000, Lille /// Gwangju Biennale, Gwangju /// »Hungry God: Indian Contemporary Art« Arario Gallery, Peking; Busan Museum, Busan /// »L'Art à la Plage« Galerie Enrico Navarra, Ramatuelle /// »Another Worlds« Arario Gallery, Cheonan **2005** »Indian Summer« École Nationale Supérieure des Beaux-Arts, Paris /// »body.city« Haus der Kulturen der Welt, Berlin /// 1st Pocheon Asian Art Triennale, Pocheon

Dinh Q. Lê 1963, Ha-Tien, Vietnam /// Lebt und arbeitet in Ho-Chi-Minh-Stadt, Vietnam **Ausstellungen: 2008** »Con Son Island: Unsteady Ground« Shoshana Wayne Gallery, Santa Monica; P.P.O.W Gallery, New York /// »The Imaginary Country« University Art Gallery, San Diego State University, San Diego **2007** »A Tapestry of Memories: The Art of Dinh Q. Lê« Bellevue Arts Museum, Bellevue /// »From Father to Son: A Rite of Passage« Elizabeth Leach Gallery, Portland, Oregon /// »Thermocline of Art. New Asian Waves« ZKM Zentrum für Kunst und Medientechnologie, Karlsruhe /// »Witness to War: Revisiting Vietnam in Contemporary Art« San Francisco State University, Fine Art Gallery, San Francisco /// »Red Hot: Asian Art Today from the Chaney Family collection« Museum of Fine Arts, Houston /// »Altered, Stitched and Gathered« P.S.1, Museum of Modern Art, Long Island City, New York **2006** »Asia Pacific Triennial« Queensland Gallery of Modern Art, Brisbane /// Gwangju Bienniale, Gwangju /// »Ghost in the Machine« San Francisco Camerawork, San Francisco /// »Quiet in the Land« The Royal Museum, Luang Prabang /// »Liberation« Saigon Open City, Ho-Chi-Minh-Stadt /// »Vietnam Another Asia« Fries Museum, Leeuwarden /// »Infinite Painting, Contemporary Painting and Global Realism« Villa Manin Center for Contemporary Art, Udine **2005–2006** »A Higher Plane« Asia Society, New York /// »Stages of Memory – The Vietnam War« Museum of Contemporary Photography, Chicago /// Drawing Centre, New York

Mariana Manhães 1977, Niterói/Rio de Janeiro, Brasilien /// Lebt und arbeitet in Rio de Janeiro, Brasilien **Einzelausstellungen: 2007** »Liquescer« Museu de Arte Contemporânea de Niterói, Niterói **2004** »Criado-Mudo« SESC, Niterói **2003** »Coleção de Eternidades« Galeria ACBEU, Salvador de Bahia **Gruppenausstellungen: 2008** »Arte para Crianças« Casa das Onze Janelas, Belém do Pará /// Brasil na ARCO'08 **2007** »Futuro do Presente« Instituto Itaú Cultural, São Paulo /// »Arte para Crianças« Museu de Arte Moderna, Rio de Janeiro /// »Recortar e Colar | Ctrl+C_Ctrl+V« SESC Pompéia, São Paulo /// »Museu como Lugar« Museu Imperial / FUNARTE, Petrópolis /// »Não existem dois elefantes iguais« Fundação Vera Chaves Barcellos, Porto Alegre /// »TecnoTrecos« Casa da Cultura da América Latina, Brasília /// »Tomada« Galeria Leme, São Paulo **2006** »Geração da Virada ou 10+1 – Os anos recentes da arte brasileira« Instituto Tomie Ohtake, São Paulo /// »Grandes Formatos« Museu de Arte Moderna, Rio de Janeiro /// »Arquivo Geral« Centro de Artes Hélio Oiticica, Rio de Janeiro /// »Paradoxos Brasil« Instituto Itaú Cultural, São Paulo; Paço Imperial, Rio de Janeiro; Centro Cultural Dragão do Mar, Fortaleza /// »É Hoje na Arte Brasileira Contemporânea – Coleção Gilberto Chateaubriand« Santander Cultural, Porto Alegre **2005** »12° Salão da Bahia« Museu de Arte Moderna, Salvador de Bahia /// »Acessos Possíveis« Escola de Artes Visuais do Parque Lage, Rio de Janeiro /// »prog:ME – Programa de Mídia Eletrônica« Centro Cultural Telemar, Rio de Janeiro /// »Vista Aérea« Memorial da América Latina, São Paulo /// »Espaços de Contato« Escola de Artes Visuais do Parque Lage, Rio de Janeiro

Milton Marques 1971, Brasília, Brasilien /// Lebt und arbeitet in Brasília, Brasilien **Ausstellungen: 2008** Galeria Leme, São Paulo /// »Contraditório« Panorama da Arte Brasileira, Madrid **2006–2007** »Geração da Virada« Instituto Tomie Ohtake, São Paulo /// 5. Bienal do Mercosul, Porto Alegre /// »Projéteis de arte contemporânea« Espaço Brasil, Paris /// Lulea Summer Biennal, Lulea /// »Contrabandistas de imagens« Museo de Arte Contemporáneo, Santiago de Chile /// »Migrações« Centro Cultural Brasil Espanha, Brasília

Beatriz Milhazes 1960, Rio de Janeiro, Brasilien /// Lebt und arbeitet in Rio de Janeiro, Brasilien **Einzelausstellungen: 2008** Pinacoteca do Estado de São Paulo **2007** »Beatriz Milhazes – New Print« James Cohan Gallery, New York **2006** Galerie Max Hetzler, Berlin **2005** Museu de Arte da Pampulha, Belo Horizonte **Gruppenausstellungen: 2007** »80/90 Modernos Pós Modernos« Instituto Tome Ohtake, São Paulo /// »What is Painting? Contemporary Art from the Collection« Museum of Modern Art, New York **2006** Shanghai Biennale, Shanghai Art Museum, Schanghai /// »Sem Título« Museu de Arte Moderna, São Paulo /// »Since 2000: Printmaking Now« Museum of Modern Art, New York **2005** »Flower Myth – Van Gogh to Jeff Koons« Foundation Beyeler, Basel **2004** »Estratégias Barrocas – Arte Contemporânea Brasileira« Centro Cultural Metropolitano de Quito, Quito /// »MOMA at el Museo – Latin American and Caribbean art from the Collection of the Museum of Modern Art« El Museo del Barrio, New York **2003** 50. Bienale di Venezia, Venedig

Marcone Moreira 1982, Pio XII, Maranhão, Brasilien /// Lebt und arbeitet in Belém do Pará, Brasilien **Einzelausstellungen: 2007** »Marcone Moreira« Centro Cultural São Paulo, São Paulo **2006** »Vestígios« Museu de Arte da Pampulha, Belo Horizonte **2005** »Vestígios« Galeria Virgílio, São Paulo /// »Indícios« Lurixs Arte Contemporânea, Rio de Janeiro **Gruppenausstellungen: 2008** »Pavilhão do Brasil« ARCO 08, Madrid **2007** »Futuro no Presente« Instituto Itaú Cultural, São Paulo /// »Pontais« Galeria de Arte Graça Landeira UNAMA, Belém **2006** »Paradoxos Brasil – Rumos Artes Visuais« Instituto Itaú Cultural, São Paulo **2005** »(NE) fronteiras, fluxos e personas« Centro Cultural Banco do Nordeste, Fortaleza /// »Panorama arte brasileira« Museo de Arte Contemporânea de Vigo, Vigo /// »Desarranjos« XXIV. Salão Arte Pará, Belém

Paulo Nenflídio 1976, São Bernardo do Campo, Brasilien /// Lebt und arbeitet in São Bernardo do Campo, Brasilien **Einzelausstellungen: 2007** Galeria A Gentil Carioca, Rio de Janeiro **2006** »Protótipos« Galeria Fortes Vilaça, São Paulo **2005** »Engenhocas sonoras« A Gentil Carioca, Rio de Janeiro /// »Lugares sonoros e estudo para gerador de música« Centro Cultural São Paulo, São Paulo **Gruppenaus-**

stellungen: **2006** »10 + 1 Geração da virada: os anos recentes da arte brasileira« Instituto Tomie Ohtake, São Paulo /// »Itinerância Rumos Artes Visuais – Paradoxos Brasil« Instituto Itaú Cultural, São Paulo; Paço Imperial, Rio de Janeiro; Casa das 11 Janelas, Belém /// A Gentil Carioca, Rio de Janeiro **2005** »Paisagens plásticas e sonoras« SESC Pinheiros, São Paulo /// »Música dos ventos« 5. Prêmio Sérgio Motta de Arte e Tecnologia, Paço das Artes, São Paulo; Centro Cultural São Paulo, São Paulo

Dennis Nona 1973, Badu Island, Australien /// Lebt und arbeitet in Brisbane, Australien **Einzelausstellungen: 2007** »Sesserae: The Works of Dennis Nona Regional Tour« Impressions on Paper Gallery, Canberra; Big Star Art Gallery, Adelaide; Nellie Castan Gallery, Melbourne; Art Mob, Hobart **2006–2007** »Sesserae: The Works of Dennis Nona Regional Tour« Rockhampton Regional Gallery, Queensland; Port Macquarie Regional Art Gallery, Port Macquarie; Gab Titui Cultural Centre, Thursday Island, Queensland; Cairns Regional Gallery, Queensland; Cooloola Shire Gallery, Queensland; New Land Regional Gallery, Adelaide; Logan City Art Gallery, Queensland; Caloundra City Gallery, Queensland; Darwin Entertainment Centre Gallery, Framed Gallery, Darwin; Suzanne O'Connell Gallery, Brisbane **Gruppenausstellungen: 2007** »Culture Warriors. National Indigenous Art Triennial« National Gallery of Australia, Canberra /// »Parcours des Mondes« Galerie Arts d'Australie, Stephane Jacob, Paris /// 24. Telstra National Aboriginal & Torres Strait Islander Art Award, Museum & Art Gallery of the Northern Territory, Darwin **2006** 5. Asia-Pacific Triennial of Contemporary Art, Queensland Art Gallery, Brisbane /// »bangu yibara, works from the MCA Collection« Museum of Contemporary Art, Sydney /// »Por Gubau Giza« Footsteps Gallery, Brisbane /// 23. Telstra National & Torres Strait Islander Art Award, Darwin /// »Nokturne« 24HR Art, Darwin /// »Through Here« Indigenous Alumni from the ANU School of Art, ANU School of Art Gallery, Canberra /// »Masterwork« Vivien Anderson Gallery, Melbourne **2005** 22. Telstra National Aboriginal & Torres Strait Islander Art Award, Darwin /// Shell Fremantle Print Award 1975-2005, Fremantle /// Busan International Print Art Festival, Busan

Marcel Odenbach 1953, Köln, Deutschland /// Lebt und arbeitet in Köln, Deutschland **Einzelausstellungen: 2008** »Das im Entwischen Erwischte – Pläne 1975-1983« Kunsthalle Bremen, Bremen **2007** »Durchblicke« Anton Kern Gallery, New York **2006** »In stillen Teichen lauern Krokodile« Nationalgalerie im Hamburger Bahnhof, Berlin /// »Aufspüren« Galerie Ascan Crone, Berlin /// »Jüdisches Leben in München« – sechs Installationen im öffentlichen Raum, München /// »La mirada discreta« Espacio Fundación Telefónica, Buenos Aires **Gruppenausstellungen: 2007** »Palisadenparenchym« Danese Gallery, New York /// »Extension video-corps et figures« Maison de la Culture d`Amiens, Amiens /// »Reality bites« Kemper Art Museum at Washington University, St. Louis /// »Depiction, Perversion, Repulsion, ...« International Film Festival, Witte de With, Rotterdam /// »STABLE – The balance of power« Para/Site Art Space at Fotan Studios, Hongkong **2006** »Das achte Feld« Museum Ludwig, Köln /// »Äthiopien und Deutschland« GRASSI Museum für Völkerkunde zu Leipzig, Leipzig /// »Totalschaden« Bonner Kunstverein, Bonn /// »40 JAHREVIDEOKUNST.DE« K21, Düsseldorf

Sherman Ong 1971, Malakka, Malaysien /// Lebt und arbeitet in Singapur **Filmfestivals: 2008** »Exodus« (29 min 53, Indonesien/Singapur), Clermont-Ferrand International Short Film Festival, Clermont-Ferrand **2007** »Exodus« (29 min 53, Indonesien/Singapur), 2nd Independent Contemporary Dance Festival, Cultural Center of the Philippines Films of Desire, Neemrana; Arts House, Singapur /// »HDB Housing Project« (5 min), History Gallery, National Museum Singapore, Singapur **2006** »Hanoi-Haiku« WM Gallery, Amsterdam; Angkor Photo Festival, Siem Reap /// »Exodus« (29 min 53, Indonesien/Singapur), 3. International Dance Video Festival, Tokio /// »The circle« (13 min 10 sec, Singapore) Commonwealth Film Festival, Manchester **Gruppenausstellungen: 2008** »Cut: New Photography from Southeast Asia«Valentine Willie Fine Art, Kuala Lumpur /// »Out of Berlin... pass the picture!« Annexe Gallery, Central Market Annexe, Kuala Lumpur **2007** »Landscape with narrative« (mit Sean Lee), Asia-Europe Foundation, Singapur /// »Making heroes« (videoinstallation), »Striking the missing chord« National Library, Sinagpur **2006** »Monsoon – the mechanics of rain, mobility and intervention, Another Asia« Noorderlicht International Photo Festival, Groningen /// »40°1` N/3°36` W« Aranjuez, Plaza de Parejas, Aranjuez /// »Landscape & Architecture« Art Salon, Kuala Lumpur

Vong Phaophanit 1961, Savannakhet, Laos /// Lebt und arbeitet in London, Großbritannien **Einzelausstellungen: 2007** »Topography Of Dreams« commissioned installation work for Birmingham Festival, Birmingham **2001** »Centre for Drawing« Wimbledon School of Art, London **1999** »Vong Phaophanit« Stephen Friedman Gallery, London **1997–1998** »Atopia« Royal Festival Hall, South Bank Centre, London; DAAD, Berlin **Gruppenausstellungen: 2007** Turner Prize A Retrospective 1984-2006, The Tate Britain, London /// Inspiration to Order, Winchester Gallery, Winchester School Of Art, Wimbledon College of Art, California State University, Stanislaus, USA /// Thermocline of Art, New Asian Waves, ZKM Zentrum für Kunst und Medientechnologie, Karlsruhe **2006** »Quiet in the Land« Luang Prabang /// Gwangju Biennale, Gwangju **2005–2006** »The Animators« Arts Council Touring Exhibition **2005** Void Gallery, Derry **2004** Shanghai Biennale, Schanghai

Navin Rawanchaikul 1971 Chiang Mai, Thailand /// Lebt und arbeitet in Chiang Mai, Thailand, und Fukuoka, Japan **Einzelausstellungen: 2007** »Navins of Bollywood« Tang Contemporary Art, Bangkok **2006** »Lost in the City« Center for the Arts, Jim Thompson House Museum, Bangkok /// »Fly With Me to Another World (in transit)« Jim Thompson House Museum, Bangkok /// »Aren't You Navin?« Gallery Atelier, Fukuoka **2004–2005** »Fly With Me to Another World« Hariphunchai National Museum, Lamphun **Gruppenausstellungen: 2007** »Tomorrow« Kumho Museum of Art, Seoul /// »Thai Contemporary: Charm and Chasm« Tang Contemporary Art, Peking /// »Show Me Thai« Museum of Contemporary Art, Tokio **2006** Nuit Blanche, Paris /// »Diaspora« The Esplanade, Singapore /// Echigo-Tsumari Art Triennale, Niigata **2005** APAP 2005 (Anyang Public Art Project), Anyang /// Yokohama 2005: International Triennale of Contemporary Art, Yokohama **2004** 26. Bienal de São Paulo, São Paulo /// 3. Liverpool Biennial, Tate Liverpool, Liverpool

REA 1962 Coonabarabran, Australien /// Lebt und arbeitet in Sydney, Australien **Einzelausstellungen: 2006–2007** »gins_leap / dubb_ speak« Bathurst Mineral Museum, Bathurst; Orange Regional Gallery, Orange, New South Wales; Darwin Fringe Festival, Darwin; Bachelor, Katherine & Alice Springs, Sydney; Newcastle, Moree, Broken Hill, Auckland **2003** »gins_leap / dubb_speak« interactive sound, video installation, Ray Walsh Gallery, Tamworth **1999** »rea-probe« body of work produced for Master of Arts (VA) Institute of the Arts, Photomedia Gallery, Canberra School of Arts, Canberra; Australian National University, Canberra **Gruppenausstellungen: 2007** SIGGRAPH 2007, San Diego, California /// »turbulence«, 3. Auckland Triennial **2006** »Nocturne« 24HR Art, Darwin /// »The Cleveland Street Project« The Performance Space, Redfern /// »gins_leap / dubb_speak« multi-screen sound & video installation at the Australian Centre for Moving Image (ACMI), Victoria; Commonwealth Games Exhibition, Melbourne **2004** »Traverse« Lake Macquarie City Art Gallery, New South Wales **2003** »Australian Studio« PS1 Contemporary Art Center, New York /// »An Indigenous CoFA Presence« Ivan Dougherty Gallery UNSW College of Fine Arts, Sydney

Caio Reisewitz 1967, São Paulo, Brasilien /// Lebt und arbeitet in São Paulo, Brasilien **Einzelausstellungen: 2008** »Caio Reisewitz: Não tem coisa certa« Galeria Brito Cimino, São Paulo **2007** »Tantas coisas perdidas« Galerie Van Der Mieden, Antwerpen **2006** »Utopias amenazadas« Galeria Alcuadrado,

Bogotá /// »Reforma agrária« Casa de América, PhotoEspaña06, Madrid **Gruppenausstellungen: 2007** Bienal Internacional del Deporte en el Arte, Gijón /// »Brasília – Chandigar – Le Havre: Portraits de Villes« Musée Malraux, Le Havre /// »Outra objetividade« Centro Cultural São Paulo, São Paulo /// 1. Bienal do Fim do Mundo, Ushuaia /// »Itaú contemporâneo: arte no Brasil 1981-2006« Itaú Cultural, São Paulo **2006** »Zeitgenössische Fotokunst aus Brasilien« Kunstmuseum Dieselkraftwerk, Cottbus /// »Collecció Fotografía MAM« Institut Valencià d'Art Modern, Valencia /// Biennale Internationale de la Photographie et des Arts Visuels de Liège, Espace d'Art Contemporain Les Brasseurs, Liège /// »Futebol: desenho sobre fundo verde« Centro Cultural Banco do Brasil, Rio de Janeiro /// »Fotografia brasileira contemporânea« Neuer Berliner Kunstverein, Berlin

Mauro Restiffe 1970, São José do Rio Pardo, Brasilien /// Lebt und arbeitet in São Paulo, Brasilien **Einzelausstellungen: 2007** »Red Light Portraits« Galeria Casa Triângulo, São Paulo **2006** »Brasília/Brooklyn« Galeria Laura Marsiaj, Rio de Janeiro **2005** »Brasília/Istambul« Galeria Casa Triângulo, São Paulo **Gruppenausstellungen: 2007** »Relíquias e Ruínas« Espaço Oi Futuro, Rio de Janeiro /// »Mono#Cromáticos« Galeria Mario Sequeira, Braga /// 4. VentoSul – Mostra Latino-Americana de Artes Visuais, Curitiba /// »Nova Objetividade – O CCSP no olhar dos artistas« Centro Cultural São Paulo, São Paulo /// »Oriente e Trópico« Palácio das Artes, Belo Horizonte **2006** Taipei Biennial, Taipei Fine Arts Museum, Taipei /// »MAM na OCA« OCA, Parque do Ibirapuera, São Paulo /// 27. Bienal de São Paulo, Pavilhão da Bienal, São Paulo /// »Clube da Gravura: 20 Anos« Museu de Arte Moderna, São Paulo /// »Urbe« Galeria Casa Triângulo, São Paulo /// »Zeitgenössische Fotokunst aus Brasilien« Neuer Berliner Kunstverein, Berlin /// Biennale Internationale de la Photographie et des Arts Visuel, Musée d'Art moderne et d'Art contemporain, Liège **2005** »Além da Imagem« Espaço Cultural Telemar, Rio de Janeiro /// »Panorama de Arte Brasileira« Museu de Arte Moderna, São Paulo /// »O Retrato Como Imagem do Mundo – Acervo MAM« Museu de Arte Moderna, São Paulo /// »Fotografias 2001/04« Casa Triângulo, São Paulo

Julian Rosefeldt 1965, München, Deutschland /// Lebt und arbeitet in Berlin, Deutschland **Einzelausstellungen: 2008** »The Cinema Effect: Part II Realisms« Hirshhorn Museum, Washington /// »Laughing in a Foreign Language« Hayward Gallery, London **2007** »Julian Rosefeldt« Galeria Vermelho, São Paulo /// »Julian Rosefeldt« Koraalberg, Antwerpen /// »Julian Rosefeldt« Platform China, Peking **2006** »Lonely Planet« Arndt & Partner, Berlin /// »Clown« Wigram Gallery, London /// »Lonely Planet« Bonner Kunstverein, Bonn **2005** »Trilogie des Scheiterns« ZKMax, München /// »Asylum« Haus der Kunst, München **2004** »Trilogy of Failure« KW Kunst-Werke, Berlin /// »Julian Rosefeldt« MW projects, London /// »Asylum« Festival d'Avignon, Avignon /// »Asylum« Baltic, The Centre for Contemporary Art, Gateshead / Newcastle /// »Asylum« Spike Island, Bristol **Gruppenausstellungen: 2008** »Emergency Biennale Chechnya« (Ausstellungstournee) San Francisco, Bialystok, Grozny **2007** »Made in Germany« Kunstverein Hannover, Hannover /// »Destroy Athens« 1. Athens Biennial, Athen /// »Kino wie noch nie« Akademie der Künste, Berlin /// »XIV. Rohkunstbau, Drei Farben – Weiss« Schloss Sacrow, Potsdam /// »Existencias« Museo de Arte Contemporáneo de Castilla y León, León /// »Manipulations. On Economies of Deceit« CCA Ujazdowski Castle, Warschau /// »Silence. Listen to the Show« Fondazione Sandretto Re Rebaudengo, Turin /// »Scheitern« Landesgalerie Linz, Linz /// »The Hurricane Projects« The Moore Space, Miami /// KunstFilmBiennale Köln 2007, Kino im Museum Ludwig, Köln **2006** Bienal de Arte, Arquitectura y Paisaje, Islas Canárias /// Printemps de Septembre, Toulouse /// »El equilibrio y sus derivados« Casa del Lago, Mexiko-Stadt /// »Mathilda is calling« Institut Mathildenhöhe, Darmstadt /// »Sonambiente« Akademie der Künste, Berlin /// »Manipulations. On Economies of Deceit« CCA Laznia, Gdansk /// »Die Vergänglichkeit des Schönen« Stadthalle Görlitz, Görlitz /// »Dark Places« Santa Monica Museum of Art,

Santa Monica /// »Global Players. Contemporary Japanese and German artists« Ludwig Forum für Internationale Kunst, Aachen **2005** International Biennale of Contemporary Art – »Manipulations. On Economies of Deceit« National Gallery, Prag /// Biennial of Urgency, Grozny; Palais de Tokyo, Paris /// »Indeterminate States: Video in the Ella Fontanals Cisneros Collection« Cisneros Fontanals Art Foundation, Miami /// KunstFilmBiennale Köln 2005, Kino im Museum Ludwig, Köln /// »Contrabandistas de Imágenes« Museo de Arte Contemporáneo, Santiago de Chile /// »El diablo no es tan feo como lo pintan« Museo Nacional de Bellas Artes, Buenos Aires /// »Others« Sørlandet Art Museum, Kristiansand /// »Global Players. Contemporary Japanese and German artists« Bankart, Yokohama /// »Baroque and Neo-Baroque. The Hell of the Beautiful« Domus Artium DA2, Salamanca

Hans-Christian Schink 1961, Erfurt, Deutschland /// Lebt und arbeitet in Leipzig, Deutschland **Einzelausstellungen: 2008** Galerie Rothamel Frankfurt, Frankfurt a. M. **2007** Jordanow Galerie für Fotografie, München /// Galeria Arnés y Röpke, Madrid **2006** Galerie Kicken, Berlin /// Galerie Rothamel, Frankfurt a. M. **2005** Galerie Vartai, Vilnius (in Kooperation mit Goethe-Institut Vilnius) /// Kunstverein Schorndorf, Schorndorf; Kunstverein Bochum, Bochum; Dany Keller Galerie/Galerie Wäcker & Jordanow, München; Kunsthalle Erfurt, Erfurt **Gruppenausstellungen: 2007** »Verkehrsprojekte/Deutsche Einheit« CBK Centrum Beeldende Kunst, Dordrecht **2006** »Was ist deutsch?« Germanisches Nationalmuseum, Nürnberg /// »Leipzig und die Fotografie« Kunsthalle der Sparkasse Leipzig, Leipzig **2005–2006** »Zwischen Wirklichkeit und Bild – Positionen deutscher Fotografie der Gegenwart« Marugame Genichiro-Inokuma Museum of Contemporary Art, Kagawa /// The National Museum of Modern Art, Kioto **2005** »Transatlantische Impulse« Martin-Gropius-Bau, Berlin

Gerda Steiner & Jörg Lenzlinger 1967, Ettiswil, Schweiz, und 1964, Uster, Schweiz /// Leben und arbeiten in der Schweiz **Ausstellungen: 2007** »Il pleut – une question de génération« Musée d'Art Contemporain, Lyon /// »The desalination plant waste garden« 8. Sharjah Biennale, Sharjah /// »Der Mondgarten« in der Silbermine »Gabe Gottes« Sainte-Marie-aux-Mines **2006** »Night moths in the whale belly« Artium, Fukuoka /// »Joutsenlampi« ARS'06, Kiasma, Helsinki /// »Grottenbilder« Visioni del Paradiso, Istituto Svizzero di Roma, Rom /// »Grottes sauvages sur forêt cérébrale civilisée« Tropico Vegetal, Palais de Tokyo, Paris /// »Found & Lost Grotto for Saint Antonio« artpace, San Antonio, Texas /// »Das Herz« Stadthaus, Uster /// »Das vegetative Nervensystem« Museum Kunst Palast, Düsseldorf /// »Artificial fertility« Shanghai Biennale, Schanghai /// »4 Schlafräume« Museum Boijmans van Beuningen, Rotterdam

Thomas Struth 1954, Geldern, Deutschland /// Lebt und arbeitet in Düsseldorf, Deutschland **Einzelausstellungen: 2008** MADRE Museo d'Arte Donna Regina, Neapel /// »Familienleben« SK Stiftung Kultur, Köln **2007** »Familienportraits« SK Stiftung Kultur, Köln /// Monica de Cardenas Galleria, Mailand /// »Making time« Marian Goodman Gallery, New York /// Galerie Max Hetzler, Berlin /// Museo del Prado, Madrid **2006** »Thomas Struth – Rineke Dijkstra« Galerie Xippas, Athen /// Galerie Meert-Rihoux, Brüssel **Gruppenausstellungen: 2007** »Private/Public« Museum Boijmans van Beuningen, Rotterdam /// »What does the jellyfish want?« Museum Ludwig, Köln /// »Visit(e). Werke aus der Sammlung zeitgenössischer Kunst der Bundesrepublik Deutschland« Palais des Beaux-Arts, Brüssel /// »Kommando Friedrich Hölderlin Berlin« Galerie Max Hetzler, Berlin /// »Spectacular city – photographing the future« Museum Kunst Palast, Düsseldorf **2006** »Der Kontrakt des Fotografen« Museum Morsbroich, Leverkusen; Akademie der Künste, Berlin /// »Carbonic anhydride« Galerie Max Hetzler, Berlin /// »FASTER! BIGGER! BETTER!« ZKM Zentrum für Kunst und Medientechnologie, Karlsruhe /// »Eldorado« Musée d'Art Moderne Grand-Duc Jean, Luxemburg /// »click doubleclick« Haus der Kunst, München; Palais des Beaux-Arts, Brüssel /// »Why pictures now« Museum moderner Kunst Stiftung Ludwig, Wien /// »Tiefenschärfe: Bilder von Menschen« Kunsthalle Baden-Baden, Baden-Baden /// »A curator's eye« Los Angeles County Museum of Art, Los Angeles /// »Medium fotografie« Galerie Stampa, Basel /// »Nature attitudes« TB A21 – Thyssen-Bornemisza Art Contemporary, Wien /// »Cinemas« Le Magasin – Centre National d'Art Contemporain, Grenoble /// »7th Wing East Collection: Culture Bond« Courtauld Institute of Art, University of London, London /// »More than meets the eye« Museo de Arte Contemporáneo de Monterrey, Monterrey /// »Edward Steichen Photography Gallery« Museum of Modern Art, New York

Fiona Tan 1966, Pekan Baru, Indonesien /// Lebt und arbeitet in London, Großbritannien **Einzelausstellungen: 2007** Lunds Konsthall, Lund /// »A Lapse of Memory« Royal Institute of British Architects, London /// »80 Days« Pinakothek der Moderne, München /// Wako Works of Art, Tokio **2006** »Short Voyages« Frith Street Gallery, London; Art Gallery of York University, Toronto /// »Mirrormaker« Brandts Klaedefabrik, Odense, Dänemark (Tournee: Landesgalerie Linz, Kunstmuseum Bergen, Pori) **2005** Musée d'Art Contemporain, Montreal /// »Countenance« Modern Art Oxford, Oxford /// Baltic Art Center, Visby **Gruppenausstellungen: 2007** Biennial of Moving Images, Genf /// »L'oeil ecran ou la nouvelle image« Casino Luxembourg, Luxemburg /// »Contour« Museum Prinsenhof, Delft /// »Deutsche Börse Photography Prize« Photographer's Gallery, London **2006–2007** »Touch my shadow: the Goetz Collection« The Centre for ContemporaryArt – Ujazdowski Castle, Warschau /// »The shadow« Palazzo delle Papesse – Centro de Arte Contemporanea, Siena; MAN Museo d'Arte Provincia di Nuoro, Nuoro; Compton Verney, Warwickshire **2006** »A lapse of memory« Royal Pavilion Gardens, Brighton Photography Biennial, Brighton /// 15. Biennale of Sydney, Sydney **2005** Melbourne Festival, Australian Center for Contemporary Art, Melbourne /// »Sujeto« Museo de Arte Contemporáneo de Castilla y León, León /// »Art unlimited« Art Basel, Basel

Guy Tillim 1962, Johannesburg, Südafrika /// Lebt und arbeitet in Kapstadt, Südafrika **Einzelausstellungen: 2007** »Congo democratic« Extraspazio, Rom; Goodman Gallery, Johannesburg **2006** »Petros Village« Museo di Roma in Trastevere, Rom; Michael Stevenson Gallery, Kapstadt **2005** »Leopold and Mobutu« Photographer's Gallery, London /// »Jo'burg«, PhotoEspana, Madrid **Gruppenausstellungen: 2007** documenta 12, Kassel /// »Jo'burg Series features on global cities« Tate Modern, London /// »Africa remix« Johannesburg Art Gallery, Johannesburg /// »Reality check: contemporary art photography from South Africa« Galerie der Stadt Sindelfingen, Sindelfingen /// »Photography, video, mixed media III« DaimlerChrysler Gallery, Berlin **2006** 27. Bienal de São Paulo, São Paulo /// »SLUM: Art and life in the here and now of the civil age« Neue Galerie, Graz /// »Snap judgments« International Center for Photography, New York

David Zink Yi 1973, Lima, Peru /// Lebt und arbeitet in Berlin, Deutschland **Einzelausstellungen: 2008** Galerie Johann König, Berlin **2007** Franco Soffiantino Arte Contemporanea, Turin **2006** Galerie Johann König, Berlin /// Museum Ludwig, Köln **2005** »Der Soziographische Blick« Kunstraum Innsbruck, Innsbruck **Gruppenausstellungen: 2008** Kunstverein für die Rheinlande und Westfalen, Düsseldorf /// »The Hamster Wheel« Malmö Konsthall, Malmö **2007** »Von Francis Picabia bis Jason Rhoades. Werke aus der Friedrich Christian Flick Collection im Hamburger Bahnhof« Berlin /// »The Chatter of Culture« Artspeak, Vancouver **2006** »Territory« Artspeak, Vancouver **2005** »Ars viva« Kunstverein für die Rheinlande und Westfalen, Düsseldorf /// »Irreducible« CCA Wattis Institute for Contemporary Arts, San Francisco /// »Die Ordnung der Natur« OK-Zentrum, Linz

Biografien der Autoren

Anthony F. Aveni ist Archäoastronom und Professor für Astronomie und Anthropologie
an der Colgate University, USA

Breyten Breytenbach ist ein südafrikanischer Romancier und Essayist und lebt in Paris und Dakar

Roberto Cabot ist Künstler in Rio de Janeiro

Ticio Escobar ist Philosoph, Kritiker und Kurator in Asunción

Maria Gaida ist Kuratorin der Mesoamerika-Sammlung
am Ethnologischen Museum Berlin

Regina Höfer ist wissenschaftliche Museumsassistentin in Fortbildung
am Museum für Asiatische Kunst Berlin

Alfons Hug ist Direktor des Goethe-Instituts in Rio de Janeiro
und war Kurator der Biennale von São Paulo in 2002 und 2004

Peter Junge ist Kurator der Afrika-Sammlung am Ethnologischen Museum Berlin

Viola König ist Direktorin des Ethnologischen Museums Berlin

Markus Schindlbeck ist Kurator der Sammlung Südsee, Australien
am Ethnologischen Museum Berlin

Michael Taussig ist Professor für Anthropologie an der Columbia University, New York

Bildnachweis

Christian Carvalho: S.109, 111 /// Daspu: S. 219 /// Adriano Domingues: S. 256, 257 /// Fausto Fleury:
S. 213, 215 /// Edouard Fraipont; S. 258,259 /// Vicente de Mello: S. 123, 125 /// Paulo Ninflídio: S. 223
/// Ana Letícia Rivero: S. 203 /// Carolina Valansi, Pedro Brandão: S. 91, 93

© Staatliche Museen zu Berlin – Stiftung Preußischer Kulturbesitz – Museum für Asiatische Kunst
Martin Franken: S. 138, 139, 140, 168, 240

© Staatliche Museen zu Berlin – Stiftung Preußischer Kulturbesitz – Ethnologisches Museum
Martin Franken: S. 67, 68, 70, 73, 74, 76, 88, 92, 97, 104, 106, 108, 110, 112, 113, 114, 118, 119, 124, 128, 132,
134, 136, 137, 144, 146, 152/153, 154, 156, 158, 160, 162, 166, 170, 174, 176, 178, 182, 183, 184, 186, 188,
190, 192, 193, 194, 196, 197, 198, 199, 200, 201, 202, 204, 206, 207, 208, 210, 211, 212, 218, 222, 224, 225
/// Dietrich Graf: S. 94, 120, 126, 142, 172, 216, 217 /// Dietmar Katz: S. 149 /// Claudia Obrocki: S. 64, 90,
102, 116, 122, 164, 214, 228, 229, 231, 232, 235 /// Gisela Oesterreich: S. 79 /// Heini Schneebeli: S. 131
/// Waltraut Schneider-Schütz: S. 244, 262/263, 248

Umschlag:
»Ahnenfigur«, Demokratische Republik Kongo / Hemba, 19. Jhd.; Abb. S. 120)
Franz Ackermann, »Terminal Tropical«, Installation mit Malerei, 2008 (Abb. S. 62, 63, 65).

Goethe-Institut:
Präsident: Klaus-Dieter Lehmann / Generalsekretär: Hans-Georg Knopp / Sonderbeauftragter des Vorstands: Bruno Fischli / Institutsleiter, Rio de Janeiro: Alfons Hug / Leiter, Kommunikation: Michael Jeismann, Susanne Sporrer

Stiftung Preußischer Kulturbesitz:
Präsident: Hermann Parzinger / Generaldirektor der Staatlichen Museen zu Berlin: Peter-Klaus Schuster / Direktorin, Ethnologisches Museum Berlin: Viola König / Kurator der Afrika-Abteilung, Ethnologisches Museum Berlin: Peter Junge / Kommunikation-Presse-Sponsoring SMB: Matthias Henkel

Ausstellung im Martin-Gropius-Bau, Berlin, 12.9.2008 – 5.1.2009: Kuratoren: Alfons Hug, Peter Junge, Viola König / Wissenschaftliche Mitarbeit: Andrea Nicklisch / Koordination: Annette Hulek, Andrea Nicklisch und Bärbel Fickinger, Sophie Junge, Sandra Lyra, Helena Walter / Ausstellungsgestaltung und Produktion: Günter Krüger / Restauratoren: Lena Bjerregaard, Lliusa Sarries i Zonc / Öffentlichkeitsarbeit: Aimée Torre Brons / Presse: Christine Regus, Ute Weingarten / Grafikdesign: Barbara Krimm / Internetprojekt: Barbara Honrath, Eva Schmitt

Veranstaltungsreihe: Konzeption: Bruno Fischli, Carola Dürr; Hebbel am Ufer: Matthias Lilienthal; Ibero-Amerikanisches Institut SPK: Barbara Göbel; Freunde der Deutschen Kinemathek, Kino Arsenal: Birgit Kohler

Katalog: Herausgeber: Alfons Hug, Peter Junge, Viola König / Koordination: Annette Hulek, Andrea Nicklisch / Übersetzungen: Deutsch–Englisch: Nadine Riedl, Robert Culverhouse, Sabine Lang; Englisch–Deutsch: Sabine Lang, Hans Günter Holl; Portugiesisch–Englisch: John Norman; Portugiesisch–Deutsch: Helga Dressel; Spanisch–Deutsch: Margit Schmohl; Spanisch–Englisch: Chris Ainsbury / Lektorat: Annette Hulek, Andrea Nicklisch / Korrektorat: Kerber Verlag; Sophie Junge / Gestaltung: Susanne Bax

Gesamtherstellung und Vertrieb: Kerber Verlag Bielefeld, Windelsbleicher Straße 166–170, D-33659 Bielefeld, Tel: +49 (0)521-950 08 10, Fax: +49 (0)521-950 08 88, info@kerberverlag.com, www.kerberverlag.com

 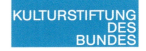

S M B Ethnologisches Museum Staatliche Museen zu Berlin

Die Ausstellung wird gefördert durch die
KULTURSTIFTUNG DES BUNDES

Veranstaltungsreihe »Tropen« 5.9.2008 – 18.12.2008: Musik – Film – Performance – Fotografie – Symposien – Vorträge
Kooperationspartner: Ibero-Amerikanisches Institut, Hebbel am Ufer, Kino Arsenal

Medienpartner:

Ein Projekt des Goethe-Instituts und des Ethnologischen Museums – Staatliche Museen zu Berlin, in Kooperation mit Ibero-Amerikanisches Institut SPK, Hebbel am Ufer und Freunde der Deutschen Kinemathek e.V. / Kino Arsenal. www.goethe.de/tropenausstellung   www.smb.museum.de

ISBN deutsche Ausgabe: 978-3-86678-165-8
Die englische Ausgabe ist unter der ISBN 978-3-86678-166-5 erhältlich.

Die Deutsche Nationalbibliothek verzeichnet diese Publikation in der Deutschen Nationalbibliografie, detaillierte bibliografische Daten unter: http://dnb.ddb.de.